国家社科基金一般项目（17BZZ028）

京津冀协同发展背景下住房政策对新生代农民工迁移的影响研究

娄文龙　著

吉林大学出版社

·长春·

图书在版编目（CIP）数据

京津冀协同发展背景下住房政策对新生代农民工迁移的影响研究 / 娄文龙著． -- 长春：吉林大学出版社，2023.8
　ISBN 978-7-5768-2204-5

　Ⅰ.①京… Ⅱ.①娄… Ⅲ.①地方政府-住房政策-影响-民工-劳动力流动-研究-华北地区 Ⅳ.①F323.6

中国国家版本馆 CIP 数据核字（2023）第186042号

书　　名　京津冀协同发展背景下住房政策对新生代农民工迁移的影响研究
　　　　　JING-JIN-JI XIETONG FAZHAN BEIJING XIA ZHUFANG ZHENGCE DUI XINSHENGDAI NONGMINGONG QIANYI DE YINGXIANG YANJIU

作　　者　娄文龙
策划编辑　黄忠杰
责任编辑　郭湘怡
责任校对　闫竞文
装帧设计　周香菊
出版发行　吉林大学出版社
社　　址　长春市人民大街4059号
邮政编码　130021
发行电话　0431-89580036/58
网　　址　http://www.jlup.com.cn
电子邮箱　jldxcbs@sina.com
印　　刷　天津鑫恒彩印有限公司
开　　本　787mm×1092mm　1/16
印　　张　13.5
字　　数　320千字
版　　次：2024年5月　第1版
印　　次：2024年5月　第1次
书　　号　ISBN 978-7-5768-2204-5
定　　价　68.00元

版权所有　翻印必究

序一　加强住房政策协同　助力京津冀区域人口一体化

郭金平　河北省社会科学院原院长

2014年初，习近平总书记亲自提出并推动实施"京津冀协同发展"这一重大国家战略，继而推进雄安新区建设这一国家大事。[①] 与此同时，区域人口一体化开始成为京津冀协同发展战略的重要内容。其中的流动人口有序转移，特别是新生代农民工群体作为京津冀流动人口的重要组成部分，其住房问题自然而且必然成为他们迁移决策时考虑的主要因素，并引起学者和各方面的关注。事实上，新生代农民工中的大多数都租住在价格低廉的住房中，尽管他们较老一代农民工的留城意愿更强，但反过来也抑制了他们在京津冀区域的定居意愿。燕山大学娄文龙教授的《京津冀协同发展背景下住房政策对新生代农民工迁移的影响研究》（吉林大学出版社2023年出版）正是其深度思考探究，从学理上回答住房政策如何影响着京津冀新生代农民工的迁移意愿，并以国家社会科学基金项目结题成果的方式，呈现给我们一部创新性著作。

住房政策所涉及的主体包括中央政府、地方政府、房地产市场与农民工等多元主体，每个主体按照各自的制度逻辑共同决定着农民工的住房政策场域，多重的住房制度逻辑不断地复合和冲突难以避免地导致了农民工住房的制度症结，而京津冀三地未能有效地针对新生代农民工住房进行改革实践，进一步加剧了他们的住房困境。同时，京津冀新生代农民工间的住房状况和迁移意愿存在着一定的差距，从高到低依次为河北省、天津市和北京市。实证研究发现，影响京津冀三地农民工迁移的住房因素也不尽相同，如住房产权对北京和天津有着显著影响，但是对河北省影响不显著。在此背景下，河北省新生代农民工返乡建房也成了一个较为普遍的现象。

为了实现京津冀新生代农民工的有序迁移，应从中央政府、地方政府、房地产市场和农民工四个方面加强农民工住房政策的顶层设计。另外，京津冀各地政府需根据是否有迁移意愿和住房产权对新生代农民工进行分类，因地制宜地出台住房政策。对

[①] 习近平主持召开座谈会听取京津冀协同发展工作汇报［EB/OL］.（2014-02-27）［2023-12-25］. https：// www.gov.cn/xinwen/2014-02/27/content_ 2624908. htm.

于有迁移意愿且有住房产权的新生代农民工群体，应减轻农民工的还贷压力，注重其社会网络的构建，增强其城市认同感。对有迁移意愿无住房产权但有意愿在城市购房的农民工群体，应逐渐降低其购房标准，给予购房补贴，鼓励其定居城市。对于暂无购房意愿的农民工群体，应积极推进和完善住房租赁政策以及住房保障政策的实行，推进"租购同权"落地，对于家庭化迁移的农民工群体，政府应将此类人群考虑到保障性住房建设之中，给予住房照顾。对于无迁移意愿的农民工群体，应保障其在城市有一个落脚之处，加大对"城中村"的改造建设，改善住房环境，使其可以安心在城市工作。相信这部著作中的一系列创新性、探索性思考研究，特别是关于农民工住房问题的制度设计和政策供给方面的见解和建议，将会对京津冀协同发展进程中的流动人口住房问题的解决，产生积极的导引作用。

序二 《京津冀协同发展背景下住房政策对新生代农民工迁移的影响研究》评介

高小平　中国行政管理学会学术顾问，原执行副会长兼秘书长

近读娄文龙教授的新著《京津冀协同发展背景下住房政策对新生代农民工迁移的影响研究》（吉林大学出版社出版，以下简称《住房意愿》），这是一部有新意、有分量的学术著作。京津冀协同发展已成为国家重大发展战略，人口协同发展是这一重大战略中的重要内容。中央政府提出了人口协同发展的目标，如何实现这一目标？新生代农民工是否具有迁移进入京津冀区域中城市的意愿？他们的意愿对京津冀协同发展有什么样的影响？住房制度、房地产政策、政策人口、户籍制度之间是一种什么样的关系？公共政策如何为区域协同发展、城市群发展以及城市规划、乡村振兴发展提供支持？一系列问题需要在理论和实践上进行探讨，为决策提供科学依据。《住房意愿》对这些问题都做了较为深入的研究，特别是通过理论建构、调查研究和文本分析，解开了住房政策之于人口迁徙、区域协同发展之间的相关性奥秘，为京津冀协同发展中的人口协同发展做出相应的理论拓展。

纵观《住房意愿》有三个尤其值得称道的特点。

第一，真实性强。住房以及物化于其中的相关权益是人们定居与否必须考量的重要因素。京津冀新生代农民工群体在迁移决策过程中既要考虑生活要素和财产门槛，也无法绕开京津冀住房政策所蕴含的涉及个人权益的部分。事实上，由于户籍制度、大城市人口限制性政策等方面对城镇定居的制度性约束因素，已经成为农民工群体自由选择的制约。那么，有利于农民工群体的公共政策能不能在既定的规则体系中打开一个小小的缺口，或者准确地说，弥补过度规制的不足呢？《住房意愿》从住房政策对农民工迁移的影响分析入手，研究住房政策对新生代农民工迁移的作用机制，着重通过住房政策对京津冀新生代农民工迁移影响的理性梳理，厘清住房政策对人口迁移的作用机理和影响机制。研究发现，对农民工迁移到京津冀的意愿最直接的影响有五个方面：一是国家房改政策，特别是产权明晰方面的规定；二是住房保障政策，特别

是"房住不炒"定位；三是住房公积金政策；四是住房质量；五是住房负担。此外，还有两个调节变量，一是京津冀地区城市的资源禀赋、经济水平、就业机会、公共服务，二是农民工代际差异，主要是新生代农民工所具有的开拓创新意识，这些都对迁移意愿有影响。这些研究还原事实，逼近实际，具有很高的可信度，可为制定京津冀新生代农民工迁移规范性指导性政策提供依据，也可以为政策的反馈提供某种必要渠道和路径。

第二，创新性强。目前学术界对农民工迁移意愿的研究，多是从社会融合、公共服务、住房支付能力等"需求侧"视角展开的，少有从住房政策"供给侧"出发的研究。《住房意愿》与以往研究的不同之处是，在自主构建了一个综合中央政府、地方政府、政府部门、房地产市场与农民工的多重逻辑的解释框架的基础上，以住房政策到住房状况再到农民工的迁移意愿的模型，研究与此主题相关的各个要素所构成的立体性综合体系，并检验住房政策与农民工迁移意愿这两者间的影响关系，从而实现研究内容的全面性。这一创新涵盖了三重意蕴，第一重意蕴是创新了公共服务的研究视角。从区域公共服务一体化对农民工向上流动的影响中找到了均衡公共服务体现建设的动力机制，拓展了公共管理学对政府服务体系的研究领域。第二重意蕴是创新了住房改革思路。通过对住房选择权、人口迁徙权、公民发展权、社会保障权的深入思考，有助于开扩深化新时代住房制度改革的思路。第三重意蕴是创新了跨学科研究的方法。住房研究是典型的交叉科学范畴，但目前住房研究受到过度市场化的渗透，存在着公共性缺失的问题。《住房意愿》以公民为研究出发点，以新市民的创业冲动为切入点，开启了公共管理包容下的多学科协同研究的探索之门。

第三，逻辑性强。意愿，是一种主观判断，受到很多因素的干扰，而政策对意愿的影响以及意愿对政策的反影响，其传导过程极为复杂。针对这样一个特殊的研究对象，不仅需要运用定性与定量结合的方法，而且还需要按照历史的与逻辑的统一原则，将逻辑性嵌入理论研究、现实研究、心理研究和政策研究，方可取得较高的研究价值。在研究中，对京津冀新生代农民工进行了大量细致的调查，先运用多重逻辑理论，分析政策对新生代农民工迁移意愿的影响机理，进而代入京津冀一体化协调发展的变量，为研究京津冀协同发展背景下新生代农民工住房分化与人口迁移现象提供一个比较分析的视角，在此基础上提出一个"推拉"回归模型，将影响效应全过程进行衔接，更加完整地解释了住房对京津冀新生代农民工迁移的影响，从而一方面推进了住房政策和人口迁移的理论研究，另一方面展开了应用和服务于现实问题的研究。这一从"影响机理"到"影响效应"的逻辑，符合中国式现代化进程的底层逻辑，也适应京津冀协同发展的现实逻辑。

目 录

第一篇 问题的提出

第一章 绪 论 ·· 3
第一节 京津冀人口一体化的现实背景 ································ 3
第二节 研究意义 ·· 7
第三节 研究方法与数据 ·· 8
第四节 研究内容与技术路线 ··· 9
第五节 创新之处 ··· 11

第二章 住房政策对流动人口迁移意愿影响的研究现状 ·········· 12
第一节 国外研究现状 ·· 12
第二节 国内研究现状 ·· 17
第三节 研究述评 ··· 25

第二篇 理论分析

第三章 相关概念及理论基础 ·· 29
第一节 相关概念 ··· 29
第二节 理论基础 ··· 34
第三节 本章小结 ··· 37

第四章 我国农民工住房政策困境的理论分析 ······················· 38
第一节 中央政府的政治逻辑及住房政策的设计 ················· 38
第二节 地方政府的科层制逻辑及住房执行策略 ················· 41

第三节	房地产的市场逻辑及供给策略	44
第四节	农民工的生存逻辑及住房选择策略	46
第五节	农民工住房政策困境的生成	47
第六节	本章小结	53

第五章 农民工迁移意愿的推拉模型 …… 54

第一节	农民工迁移意愿的推拉因素	54
第二节	农民工迁移意愿理论模型框架的修正	57
第三节	本章小结	59

第六章 住房状况对农民工迁移意愿的 Meta 分析 …… 60

第一节	研究假设	61
第二节	研究方法与数据来源	66
第三节	住房状况对农民工迁移意愿的 Meta 分析	72
第四节	住房状况对我国农民工迁移意愿的影响	77
第五节	本章小结	78

第三篇 实证研究

第七章 京津冀农民工住房政策探索与实践 …… 81

第一节	京津冀农民工住房政策的探索	81
第二节	京津冀农民工的住房实践和效果	87
第三节	京津冀新生代农民工住房的需求特征	91
第四节	本章小结	92

第八章 京津冀新生代农民工的迁移意愿与住房状况分析 …… 93

第一节	问卷设计、数据来源与统计方法	93
第二节	研究思路	94
第三节	京津冀新生代农民工的迁移意愿	95
第四节	京津冀新生代农民工的住房状况	98
第五节	本章小结	109

第九章 京津冀新生代农民工迁移意愿与住房状况的交叉分析 …… 110

第一节	京津冀新生代农民工住房产权与迁移意愿的交叉分析	110
第二节	京津冀新生代农民工住房支出与迁移意愿的交叉分析	111
第三节	京津冀新生代农民工住房面积与迁移意愿的交叉分析	112
第四节	京津冀新生代农民工通勤距离与迁移意愿的交叉分析	114

第五节　京津冀新生代农民工住房设施与迁移意愿的交叉分析…………… 115
第六节　京津冀新生代农民工公租房与迁移意愿的交叉分析……………… 117
第七节　京津冀新生代农民工住房补贴与迁移意愿的交叉分析…………… 117
第八节　京津冀新生代农民工购房意愿与迁移意愿的交叉分析…………… 118
第九节　京津冀新生代农民工居住满意度与迁移意愿的交叉分析………… 119
第十节　京津冀新生代农民工住房政策满意度与迁移意愿的交叉分析…… 120
第十一节　本章小结………………………………………………………… 121

第十章　住房状况对京津冀新生代农民工迁移意愿的影响效应………… 122

第一节　住房状况对京津冀新生代农民工迁移意愿的总体影响分析……… 122
第二节　住房状况对京津冀各地新生代农民工迁移意愿的影响分析……… 126
第三节　住房产权、购房意愿与迁移意愿的相关分析……………………… 130
第四节　家庭化迁移下住房状况与迁移意愿的回归分析…………………… 136
第五节　本章小结…………………………………………………………… 139

第十一章　住房产权对京津冀新生代农民工迁移意愿的影响机制……… 140

第一节　住房产权对京津冀新生代农民工迁移意愿的影响机制分析……… 141
第二节　购房意愿对京津冀新生代农民工迁移意愿的影响机制分析……… 142
第三节　住房产权、购房意愿对京津冀新生代农民工迁移意愿的影响机制分析 …………………………………………………………………………… 143
第四节　住房产权下京津冀新生代农民工购房意愿对迁移意愿的影响机制分析 …………………………………………………………………………… 148
第五节　本章小结…………………………………………………………… 152

第十二章　河北省新生代农民工返乡建房的实证研究…………………… 154

第一节　河北省新生代农民工返乡建房的具体行为………………………… 154
第二节　研究设计…………………………………………………………… 155
第三节　数据分析及模型构建……………………………………………… 157
第四节　研究结论与模型阐释……………………………………………… 162
第五节　本章小结…………………………………………………………… 171

第四篇　政策建议

第十三章　京津冀新生代农民工住房政策的顶层设计…………………… 175

第一节　中央政府：重新审视顶层的住房政策设计………………………… 175
第二节　地方政府：切实保障农民工的居住权……………………………… 179
第三节　房地产市场：尽可能地提供更多的住房选择……………………… 180

第四节　农民工：扩大其社会空间和完善社会支持网络……………………181

　　第五节　本章小结………………………………………………………………182

第十四章　构建京津冀新生代农民工差异化的住房政策体系……………………183

　　第一节　有迁移意愿的京津冀新生代农民工的住房政策……………………184

　　第二节　无迁移意愿的京津冀农民工的住房政策……………………………189

　　第三节　本章小结………………………………………………………………190

第十五章　引导京津冀新生代农民工迁移的配套政策……………………………191

　　第一节　京津冀统筹发展，为新生代农民工提供更多的流动空间…………191

　　第二节　进一步改革户籍管理制度……………………………………………193

　　第三节　城乡土地政策的逐步完善……………………………………………194

　　第四节　确保新生代农民工基本的公共服务保障……………………………196

　　第五节　各地应采取差异化的财税优惠政策…………………………………197

　　第六节　本章小结………………………………………………………………198

第十六章　结论与展望………………………………………………………………200

　　第一节　研究结论………………………………………………………………200

　　第二节　存在的不足与未来展望………………………………………………202

附　录…………………………………………………………………………………203

第一篇　问题的提出

第一章 绪 论

第一节 京津冀人口一体化的现实背景

改革开放以后,户籍制度的放松和市场经济的发展使得全国性的人口流动成为一种普遍现象,农民工正是在这一背景下大量出现的。历年来的《农民工监测调查报告》指出,我国农民工数量从 2009 年的 1.45 亿上涨到 2019 年 2.91 亿的最高峰,虽然 2020 年农民工规模有所下降,但仍然保持在 2.85 亿以上。其中,新生代农民工数量自 2014 年以来保持在这一群体的 50% 左右,已经成了农民工群体的主要部分(如图 1-1 所示)。随着居住时间的累积和城市生活经验的丰富,越来越多的农民工对自己的城市身份认同也在逐步增加。2020 年,41.4% 的农民工认为自己是所居住城市的"本地人"(国家统计局,2020),而新生代农民工因缺乏农村生活的成长经历和学历程度的提升,其比例会远高于这一数据。

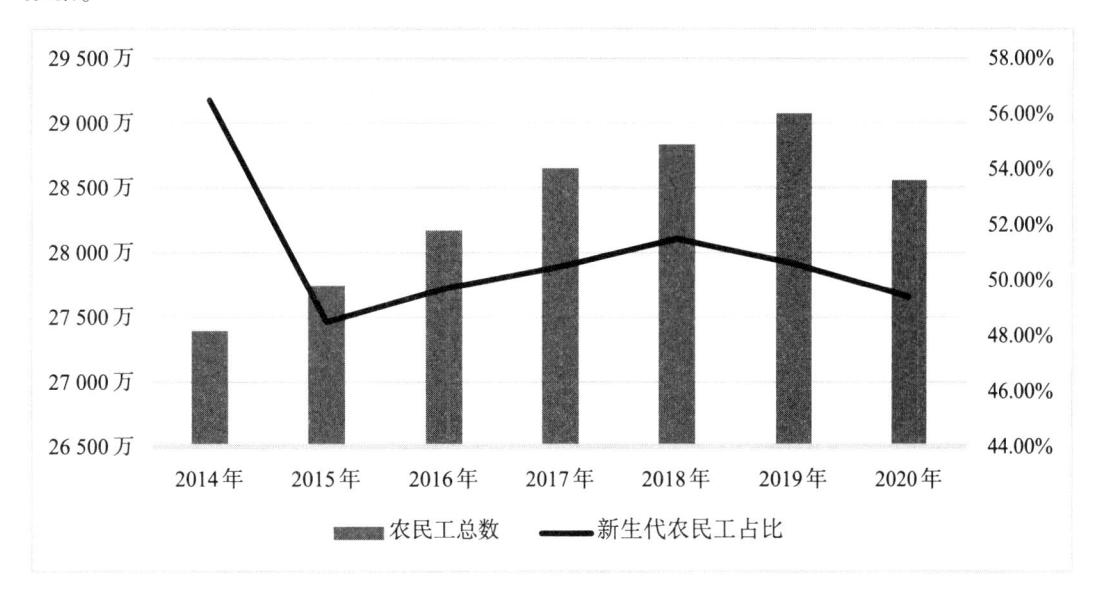

图 1-1 我国农民工数量及新生代农民工占比

但是在农民工进城务工的过程中,农民工又会受到经济、社会、文化等多方面的制约,缺乏在城市定居的能力,陷入了"农村—城市—农村"循环流动的困境中。为了解决这一问题，中共中央和国务院于 2014 年 3 月 16 日联合印发了《国家新型城镇化规划（2014—2020 年）》，并提出"推动 1 亿农业转移人口在城市落户"的战略目标，促进农业转移人口在城市落户和定居已经纳入了政府工作的重点内容。[①] 至此，如何推动以农民工为主的流动人口落户城市已经成了我国各级政府的工作重要内容。

2014 年 2 月 26 日，习近平总书记在北京考察工作时提出了"京津冀协同发展"这一重要国家战略，再到 2015 年 6 月《京津冀协同发展规划纲要》正式颁发并实施。京津冀协同发展从概念到框架也逐步清晰并成型，其核心内容之一是"有序疏解北京非首都功能，调整经济结构和空间结构"，强调"以业控人和以房管人"，从而实现"严控增量、疏解存量、疏堵结合调控北京市人口规模"。换言之，即严控北京人口增长，并将北京的流动人口转移到天津和河北，最终让这些转移的流动人口在本地定居。至此，如何实现京津冀人口的协同发展也成了京津冀一体化下的重要内容之一。

一、京津冀区域中资源禀赋和人口分布

作为我国三大城市群之一的京津冀都市经济圈，京津冀三地的面积大小、经济禀赋和人口数量这三个方面的差异非常大（见表 1-1）。京津冀区域的总面积为 21.6 万 hm²，其中北京市面积为 1.68 万 hm²，占京津冀地区的 7.8%，城镇化水平达到了 86.5%；天津市面积为 1.13 万 hm²，占京津冀地区的 5.2%，城镇化水平达到 83.2%；而河北省面积为 18.8 万 hm²，占到了京津冀地区的 87.0%，城镇化水平只有 56.4%。同时根据《河北经济年鉴 2019》显示，三地在经济总量的差异上表现得更为突出，2018 年北京市的 GDP 为 33 106.0 亿元，占京津冀比重的 41.9%；天津市为 13 362.9 亿元，占 16.9%；河北省总量为 32 494.6 亿元，占 41.2%，河北省 GDP 最高的两个城市分别为唐山市和石家庄市，但是唐山市仅仅达到 6 300 亿元，石家庄市为 5 004 亿元，其他城市均没有超过 4 000 亿元。京津冀区域 GDP 巨大差异的背后实则是就业机会、教育资源、社会完善程度以及公共服务质量所存在着的鸿沟，这也导致了对流动人口的吸引程度不同。最终导致了京津冀人口分布的极度不均衡：2018 年北京市以 7.8% 的土地承载了 2 154.2 万常住人口；天津市以 5.2% 的土地承载了 1 559.6 万常住人口；河北省则承载着 7 556.3 万的常住人口，其中只有石家庄和保定市两个城市分别为 1 095.16 万和 1 173.14 万，其他城市均未达到 1 000 万人。

表 1-1 2018 年京津冀面积、GDP 和常住人口分布表

资源 城 市	面积 （万 km²）	GDP （亿元）	常住人口 （万人）	城镇化率 （%）
北京	1.68	33 106.0	2 154.2	86.5%
天津	1.13	13 362.9	1 559.6	83.2%
河北	18.8	32 494.6	7 556.3	56.4%

数据来源：《河北经济年鉴 2019》。

[①] 参见国家发展和改革委员：《2019 年新型城镇化建设重点任务》https：//www.ndrc.gov.cn/xwdt/ztzl/xxczhjs/ghzc/202012/t20201224_ 1260132. html。

从表 1-1 可以发现，京津冀的资源禀赋、人口数量和经济水平表现出巨大差异性。北京市由于经济发达，创造了大量的工作岗位，拥有优质的公共服务质量，而且收入要高于天津和河北，所以吸引了大量的外来人口到北京务工和生活，最后导致人口密度大，且达到了城市资源最大承载力的临界值。人口膨胀、交通拥堵、住房紧张、淡水资源稀缺等城市病正在严重地困扰着北京市。而河北省是一个人口大省，拥有较为丰富的自然资源，但是 GDP 和城镇化率远远落后于北京和天津，所以大量的流动人口，特别是农民工群体，进入北京和天津寻找工作机会。解决北京市的"大城市病"，仅仅依靠北京自身的努力是不够的，还需要京津冀区域协同解决，而人口问题是其关键和突破点。因此，早在 2014 年 2 月 26 日，中共中央总书记习近平同志主持召开了京津冀协同发展座谈会，会上对基础设施、产业发展、资源要素、公共服务、生态环境等领域提出了京津冀协同发展的设想。[①] 至此，京津冀一体化正式进入了社会大众的视野中，并成为近年来我国发展的国家重大战略。2014 年 3 月 5 日，时任国务院总理李克强在 2014 年两会的政府工作报告中提出了"京津冀一体化"的构想和方案，并强调"实施差别化经济政策，推动产业转移，发展跨区域大交通大流通，形成新的区域经济增长极"。[②] 2015 年 6 月，《京津冀协同发展规划纲要》正式印发并实施，京津冀一体化的目标、内容和举措都浮出水面并逐步成型。其中一项重要的内容是关于疏解北京人口，"要严控增量、疏解存量、疏堵结合调控北京市人口规模"。《北京城市总体规划（草案）（2016 年—2030 年）》中将这一目标更加具体化：2020 年将常住人口总量控制在 2 300 万人，疏散北京人口 500 万至周边城市，而天津和河北则承担起接收北京往外转移人口的角色，从而解决好京津冀地区人口协同发展问题。

二、京津冀新生代农民工的住房状况

作为我国三大城市群之一的京津冀城市群，这一区域的 GDP 已经占到全国的 8.5%。京津冀区域庞大的经济体量吸引了大量的河北人口到北京工作。《北京社会治理发展报告（2015—2016）》显示，京津冀三地间人口流动频繁，其中河北人口属于北京常住人口增长的重要来源地，而且处于持续上升趋势。截至 2014 年初，河北籍流动人口是北京市流动人口中的最大群体，总人数达到了 181.97 万，占北京市总流动人口的 22.69%。而这一比例直到今天仍然居高不下。

住房作为衣食住行中最基本的生活必需品，加之受我国"安居乐业"的传统思想影响，无论是初到城市寻找一个"寄居"之处还是扎根城市获得"安居"之所，住房问题始终是农民工在迁移过程中无法回避的命题。住房不仅成了住房改革以来社会分层的重要方面，同时也成为人口迁移的一种筛选机制。[③] 我国城镇住房制度改革后，城市的商品房价格大幅度地持续上涨，特别是特大城市和一线城市的房价涨幅则更为惊人，住房市场化

[①] 习近平在京主持召开座谈会 专题听取京津冀协同发展工作汇报 [EB/OL]. (2014-02-27) [2022-08-30]. http://news.xinhuanet.com/politics/2014-02/27/c_126201296.htm.

[②] 李克强. 政府工作报告——2014 年 3 月 5 日在第十二届全国人民代表大会第二次会议上 [J]. 海南省人民政府公报, 2014, (5): 3-12.

[③] 李斌. 城市住房价值结构化：人口迁移的一种筛选机制 [J]. 中国人口科学, 2008 (4): 53-60, 96.

后快速上涨的房价对农民工有着强烈的"挤出"效应。从《2018年流动人口动态监测调查》的数据来看，2017年京津冀区域的新生代农民工占农民工总量的58.4%，并且这一群体中男性比例为48.2%，女性比例为51.8%。京津冀新生代农民工在城镇中难以拥有自己的住房，80%以上都靠租房或者用人单位提供，而且住房支出挤压着他们的日常开支。从住房来源来看，只有19.2%的群体购买了商品房，57.8%通过租住私房解决住房问题，14.7%则由单位或者雇主提供临时性的住处。从其经济状况来看，新生代农民工的月收入为8 960元，月总支出为4 338元，月住房支出为1 258元，占总支出近30%，是他们最主要的开销部分。

住房作为制约他们定居的重要因素，使得这一群体面临着难以在流入地扎根的问题，为此党中央和国务院出台了多项重大政策来努力促进农民工市民化。2012年党的十八大报告中提出"要增强中小城市和小城镇产业……吸纳就业和人口集聚的功能"。① 2014年《国家新型城镇化规划（2014—2020年）》中又指出把解决好农业转移人口市民化问题作为首要任务，再到2016年《推动1亿非户籍人口在城市落户方案》中再次强调"2020年全国户籍人口城镇化率提高到45%"。随着农民工在务工城市的逐步扎根并进一步融入所居住的城市，他们并不完全秉持"落叶归根"的传统观念，特别是新生代农民工群体在城市中的定居意愿越来越强烈，以城市定居为最终目的的比例也在逐渐增加。

尽管农民工群体来到城镇务工后人均住房面积从2015年的19.4m^2上涨到2019年的20.4m^2，但是仍然远低于全国人均居住面积，只达到城镇人均居住面积的50%左右，也远远低于他们农村的人均居住面积。目前没有对京津冀新生代农民工住房的统计数据，所以我们暂时无法准确地描述出住房面积，但是全国农民工的人均居住面积过小也是京津冀新生代农民工住房的一个缩影。北京和天津的住房价格高企，能排进全国房价的前10位，这两个城市的新生代农民工面临着更严峻的住房压力。事实上，农民工的人均居住面积在500万人以上的城市要远低于500万人以下城市，但是农民工依然表现出向大城市集聚的趋势。② 农民工的住房选择是他们在城市定居的直接表现，也是破解农民工市民化的关键因素之一。③

新生代农民工已经成为京津冀城市群不可或缺的劳动力，为这一区域的经济发展做出了卓越的贡献。而如何引导这一群体在京津冀区域有序流动已成为我国政府的重要课题。因此，我们需要了解：当前住房状况如何？如何影响着新生代农民工的迁移意愿？政府需要通过什么样的政策来吸引农民工流入天津和河北？以上这一系列的问题也成了本课题的研究起点和拟解决的主要问题，即在京津冀一体化背景下，如何通过住房政策引导新生代农民工群体在京津冀区域有序流动，特别是减少北京市的新生代农民工数量。

---

① 胡锦涛. 胡锦涛文选：第3卷［M］. 北京：人民出版社，2016：630.
② 董昕. 住房支付能力与农业转移人口的持久性迁移意愿［J］. 中国人口科学，2015（6）：91-99，128.
③ 陈锡文. 全面深化"三农"问题改革的思考［J］. 当代农村财经，2014（6）：7-9.

第二节 研究意义

本研究基于京津冀协同发展的视角,从解决京津冀新生代农民工的住房问题出发,进一步讨论住房政策对这一群体迁移意愿的影响机制,这对于帮助他们顺利地迁移并融入城市中,实现我国新型城镇化具有重要的理论价值和现实意义。

一、理论意义

1. 为京津冀人口协同发展提供理论依据

京津冀协同发展已经成为国家的重大发展战略,其中一项重要内容是人口的协同发展。尽管中央政府提出了人口协同发展目标,但如何实现这一目标需要我们从学理上进行探讨,以期为政府进行顶层制度设计时提供科学依据,避免以过高的政策成本来实现政策目标。因此,通过这一课题的研究论证住房政策之于人口协同发展两者间的关系,为人口协同发展做出相应的理论拓展。

2. 为研究京津冀新生代农民工迁移提供理论支持

住房是京津冀新生代农民工群体在迁移决策过程中无法绕开的重要生活要素和财产门槛,因为住房以及物化于住房中的相关权益是他们是否定居考量的重要因素之一,更何况住房已经成了制约他们在城镇定居的制度性因素,而住房政策决定着他们的住房选择和住房结果。本研究从住房政策对新生代农民工迁移的作用机制入手,着重通过住房政策对京津冀新生代农民工迁移影响的理论脉络,厘清住房政策对人口迁移的作用机理和影响机制,为促进京津冀新生代农民工迁移提供理论依据。

3. 构建住房与人口迁移关系的理论框架

从国内外已有的研究来看,学者们主要从住房保障、房地产市场机制与社会融合三种视角讨论人口迁移,而且每个角度都有其合理性,也在一定程度上解释了人口迁移的影响机制。但是如果只从一个角度分析住房与人口迁移的关系会有失偏颇,因此本课题提出了一个结合以上三种视角的多重逻辑的解释框架,为研究京津冀协同发展背景下新生代农民工住房分化与人口迁移现象提供一个比较分析的视角,建立从过程到结果的系统联系,从逻辑上实现从作用机理到影响效应全过程的衔接,能够更加完整地解释住房对京津冀新生代农民工迁移的影响,从而推进住房政策和人口迁移的理论研究。

二、现实意义

1. 推进京津冀区域城镇化进程

城镇化的目的是实现人的城镇化,特别是实现人口由农村向城市转移,从农业向非农产业转移。由于受到户籍等制度性约束和住房等非制度性约束,京津冀新生代农民工在城市从事非农工作,但是又难以享受到城镇的公共服务,加之较低的收入无法承受城镇的房价,最终导致了这一群体既难以在工作地扎根,也难以回到农村,成为介于城市和农村之间的"半城镇化"状态。我们可以尝试着制定合理的政策，引导京津冀新生代农民工的城镇定居意愿，最终推进京津冀区域的城镇化进程，特别是提高河北省的城镇化率，缓解北京的人口压力。

2. 解决京津冀新生代农民工的住房问题

住房是农民工在城市流动过程的栖息之所，影响了他们的生活质量，也决定了他们社会交往的空间，是他们能否获得城市公共服务的依据。正因为如此，住房重要的现实意义和象征意义对这一群体在城市中的迁移意愿发挥着重要的影响机制。但是京津冀区域中绝大部分农民工的住房条件都不容乐观，居住面积狭小、设施不齐全且环境不佳。因此通过本研究的开展，希望能为解决京津冀新生代农民工的住房问题提供相应的政策建议，帮助他们提高留城意愿并融入城市生活。

3. 引导京津冀农民工有序流动

在我国传统"安居乐业"的思想影响下，以及物化于住房下才能享受到公共服务的制度设计的双重影响，在农民工进行定居决策时，住房发挥着关键的决定性作用。如果农民工在流入地无法获得一套拥有产权的住房，则意味着他们无法融入城市中，也无法获得城市的基本公共服务，住房成了流动人口的"筛选"机制。正因为如此，如何帮助京津冀新生代农民工顺利地迁移并在所流入的城市定居已经成了我国中央政府面临的重要课题。因此，通过差异化的住房政策可以引导这一群体在京津冀区域有序流动。

4. 促进京津冀一体化

京津冀一体化战略提出后，人口一体化成了这一战略体系中的重要部分。当前大量的新生代农民工在京津冀居无定所，被迫如同候鸟般在城市和农村间轮流迁移，不利于京津冀人口一体化，更不利于北京疏散人口。因此，本研究的开展，希望通过京津冀人口的有序流动，实现北京市人口的疏散，最终促进京津冀一体化。

第三节 研究方法与数据

一、主要采用的研究方法

1. 田野调查法

通过选取京津冀范围内北京市、天津市和河北省的新生代农民工进行访谈和问卷，在此基础上采取滚雪球的方式进行问卷调查，并找一些典型案例研判新生代农民工的住房状况和流动路径，获得本课题研究所需的数据。同时，以河北省某村为研究样本，通过对当地新生代农民工进行深度访谈，从而为挖掘返乡建房的内在机制提供坚实的数据资料。

2. 描述性分析和二元 Logistic 回归分析法

首先对田野调查法获得的相关数据进行梳理，通过描述性的分析方法发现当前京津冀新生代农民工的住房现状。其次，基于传统的推拉模型，运用二元 Logistic 回归模型验证住房政策对新生代农民工迁移影响的内在关系，挖掘出具体的影响因素。同时，进一步通过调节效应模型找出其内在的影响机制，从而可以为后续有针对性地提出相应对策提供理论上的支持。

3. Meta 分析法

本研究对已有文献利用 Meta 分析法进行梳理，检验住房各维度与农民工迁移意愿之间的关系，尤其是住房产权、住房质量、住房负担、住房公积金、保障性住房维度与农民工的迁移愿意的影响效应，从而厘清学术界对这一问题的争论。

4. 扎根理论研究法

扎根理论研究法的主旨在于构建理论而非验证理论，且擅长考察行动和互动过程。为了挖掘出农民工返乡建房的行为机理，本研究尝试着运用扎根理论研究法获得其内在的机理，从而构建出更加符合我国国情的理论框架。

5. 政策系统设计分析法

农民工住房政策需要系统设计，才能有针对性地解决他们当前面临的住房困境。本研究通过政府、市场和社会三个维度对住房政策进行解构，系统地设计出针对农民工的住房政策，从而引导新生代农民工的迁移意愿。

二、数据来源

为了了解京津冀新生代农民工的住房状况，本研究主要采用问卷调查和个案访谈等方法对京津冀新生代农民工的相关数据进行搜集。由于新时代农民工分布较为分散，因此本研究通过滚雪球调查的方式对京津冀新生代农民工展开了问卷调查，调查对象为工作地点在北京、天津、石家庄、保定、邯郸、唐山和秦皇岛的新生代农民工，为本研究的开展获得第一手资料。

第四节　研究内容与技术路线

一、主要研究内容

本课题的研究目标可以归纳为以下四个连贯的问题：①住房政策如何影响京津冀新生代农民工的住房状况？②京津冀新生代农民工的住房状况和迁移意愿如何？③住房状况又如何影响着京津冀新生代农民工的迁移意愿？④引导京津冀新生代农民工迁移意愿需要什么样的住房政策和配套政策？

为了研究这些问题，本书分为四篇，共十六章。

第一篇 问题的提出

第一章 绪论

第二章 住房政策对流动人口迁移意愿影响的研究现状

第二篇 理论分析

第三章 相关概念及理论基础

第四章 我国农民工住房政策困境的理论分析

第五章 农民工迁移意愿的推拉模型
第六章 住房状况对农民工迁移意愿的 Meta 分析
第三篇 实证研究
第七章 京津冀农民工住房政策探索与实践
第八章 京津冀新生代农民工的迁移意愿与住房状况分析
第九章 京津冀新生代农民工迁移意愿与住房状况的交叉分析
第十章 住房状况对京津冀新生代农民工迁移意愿的影响效应
第十一章 住房产权对京津冀新生代农民工迁移意愿的影响机制
第十二章 河北省新生代农民工返乡建房的实证研究
第四篇 政策建议
第十三章 京津冀新生代农民工住房政策的顶层设计
第十四章 构建京津冀新生代农民工差异化的住房政策体系
第十五章 引导京津冀新生代农民工迁移的配套政策
第十六章 结论与展望

二、研究技术路线

按照对以上研究内容的设计，本研究的技术路线如图 1-2 所示。

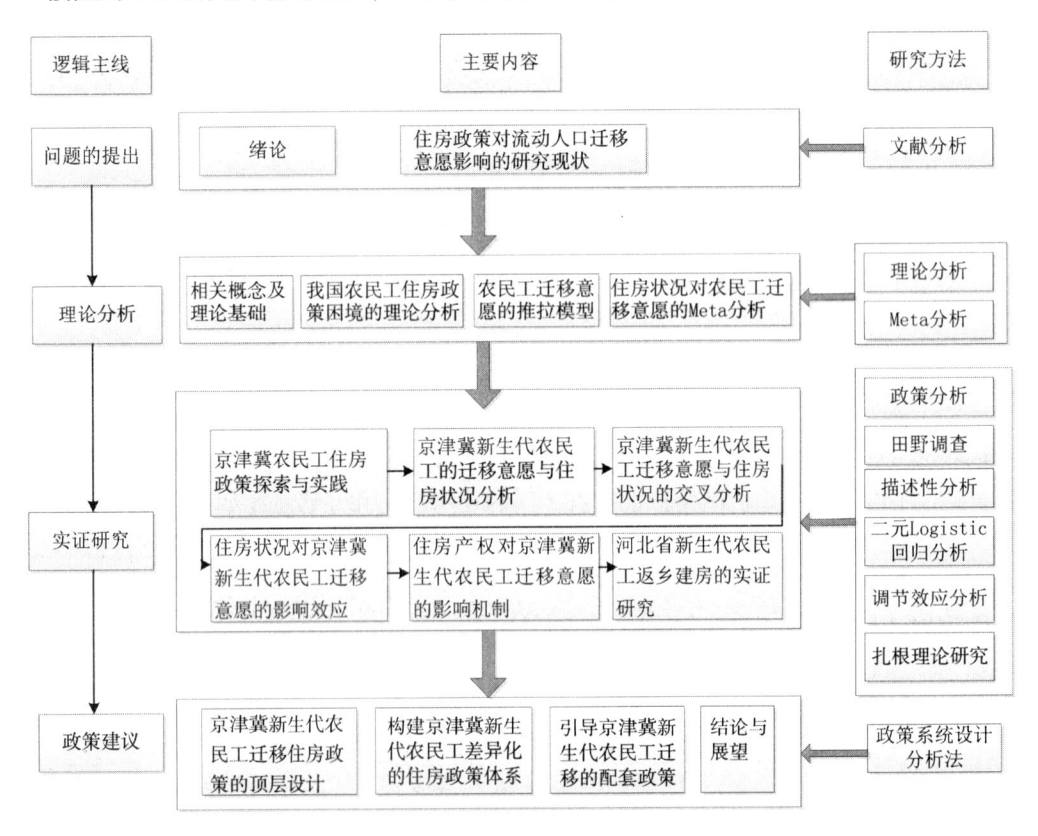

图 1-2 本研究的技术路线图

第五节 创新之处

本研究从住房政策对京津冀新生代农民工的迁移意愿影响入手,创新之处表现在以下三个方面。

一、研究视角的创新

目前学术界对农民工的迁移意愿的研究更多是从公共服务、社会融合、住房支付能力等视角展开的。而本研究从住房政策出发,首次提出了一个综合中央政府、地方政府、房地产市场与农民工的多重逻辑的解释框架,为本课题的研究提供了一个综合分析的视角,从而可以更加清晰地透视住房政策对农民工的影响。

二、研究逻辑的创新

本研究针对京津冀新生代农民工调查后,先运用多重逻辑理论分析影响机理,在此基础上构建一个新的推拉回归模型检验具体的影响效应,从逻辑上实现从影响机理到影响效应全过程的衔接。

三、研究内容的创新

以往研究对住房政策的关注不够,而且也未全面地探讨住房政策对迁移意愿的影响。与以往研究不同之处在于,本研究构建了从住房政策到住房状况再到农民工的迁移意愿研究的模型,并检验两者间的影响关系,从而实现研究内容的立体性和全面性。

第二章 住房政策对流动人口迁移意愿影响的研究现状

人口迁移现象已经是人类社会中一种久远的现象,自 Ravenstein[1]首先关注到人口流动这一现象后,引起了不同学科领域学者们的广泛关注,从经济学、社会学和人口学等学科研究了这一现象,产生了一系列的经典理论,并从多角度展开了翔实的研究。而我国的人口流动现象更多地出现在改革开放之后,国内外学者们也将研究旨趣放在这一现象上,产生了大量的真知灼见。户籍制度是一种具有中国特色的制度,将流动人口分为了农村流动人口(农民工)和城镇流动人口两个群体。但是国外并没有户籍制度,也就没有农民工这一群体,国外更多是针对本国流动人口或者外国移民展开的研究。根据国内外学者不同的侧重点与研究内容,本章分以下几个方面综述。

第一节 国外研究现状

一、人口迁移的相关理论研究

人口迁移最早为 Ravenstein[1]所关注,并发表《人口迁移规律》一文。自此之后学者们在这一领域进行了大量的研究,也形成了一系列经典理论,如刘易斯二元经济模型[2]、古典人口推拉理论[3][4]、托达罗迁移模型[5]、双重劳动力市场理论[6]、新经济迁移理论[7]等,从宏观和微观层面阐释了人口迁移的原因机制。

---

[1] RAVENSTEIN E G. The Laws of Migration [J]. Journal of the Royal Statistical Society, 1889 (52): 241-301.
[2] LEWIS W A. Economic Development with Unlimited Supplies of Labour [J]. The Manchester School, 1954, 22 (2): 139-191.
[3] LEE E S. A Theory of Migration [J]. Demography, 1966, 3 (1): 47-57.
[4] BAGNE D J. Principles of Demography [M]. New York and London: John Wiley and Sons, 1969.
[5] TODARO M P. A Model of Labor Migration and Urban Unemployment in Less Developed Countries [J]. The American Economic Review, 1969, 59 (1): 138-148.
[6] PIORE M J. Birds of Passage: Migrant Labor and Industrial Society [M]. Cambridge: Cambridge University Press, 1979.
[7] STARK O, BLOOM D E. The New Economics of Labor Migration [J]. American Economic Review, 1985, 75 (2): 173-178.

1954年，刘易斯发表了《劳动力无限供给条件下的经济发展》，在该论文中他建立了经典的二元经济及劳动力转移模型，首次从宏观层面上解释了劳动力迁移的动因和过程。刘易斯认为劳动力迁移是由经济发展导致的地区间劳动力供需差异造成的，发展中国家的经济是典型的二元经济，其经济系统可以划分为传统的（以传统农业部门为代表）和现代的（以现代工业部门为代表）两大部门，两大部门工资的差别导致传统农业部门的劳动力源源不断地向现代工业部门转移。但是刘易斯理论也存在一定的缺陷，工业部门并不能无限地吸收农业部门的剩余劳动力，即农业剩余劳动力向城市迁移后，也不能够立即找到工作。古典的人口推拉理论则认为地区间的差异产生了人口迁移的推力和拉力，Lee试图从迁入地的影响因素、迁出地的影响因素、迁移过程的障碍因素以及个人因素四个方面来探讨人口迁移行为。且古典的推拉理论认为人口迁移主要是迁入地与迁出地的工资差异所导致的，当两地的工资水平达到均衡时，劳动力也就停止了流动。托达罗提出托达罗模型和"预期收益理论"，从微观角度用数学模型解释了劳动力持续迁移行为与城市严重失业并存的现象，他认为迁移不仅取决于城市间的收入差距，还与农村劳动力在城市的就业概率密切相关，较高的预期收入导致迁移的不断发生。二元分割的劳动力市场结构下人口流动更多地是由"拉"动引起的，而不是"推"动的，理论假设迁移的动机来自城市经济的二元结构及其内生的劳动力需求，本地居民一般愿意在主导部门工作，而工资、环境、社会地位较差的次要部门对于本地居民没有吸引力，劳动力供给不平衡促使农村劳动力向城市迁移。20世纪80年代，Stark等对只关注供需不平衡、工资差异及个人利益和动机的新古典经济学理论进行批判，提出"风险转移""经济约束"和"相对剥夺"三个核心概念，更加强调家庭、移民汇款和农业生产的重要性，由此完成了从新古典经济学向新劳动力迁移经济学的理论转变。但是这些理论更多地关注于解释人口迁移是如何产生的，在一定程度上忽视了人口迁移流动之间的相互影响和制约作用。

那么当人口迁移到目的地之后又将沿着怎样的途径进行发展呢？对此，西方学界在中观层面形成了三种主要观点，关注于人口迁移是如何持续的。一是网络理论，又称社会资本理论[1]，移民网络是一系列人际关系的组合，其纽带可以是血缘、亲缘、乡缘和业缘等，它在个体行为者（微观）和更大的结构力量（宏观）之间起到中介作用，而家庭在这个体系中发挥着中心作用。二是机构理论，即迁移行为可能被那些精心策划跨境迁移从而提供一些正规或非正规服务并从中获利的机构所推动。三是累积因果关系[2]，移民行为有其内在的自身延续性，迁出地家庭的"相对失落感"和移民文化的发展以及迁入地具有标志性的"移民者"职业会再度引发人口迁移。人口迁移与住房息息相关，有关住房与迁移的理论也备受学者关注。一方面，西方学者从住房需求角度探讨住房与人口迁移问

---

[1] PICHÉ V. Contemporary Migration Theories as Reflected in their Founding Texts [J]. Population-E, 2013, 68 (1): 141-164.

[2] Massey D S, Arango J, Hugo G. Worlds in Motion: Understanding International Migration at the End of the Millennium [M]. Oxford: Glarendon Press, 1998: 1-17.

题，分为以城市社会空间为关注点的宏观视角和以个人或家庭出发的微观视角，主要代表理论及具体内容如表 2-1 所示。另一方面，也有学者从住房市场的供给角度对人口迁移问题做出理论阐述。Alonso 提出的互补理论考虑迁移所面临的住房成本，从经济限制方面解释人口迁居行为，认为低收入者对居住空间的选择范围相对狭窄，而高收入者居住的空间自由度较大[1]；Helpman 模型[2]和 Von Thünen 模型[3]阐释了住房价格对人口迁移的影响机制，两个模型的核心思想基本一致，即将城市房价与各类差异化产品、服务及其运输成本看作是一种替代关系，人们需要在两者之间进行权衡做出决策。拥有差异化多样性产品和服务的大城市也意味着要承担更高的房价，因此，他们认为最终的均衡是大小城市间人们的真实生活水平是一致的。

二、住房对流动人口迁移的影响研究

国外人口的迁移现象及研究时间较为久远，"二战"结束以后，发达国家的人口一直处于一个净流入的状态。联合国的研究数据显示，20 世纪 50 年代，发达国家的人口净迁入率为 0.5‰左右，从 60 年代开始呈波动上升的趋势，基本维持在 2‰~3‰。[4]

表 2-1 住房需求角度下住房与人口迁居理论梳理

	理论	主要观点
宏观	入侵演替理论[5]	迁居的动力是不断到达内城地区的低社会地位移民的压力。此类移民增加改变了邻里社区的属性和构成，而原有家庭为避免自己邻里社区地位的下降，开始向较高级居住区入侵。而较高级住宅区的住户也会因为同样的原因向更高级的居住区入侵，由此迁居像波浪一样向外传开
	住房过滤理论[6]	高收入者因房屋磨损去购买更高级住宅来维持自身效用水平不变，其原有住宅被中等收入者占用，而中等收入者原有住宅又会流动到低收入者手中，即住房会向低收入者不断过滤，而人口向高级住宅区不断过滤

---

① ALONSO W. A Theory of Movements [M]. Cambridge, Massachusetts: Ballinger Publishing Company, 1978: 197-211.

② HELPMAN E. The Size of Regions, in D. PINES, E. SADKA and I. ZILCHA (eds.), Topics in Public Economics: Theoretical and Applied Analysis [M]. Cambridge University Press, 1998: 33-54.

③ VON THüNEN J H. 孤立国同农业和国民经济的关系 [M]. 吴衡康, 译. 北京: 商务印书馆, 1986: 38.

④ United Nations. Department of Economric and Social Affairs, Population Division. World population prospects: the 2015 revision [DB/OL]. https://www.un.org/development/desa/pd/sites/www.un.org.development.desa.pd/files/files/documents/2020/Jan/un_2015_world_population_prospects-2015_revision_methodology.pdf

⑤ BURGESS E W. The Growth of the City: An Introduction to a Research Project [J]. Publications of the American Sociological Society, 1924, 18: 85-97.

⑥ HOYT H. The Structure and Growth of Residential Neighborhoods in American Cities [M]. Washington. D. C.: Federal Housing Administration, 1939: 96-122.

续表

	理论	主要观点
微观	家庭生命周期理论[1]	从出生成长、离开家庭、结婚、生子到年老五个环节的循环会促使家庭结构发生变化，从而形成不同住房需求，导致家庭迁居行为的发生。后Courgeau[2]又将生命历程理论引入迁居研究，在分析方面更具灵活性
	压力门槛理论[3]	当一处房屋的现状无法满足人们的居住期望时，人们就会产生一定程度的压力。房屋的老化、人们居住期望的提升，都可能导致居住压力增加。当这一压力超过某一门槛时，人们就会产生迁居意愿
	满意理论[4]	1）居住满意度与迁居意愿或行为有直接关联；2）应用较多的是将居住满意度作为中介变量，即个体及家庭社会经济属性、社区背景特征和邻里社会纽带等通过影响居住满意度，进而对迁居意愿产生间接影响

国外有关住房对于人口迁移的研究主要集中在住房价格方面。Roback通过研究认为住房是流动人口在城市工作和生活的基本必需品和栖息地，住房价格不仅能够反映住房本身的差异，还能反映所居住城市生活舒适程度的差异。[5] Potepan[6]和Jeanty等[7]分别研究得出当一个地区有大量的人口流入，尤其是大都市区具有较高的人口净流入量时，会在一定程度上增加住房需求进而推高住房价格，在住房供给短期缺乏弹性的情况下，房价上涨过快反过来会抑制人口的流入速度，促使他们流向其他房价较低的地区。房价在劳动力流动决策中扮演着信息传递的角色，房价对于流动人口迁移的影响不同学者持有不同的观点。Rabe和Taylor[8]利用英国家庭化迁移数据，Andrew[9]利用美国受过高等教育的男性迁移数据分别进行研究，研究结果均发现住房是影响人口迁移的重要因素，高昂的住房价格会阻碍人口迁移。Ganong等认为房价上涨提高了流动人口在该城市的生活成本，迫使人口流向其他房价较低的城市。[10] Shi等研究得出房价上涨会导致房贷还款成本增加，压缩

---

[1] ROSSI P H. Why Families Move [M]. Beverley Hills and London: Sage, 1980: 1-244.

[2] COURGEAU D. Interaction Between Spatial Mobility, Family and Career Life-cycle: A French Survey [J]. European Sociological Review, 1985, 1 (2): 139-162.

[3] WOLPERT J. Behavioral Aspects of the Decision to Migrate [J]. Regional Science, 1965, 15 (1): 159-169.

[4] SPEARE A. Residential Satisfaction as an Intervening Variable in Residential Mobility [J]. Demography, 1974, 11 (2): 173-188.

[5] ROBACK J. Wages, Rents, and the Quality of Life [J]. Journal of Political Economy, 1982, 90 (6): 1257-1278.

[6] POTEPAN M J. Intermetropolitan Migration and Housing Prices: Simultaneously Determined? [J]. Journal of Housing Economics, 1994, 3 (2): 77-91.

[7] Jeanty P W, PARTRIDGE M, IRWIN E. Estimation of a Spatial Simultaneous Equation Model of Population Migration and Housing Price Dynamics [J]. Regional Science and Urban Economics, 2010 (5): 343-352.

[8] RABE B, TAYLOR M P. Differences in Opportunities? Wage, Employment and House-Price Effects on Migration [J]. Oxford Bulletin of Economics and Statistics, 2012, 74 (6): 831-855.

[9] ANDREW J P. Housing Prices and Inter-Urban Migration [J]. Regional Science and Urban Economics, 2013, 43 (2): 296-306.

[10] GANONG P, SHOAG D. Why Has Regional Income Convergence in the U.S. Declined? [J] Journal of Urban Economics, 2017, 102 (11): 76-90.

购房者的其他消费，也就是产生人们常说的"房奴效应"。[1] 而 Dohmen 认为高房价会使人们产生房价升值预期，从而影响流动人口心理，进而产生行为决策，促进人口流入城市以避免房价的再上涨。[2] 进一步地，Cheon 等利用韩国 2004—2012 年的面板数据进行研究，发现人口流动与房价变化之间存在非线性的倒 U 形关系，也就是说，在未到达拐点之前，房价上涨会对人口迁移形成促进作用，当到达某一个阈值之后，房价再次上涨便会阻碍人口迁移，同时，房租上涨对人口迁移也产生了较为显著的负面影响。[3] 此外，Zang 等学者进一步指出住房价格对流动人口在城市定居意愿影响存在着一定的区域差异，对于中国来说，城市住房价格上涨对东部地区的迁移定居决定具有负面影响，而在中部地区，城市住房价格上涨将促进农民工的迁移定居意愿，对西部地区则无显著影响[4]

与此同时，还有学者对于住房属性如何影响人口迁移做出梳理。Constant 等对国际移民的研究中发现，拥有房产或房屋等住房经验表明经济依附程度降低了回迁的可能性。[5] Xie 等指出房屋所有权是预测国内和国际移民定居结果的关键指标，因为这种转变也被视为移民融入东道国社会的过程。[6] Liu 等认为正规住房与城市迁移定居意愿之间存在互动机制，一方面，拥有正规住房对农民工城市迁移具有促进作用，另一方面，那些更倾向于永久居住在城市中的农民工也将努力从正规住房系统中寻求合适的住房。[7] 因此，自有住房或者说正规住房对于流动人口迁移具有重要的积极作用。

三、国外住房政策的具体实践

相比于中国，在住房保障方面，发达国家对此探索较早，他们的住房保障政策都相对完善。例如，美国的住房保障具有百年的发展历史，已经拥有世界上最为完整的住房保障体系，且效率较高，创新性也更强。在美国，联邦政府和地方政府负责住房保障，且有着高效的政策性住房保障机构，住房金融市场为保障房提供了重要的融资渠道，还值得注意的是，美国有着种类丰富的金融工具，带动了抵押二级市场的发展。德国在住房保障方面也拥有自己的特点，其住房储蓄制度为保障房提供重要的融资渠道，并且有效利用了民间建设资金，从供应和消费两个环节进行保障房的"补贴"。日本在前期采用兴建保障性住房的方式来解决住房短缺的问题，经过一系列的探索，也形成了比较完善的住房保障体系。日本将民间商业金融机构与政策性保障机构相结合，根据国情不断调整政策性金融机

---

[1] SHI X, RILEY S F. Mortgage Choice, House Price Externalities, and the Default Rate. [J] Journal of Housing Economics, 2014, 26: 139-150.

[2] DOHMEN T J. Housing, Mobility and Unemployment [J]. Regional Science and Urban Economics, 2005, 35 (3): 305-325.

[3] Cheon S H, Lee Y S, Lim L J. Impacts of Housing Purchase and Rental Price Changes on Population Migration. [J] Journal of Korea Planning Association, 2014, 49 (5): 151-172.

[4] ZANG B, LV P, Warren C M J. Housing Prices, Rural-Urban Migrants' Settlement Decisions and Their Regional Differences in China [J]. Habitat International, 2015, 50: 149-159.

[5] CONSTANT A, Massey D S. Self-selection, Earnings, and Out-Migration: A Longitudinal Study of Immigrants to Germany [J]. Journal of Population Economics, 2003, 16 (4): 631-653.

[6] XIE S H, CHEN J. Beyond Homeownership: Housing Conditions, Housing Support and Rural Migrant Urban Settlement Intentions in China [J]. Cities, 2018, 78: 76-86.

[7] LIU Z L, WANG Y J, CHEN S W. Does Formal Housing Encourage Settlement Intention of Rural Migrants in Chinese Cities? A Structural Equation Model Analysis [J]. Urban Studies, 2017, 54 (8): 1834-1850.

构的功能，建立健全住房保障法并设立了专门的政府管理机构。不同于欧美国家的是，日本专门为低收入人群建立了住宅金融库对其提供住房抵押贷款。同时，充分发挥官方和民间金融机构的优势，采取混合型的金融政策。新加坡创建了公积金融资模式，为住房保障提供了一个良好的融资环境，且将住房对象的补贴政策细分到购房的每个环节，可以用公积金来支付购房贷款。此外，还设立了 HPS（home protection scheme）住房抵押贷款保险，用以保障中低收入人群的房屋所有权。总体来看，这些国家的住房保障政策具有较强的代表性，形成了公租房建设、住房补贴和购买住房减税等住房保障模式。

第二节 国内研究现状

农民工是我国改革开放后出现的群体，而且这一群体现已成为流动人口的主要构成。在这一群体出现后，国内学者也对其迁移意愿展开了充分的研究，特别是从住房维度展开了大量的研究。

一、中国农民工的迁移研究

学者们遵循人口迁移理论范式，对改革开放后中国农民工在城市迁移的行为进行了解释。20 世纪 90 年代以来农民工在城乡之间呈"候鸟式"循环流动，随着时代的变迁，陈波指出在"候鸟式"的生活方式下，农民工大多只有在春节时才会从城市回到农村，体现亲缘和地缘的关系，这已经成为一种常态。[1] 21 世纪以来，农民工的迁移方式已经逐渐呈现出家庭式迁移的趋势，家庭规模对于家庭中个体的迁移具有促进作用，但对于家庭化的迁移则呈负向影响，因为这意味着迁移成本的增加。[2] 姚先国等指出农民工在城市不断进行资本积累，加之农村资源如教育、医疗等的匮乏现象，农民工也更加渴望在城市定居，迁移模式也从暂时性迁移向永久性迁移转变。[3] 总体来说，国内的学者们仍从二元经济模型、托达罗迁移模型、人口推拉理论、社会网络等理论出发，解释这一现象背后的原因，农民工的迁移行为遵循预期收入最大化和风险最小化的原则。而中国作为一种典型二元经济结构的国家，商春荣等认为城市与农村的收入差距、基础设施差距和公共服务差距等是农民工迁移的动力来源，但户籍是农民工永久性迁移的最大制度障碍。[4] 蔡禾等指出正是由于城乡之间的巨大差距，更加促使农民工选择制度性永久迁移，寻求户籍制度的保障以消除差别。[5] 还有其他学者利用传统推拉理论迁出地和迁入地的要素特征来解释影响人口迁移过程中的"推-拉"作用。从迁入地看，较高的居住质量和公共服务水平、良好

---

[1] 陈波. 二十年来中国农村文化变迁：表征、影响与思考——来自全国 25 省（市、区）118 村的调查 [J]. 中国软科学, 2015 (8): 45-57.
[2] 周皓. 中国人口迁移的家庭化趋势及影响因素分析 [J]. 人口研究, 2004 (6): 60-69.
[3] 姚先国, 来君, 刘冰. 对城乡劳动力流动中举家外迁现象的理论分析——一个可行性能力的视角 [J]. 财经研究, 2009 (2): 28-38.
[4] 商春荣, 虞芹琴. 农民工的迁移模式研究 [J]. 华南农业大学学报（社会科学版）, 2015 (1): 68-78.
[5] 蔡禾, 王进. "农民工."永久迁移意愿研究 [J]. 社会学研究, 2007 (6): 86-113, 243.

的社会治安拉动农民工迁移,而未能到位的住房保障、高昂的住房开支、较差的居住环境、难以企及的住房产权和低频的社会交往是农民工迁移到城市的主要推力;从迁出地来看,农村土地和稳定的居所是重要的拉力因素,而较差的人居环境又推动农民工迁移。①②③④ 经济的快速发展、人口户籍限制的放松,农民工迁移速度在不断加快,王子成等研究得出,随着2008年经济形势的变化,农民工的人口流动呈现出回流态势,但农民工回流之后大部分还会产生再迁移决策,永久性回流的概率不高。⑤ 王玉君研究得出社会交往与社会网络直接影响着农民工的城市定居意愿⑥。王春超等对其进行解释,认为农民工为了提升自身适应能力,以中国特殊的亲缘、乡缘等为基础,依赖社会网络获得在城市就业和生活的机会,从而形成了"地缘集聚"现象⑦。但是刘启超指出农民工的社会网络规模小、结构单一,多为自己的亲戚或老乡,这种同质化的交往也在一定程度上阻碍了他们的城市融入和迁移。⑧

二、住房政策对农民工迁移影响的研究

在流动人口的定居过程中,住房作为流动人口日常生活的场所、经济能力的象征、社会交往的媒介以及获得公共服务的依据,表现为涉及个人生活、经济、社会以及公共服务等多个领域的综合要素。所以住房不仅仅只是流动人口最基本的生活必需品,同样意味着"安身立命"之所,也是象征着财富的家庭资产⑨,住房价值的差异,或者说不同城市、不同居住区的住房均价,构成了特定城市、特定区域吸引和筛选迁移人口的"门槛",进而形成社会分层⑩,即住房决定着其社会地位的高低和社会交往的空间。在我国传统文化中的"安居乐业"思想推动下,住房在我国流动人口迁移意愿中的影响权重越来越大,很大程度上决定着他们是否愿意在流入地定居。自1998年住房市场化改革后,住房分配方式的改变和住房价格的快速上涨使得流动人口在城市定居过程中面临着来自住房市场的排斥。为此,政府通过住房保障政策来提升流动人口的住房支付能力,帮助他们解决住房问题,从而促使流动人口在流入地逐步扎根并定居。

住房政策对农民工迁移的影响主要集中在以下三个方面。

1. 房改政策与农民工迁移意愿

自从我国福利住房改革以后,管理精英到专业精英再到非精英的住房面积和质量依次

---

① 梁土坤.二重转变:新生代农民工定居意愿的发展态势及其影响因素研究——基于推拉理论的实证再检验[J].河南社会科学,2019(9):107-118.
② 胡建国.城市房价与劳动力流动(1998—2017)[J].江苏社会科学,2020(3):77-87.
③ 方永丽,胡雪萍.农业转移人口市民化进程中的"推力-拉力"分析[J].中国农业资源与区划,2017(8):169-175,182.
④ 谭安富.论住房保障对农业转移人口市民化的推拉效应[J].兰州学刊,2014(6):99-104.
⑤ 王子成,赵忠.农民工迁移模式的动态选择:外出、回流还是再迁移[J].管理世界,2013(1):78-88.
⑥ 王玉君.农民工城市定居意愿研究——基于十二个城市问卷调查的实证分析[J].人口研究,2013(4):19-32.
⑦ 王春超,王聪.市场化、社会网络与城市农民工地缘集聚[J].经济社会体制比较,2016(1):44-56.
⑧ 刘启超.社会网络对农民工同乡聚居的影响研究[J].经济科学,2020(2):101-115.
⑨ 刘成斌,周兵.中国农民工购房选择研究[J].中国人口科学,2015(6):100-108,128.
⑩ 李斌.城市住房价值结构化:人口迁移的一种筛选机制[J].中国人口科学,2008(4):53-60,96.

递减，住房的再分配机制和市场化机制进一步地加剧了中国的社会分层。[1] 住房改革让已经获得公房的住户得到了更多的优惠政策。另外，城市土地不同地段的商业价差异，使得最先在城市核心地段的单位和个人拥有额外的财富。再有，住房补贴以原住户面积为依据，无疑是住房资源分配的"劫贫济富"。这些分别带来了住房改革在时间序列、空间序列和制度运行结果上的不公正问题[2]。就现有的情形来看，城市中并没有足够的质量合格、费用低廉的住房可供农民务工人员居住，住房约束使得农民工迁移困难重重[3]。

2. 住房保障政策与农民工迁移意愿

面对农民工住房困境，政府提供住房保障对解决其居住问题尤显意义重大。祝仲坤认为对于农民工来说，保障房的覆盖比例仍然偏低，相比于租房，保障房对新生代农民工居留意愿具有显著正向影响，且进一步从代际视角来看，相比于"90后"，保障房对"80后"农民工的影响更为显著[4]。王桂新等研究得出将农民工纳入城市住房保障体系有利于农民工长期居留城市，增强其对迁入城市的归属感，进而增强其市民化意愿，推进农民工的市民化进程[5]。更进一步的，邹一南提出居住在融合式保障房环境中的农民工的收入水平会随着进城务工年限的增长而得到更快的提升，进而有可能具备住房支付能力，也就是说，融合式住房保障政策可以显著提升农民工的收入水平，保障房所在区位比住房条件具有更明显的收入提升效应[6]，这也进而可以推动其在城市永久居留。

王先柱等人通过研究得出，尽管当前住房保障制度并不能有效覆盖到农民工群体，但是保障性住房可以分流商品房的需求，从而有效降低商品房的价格，在一定程度上缓解了农民工的购房压力，即保障性住房建设的推出不但提供了价格更低的房源，同时也降低了商品房的价格，加大保障性住房建设力度，不仅是改善民生的重要举措，而且对降低我国当前高昂的房价具有釜底抽薪的作用[7]。安辉等研究得出，保障房政策对房地产价格的影响具有长期性，短期内保障房投资的增加会引起建材市场的供给不足，导致建筑成本上升，引起房地产价格略微上涨，但是随着保障房供给的增加，缓解了房地产的刚性需求，房地产价格便开始下降。然而，长期内由于保障房投资的不足导致经济适用房等保障性住房价格的上涨进一步助推了房地产价格的上涨[8]。另外，高波指出住房保障可以抑制房价过快上涨，促使房价稳定，从而通过财富效应渠道，扩大中高收入阶层的消费需求。同

---

[1] 边燕杰，刘勇利．社会分层、住房产权与居住质量——对中国"五普"数据的分析 [J]．社会学研究，2005（3）：82-98，243．
[2] 李斌．中国住房改革制度的分割性 [J]．社会学研究，2002（2）：80-87．
[3] 何洪静，邓宁华．中国农村住房制度：特点、成就与挑战 [J]．重庆邮电大学学报（社会科学版），2009（5）：92-98．
[4] 祝仲坤．保障性住房与新生代农民工城市居留意愿——来自2017年中国流动人口动态监测调查的证据 [J]．华中农业大学学报（社会科学版），2020（2）：98-108，166-167．
[5] 王桂新，胡健．城市农民工社会保障与市民化意愿 [J]．人口学刊，2015（6）：45-55．
[6] 邹一南．居住分割、住房保障政策与农民工永久性迁移 [J]．中国矿业大学学报（社会科学版），2014（4）：111-116．
[7] 王先柱，赵奉军．保障性住房对商品房价格的影响——基于1999—2007年面板数据的考察 [J]．经济体制改革，2009（5）：143-147．
[8] 安辉，王瑞东．我国房地产价格影响因素的实证分析——兼论当前房地产调控政策 [J]．财经科学，2013（3）：115-124．

时,住房保障对于中低收入阶层具有显著的消费扩张效应①。因此,人口流动与保障性住房建设之间起到了相互促进作用。毛丰付等指出人口流入地的保障性住房竣工面积增加会显著地增加人口流入的数量,保障性住房竣工面积提升一个百分比,流入人口数量就能增加约 0.3 个百分比。其中东部地区的保障性住房比中部和西部地区的作用更大,其原因在于东部所提供的保障性住房在抑制房价并降低农民工的生活成本方面效果更为明显②。

3. 住房公积金政策与农民工迁移意愿

住房公积金制度作为一项住房资金储蓄福利,对农民工迁移与购房均有着重要的作用。因为参与住房公积金制度对农民工更具有象征意义,既提升了其自身的心理预期又促使了定居行为的发生。刘一伟研究得出住房公积金制度对新生代农民工定居意愿与购房打算均有显著的促进作用,同时住房公积金对新生代农民工城市定居意愿与城市购房意愿的关系起到了正向的调节效应。具体的,住房公积金对农民工在中西部城市的定居意愿和购房意愿均有显著提升,对农民工在东部地区的定居意愿也具有提高作用,但对其购房意愿并无显著影响③。柴化敏等进一步发现,住房公积金通过提高长期居住意愿进而提升住房需求,且对新生代即"80 后"和"90 后"的农民工的住房需求具有显著的正向影响④。孙勇等指出住房公积金对外来务工人员城市化意愿影响显著,所覆盖到的外来务工人员的定居意愿是其他外来务工人员的 1.43 倍⑤。蒋佳琪等认为缴存住房公积金的农民工相对于未缴存者购房概率显著提升 5.73%,且对新生代农民工以及在省会和副省级城市就业的农民工作用效果更为明显。此外研究还得出住房公积金显著促进了中等收入组农民工的购房行为,但对最低和最高收入组农民工的购房支持作用并不明显,即存在着"两端补贴中间"的制度特征⑥。祝仲坤研究表明住房公积金对新生代农民工留城意愿的边际效应为 5.3%,即相比于未缴公积金的农民工群体,缴存住房公积金的农民工留城意愿显著提升 5.3%,且对"80 后"和在当地居留满 5 年的群体的留城意愿影响更为突出。此外,住房公积金还呈现出了一定的"嫌贫爱富"特征,其对高收入新生代农民工群体的留城意愿比对低收入新生代农民工群体具有更大的积极作用⑦。王先柱等指出住房公积金对于农民工的住房消费存在城市差异,对于一线城市,住房公积金抑制了农民工的购房行为,对于二线城市,住房公积金对于农民工购房没有呈现出显著的影响,因为对于中低收入的农民工群体,他们并没有购房能力,公积金处于"只存不贷"的状态,并没有帮助他们在一二线城市扎根。从三四线城市来看,住房公积金能显著提升购房情况,因为三四线城市房价较低,且制定了相对宽松的购房政策,这就使得住房公积金的作用较为明显,提升

---

① 高波. 房价波动、住房保障与消费扩张 [J]. 理论月刊, 2010, (7): 5-9.
② 毛丰付, 王建生. 保障性住房能够促进人口流动吗?——基于省际人口流动的引力模型分析 [J]. 华东经济管理, 2016 (11): 86-95.
③ 刘一伟. 住房公积金与农民工定居城市的关联度 [J]. 重庆社会科学, 2017 (1): 45-53.
④ 柴化敏, 李晶. 住房公积金与流动人口住房需求研究——基于 2016 年流动人口动态监测抽样调查数据的分析 [J]. 社会保障研究, 2020 (4): 31-48.
⑤ 孙勇, 王滂, 孙中伟. 社会保障与外来务工人员城市定居意愿分析——基于 2013 年全国七城市的调查数据 [J]. 统计与信息论坛, 2015 (8): 74-79.
⑥ 蒋佳琪, 谢勇. 住房公积金缴存促进了农民工购房吗 [J]. 农业技术经济, 2021 (1): 77-92.
⑦ 祝仲坤. 住房公积金与新生代农民工留城意愿——基于流动人口动态监测调查的实证分析 [J]. 中国农村经济, 2017 (12): 33-48.

了农民工的购房能力[1]。

因此，住房政策和住房保障是促进城市化发展的重要因素，而农民工是城市化进程中一个重要的住房保障需求群体，住房相关政策的制定对于农民工在城市留居，寻找一个安家之所至关重要[2]。在住房保障无法有效覆盖农民工时，房租收入比对农民工持久性迁移意愿有着显著的影响，这也解释了农民工为何倾向于选择房价较高的大城市。

三、如何通过住房政策引导农民工迁移

（一）完善农民工住房保障体系，推动住房保障立法

（1）多种住房保障方式并行。吴义东等指出要对新到城市的农民工实行"实物"和"货币"兼有的住房保障政策，"实物"包括为农民工施工建设安置房、廉租房、公租房和共有产权房等，"货币"包括对困难群体发放购房补贴、租房补贴、棚改资金等，使得农民工迁移有安居之所[3]。王子成等进一步指出对农民工的住房保障政策应逐渐转向以租金补贴为主，实物供给为辅的形式，这种形式可以促进政府职能的转变，从直接供给公共产品的角色转换为监督公共产品供给的角色，从而有效提升公租房的供给效率，鼓励农民工定居城市。[4] 梅建明等提出国家住房保障政策应充分考虑农民工的住房保障，可以通过保障性住房建设项目大力开发建设廉租房，为农民工提供在城市居住的住房，也可以对城中村住房进行改造进而为农民工提供大量住宅[5]。同时，陈淑云等提出住房保障的资金问题至关重要，现在保障性住房建设的资金来源较窄，从而形成过度依赖地方财政的局面，因此，要建立保障性住房的专项资金并明晰这些资金的具体来源，稳步提高保障性住房之后的运营补贴[6]。陆万军等提出，在此基础上，应对保障性住房的配租配售进行加强，后续监管工作也应及时关注，以便建立健全保障性住房的准入退出机制，将不需要住房保障的人口移出来供给更为需要的农民工群体[7]。李勇辉等提出要加快建立"租购并举"的住房制度，推进"租购同权"落地，让有能力购买住房的农民工拥有自有住房，目前能力不足的农民工能租住到合适的住房内，并逐步解决农民工在购房与租房方面所享有的福利和公共资源的分配不公平的问题。同时，降低农民工在城市的落户门槛，提高其城市迁移

---

[1] 王先柱，王敏，吴义东.住房公积金支持农民工住房消费的区域差异性研究[J].华东师范大学学报（哲学社会科学版），2018（2）：148-158，173.

[2] 曾国安，张河水，胡晶晶.论中国城市化过程中的城市住房保障需求与供给增长思路[J].中国流通经济，2011（3）：53-58.

[3] 吴义东，陈杰.保障性抑或互助性：中国住房公积金制度的属性定位与改革取向[J].中国行政管理，2020（9）：58-66.

[4] 王子成，郭沐蓉，邓江年.保障性住房能促进流动人口城市融入吗？[J].经济体制改革，2020（1）：176-181.

[5] 梅建明，袁玉洁.农民工市民化意愿及其影响因素的实证分析——基于全国31个省、直辖市和自治区的3375份农民工调研数据[J].江西财经大学学报，2016（1）：68-77.

[6] 陈淑云，阮斌，刘红萍，张伟.湖北省"十四五"住房保障发展的定位与思考[J].湖北社会科学，2020（9）：35-42.

[7] 陆万军，赵晶晶，李放.住房属性、居住区位与流动人口城市融入[J].兰州学刊，2020（9）：69-83.

意愿[1]。此外，梁土坤提出要全面实施居住证制度，降低农民工的居住证申领条件，对符合条件的新生代农民工在计算积分时适当照顾[2]。聂伟等进一步提出要提升居住证的含金量，对城镇医保、健康档案和其他公共服务进行有效落实，并促进基本公共服务的均等化，包括教育、医疗和住房保障等方面的权益，切实提高农民工的迁移及落户意愿[3]。

（2）扩大住房公积金的覆盖范围，落实住房公积金制度覆盖农民工群体。目前，住房公积金制度主要依附于"单位"享有，这就对农民工群体具有一定的排斥性，赵卫华等倡导将住房公积金从"单位嵌入型"转向"社会嵌入型"保障，提高从事各类职业农民工的住房公积金的可及性，并建议公积金以"储蓄"的形式进行保障，以支持他们的住房消费[4]。同时，祝仲坤还提出对农民工住房公积金的缴存和提取方式进行创新，缴存方式上可以灵活地按年或者按季度来提取以更方便地用于消费，并扩大住房公积金的适用范围，不再只适用于购房，同样适用到要在城市租房的农民工群体，可用于租房的支出[5]。具体地，郑小晴等提出了用于租房的公积金提取规则，对管理规范的住房租赁市场进行了解的前提下，按照实际市场的租金水平、农民工的收入水平以及缴纳公积金的基数，规定一个公积金可以用于租房的提取比例，并且在具体操作层面简化其用于支付住房租金的水平。相应的，更要从技术上解决农民工因流动而带来的缴存难题，提升相应的管理和服务水平，如以身份证为依据，建立农民工公积金账户数据库，做到一一识别，不因迁移而要重新建立档案[6]。蔡鹏等也提到要建立和完善公积金异地结转系统，使其不受地域限制[7]。吴义东等提出住房公积金具有保障性和互助性双重特性，应增强互助性的功能，以互助性作为活力和内生吸引力，建立流动资金体系，使得互助性和保障性形成有机衔接，建立一个新型的政策性住房金融体系[8]。

（3）农民工住房保障体系法制化建设刻不容缓。林梅指出应加速出台相关法律法规，包括住房公积金法、租房法、"租售同权"立法等，明确居住权在公民权利中的所属地位，对保障目标、原则、对象、标准、方式等做出明确且详细的界定[9]。保证住房公积金依规缴纳及其缴纳的安全性和合理性，规范住房租赁市场，保障农民工承租权利，为通过住房引导农民工迁移提供严格的法制保障。

---

[1] 李勇辉，李小琴，沈波澜. 安居才能团聚？——保障性住房对流动人口家庭化迁移的推动效应研究 [J]. 财经研究，2019（12）：32-45.

[2] 梁土坤. 二重转变：新生代农民工定居意愿的发展态势及其影响因素研究——基于推拉理论的实证再检验 [J]. 河南社会科学，2019（9）：107-118.

[3] 聂伟，贾志科. 过渡抑或替代：居住证对农民工城镇落户意愿的影响 [J]. 南通大学学报（社会科学版），2021（3）：89-99.

[4] 赵卫华，冯建斌，张林江. "单位嵌入型"住房公积金制度对农民工的影响分析 [J]. 中共中央党校（国家行政学院）学报，2019（2）：128-135.

[5] 祝仲坤. 住房公积金与新生代农民工留城意愿——基于流动人口动态监测调查的实证分析 [J]. 中国农村经济，2017（12）：33-48.

[6] 郑小晴，胡章林. 将农民工纳入住房公积金制度保障体系的探讨 [J]. 重庆大学学报（社会科学版），2008（6）：34-38.

[7] 蔡鹏，严荣. 新市民的住房问题及其解决路径 [J]. 同济大学学报（社会科学版），2020（1）：70-82.

[8] 吴义东，陈杰. 保障性抑或互助性：中国住房公积金制度的属性定位与改革取向 [J]. 中国行政管理，2020（9）：58-66.

[9] 林梅. 当前中国住房保障制度建设面临的困境及对策 [J]. 科学社会主义，2012（5）：110-113.

（二）制定相关政策改善农民工住房状况、提升住房支付能力

（1）改善农民工住房条件，提升公共服务水平。由于目前保障性住房数量有限，对于迁移到城市的农民工数量来说可谓是供不应求，因此，蔡鹏等提出住房措施应将重点放在农民工现有住所的改善方面，促进农民工居住的城中村和旧城区的更新和改造，提高这些非正规住房的住房质量，为农民工先提供一个条件尚可的住房[1]。同时，谭安富鼓励企业自建员工宿舍并对已有农民工的住房供应进一步加强完善，改进职工宿舍设施和环境，将农民工纳入员工保障体系，强化其自我归属感[2]。刘金凤等提出中央和省级政府应扩大均衡性和共同财政事权的转移支付规模，调整分担比例，合理分担城市公共服务的成本，加大对中小城市和小城镇公共服务的转移支付。此外，还应加强与社会资本的合作，扩大公共服务的投入力度[3]。

（2）加强对农民工的职业培训，提高其就业能力和收入水平。蔡泽昊等指出农民工大多为教育水平较为不足的一类人群，要想提升其职业能力，政府应该将农民工的职业培训视为一项系统的工程，建立稳定增长且长效投入机制[4]。程建华等认为在财政支援方面，应加大政府部门的财政投入力度，将农民工培训费用纳入公共财政的支持范围。此外，他们指出政府可以鼓励企业对农民工进行职业技能培训，允许农民工职业培训费用用于企业抵扣专项税款等[5]。方永丽等认为各个地方的劳动保障部门要针对农民工专门设立就业培训机构或者与培训学校进行合作，根据不同城市经济发展的技能和岗位需求，对农民工进行专项系统的培训，"授之以渔"，形成农民工就业培训机制和人力资本积累的动态良性循环[6]。

（3）高效利用农村土地支撑农民工迁移。针对农民工迁移过程中农村土地与城市定居的现实问题，李勇辉等提出要创新土地流转形式，构建城乡统一的土地流转市场，提高农民工在农村拥有的土地利用效率，在流转的过程中，产生的土地红利可以为迁移提供一部分的经济支撑，在一定程度上减少农民工对保障房的依赖，进而减少城市的财务负担[7]。孟令国等认为土地流转落地实施的首要任务是加强有关土地流转的相关法规建设，明晰农民工在农村的土地与产权之间的关系，明确土地的权属范围、经营权以及土地承包的相关政策。其次，完善土地流转过程中的监管体系，禁止出现强制转让的行为，创造一个良好的制度环境，做好转让过程的协调调整工作[8]。

---

[1] 蔡鹏，严荣．新市民的住房问题及其解决路径［J］．同济大学学报（社会科学版），2020（1）：70-82.
[2] 谭安富．论住房保障对农业转移人口市民化的推拉效应［J］．兰州学刊，2014（6）：99-104.
[3] 刘金凤，魏后凯．城市公共服务对流动人口永久迁移意愿的影响［J］，经济管理，2019（11）：20-37.
[4] 蔡泽昊，俞贺楠．新型城镇化与农民工市民化：制度保障、障碍及政策优化［J］．河南社会科学，2014（3）：36-48.
[5] 程建华，潘泽江．农民工双向迁移的制约因素与创新思路［J］．海南大学学报（人文社会科学版），2011（6）：68-74.
[6] 方永丽，胡雪萍．农业转移人口市民化进程中的"推力-拉力"分析［J］．中国农业资源与区划，2017（8）：169-175，182.
[7] 李勇辉，李小琴，沈波澜．安居才能团聚？——保障性住房对流动人口家庭化迁移的推动效应研究［J］．财经研究，2019（12）：32-45.
[8] 孟令国，余水燕．土地流转与农村劳动力转移：基于人口红利的视角［J］．广东财经大学学报，2014（2）：61-66.

(三) 因城施策制定农民工住房方案

城市所处的发展阶段以及城市发展定位不同，其对迁入农民工的住房安置能力和供给方式也有所不同。因此，各个城市应在总体住房保障体系的基础上做到因城施策、因地制宜，根据不同城市需要的人口类型来具体地制定住房政策。

(1) 住房政策适用范围因城市级别而产生差异。陈忠斌等指出城市房价不断上涨，扩大公租房对农民工的覆盖率，大力推行城市公租房制度是实现农民工迁移到城市进行安居的主要路径之一[1]。然而，赵卫华等研究得出，城市级别越高，住房保障政策，特别是公租房政策越能增强农民工身份认同感，然而这种效果随着城市级别的降低而减弱，在五线城市，政府公租房政策反而降低了农民工的身份认同感[2]。因此，杜巍等认为对公租房认可度较高的一、二线大型城市应扩大保障性租赁住房供给，并对就地农民工在中小户型的经济适用房、限价房方面加强购房优惠[3]。蔡鹏等提出对于大城市，大多数农民工存在购房困难，为了解决农民工住房难题，应大力发展住房租赁甚至长租房市场，还可借鉴美国经验，实行"租房券"制度申请住房补贴，根据月收入来领取相应的租房优惠，领取的标准应与无房产相挂钩[4]。而对于地级市或中小城镇，董昕指出这些地方的农民工数量相对较多，应侧重考虑具有产权性的住房保障，对农民工的还贷能力进行评估，对他们的购房首付适当降低，减少购买住房所涉及的相关费用，使其拥有自有住房，提升迁移定居意愿[5]。

(2) 按照人口规模变化制定相应住房保障措施。陈淑云等针对扩张型城市和收缩性城市的住房保障政策进行区别，具体来说，对于扩张型城市，住房保障压力较大，可考虑利用集体建设用地先兴建一部分共有产权住房和公共租赁房，其余住房困难人群则采用租赁补贴的形式，对于收缩型城市，因外来人口迁移数量有限，保障性住房数量可能还存在余量，故主要以实物配租的形式解决农民工住房问题[6]。

特别注意的是，2019年两会政府工作报告中提出"一城一策"策略对"因城施策"策略进行升级，陆续有城市宣布展开"一城一策"试点，真正实现精准的对城下策，制定精确的住房解决方案[7]。总之，住房保障的原则就是为农民工提供与其经济能力相匹配的"一张床""一间房"或"一小套房"，让他们能够先在城市安居，等有一定支付能力后再租赁商品住房或购买共有产权住房、商品住房。

---

[1] 陈忠斌，黄露露. 重购轻租还是租售并重：居住方式对农民工举家迁移影响的实证研究 [J]. 经济经纬，2018 (1)：41-46.

[2] 赵卫华，郝秋晨. 住房消费、城市级别与农民工的市民身份认同 [J]. 社会发展研究，2019 (4)：54-75，239.

[3] 杜巍，车蕾. 新型城镇化背景下农民工居住意愿与购房能力现状分析 [J]. 当代经济管理，2019 (8)：34-43.

[4] 蔡鹏，严荣. 新市民的住房问题及其解决路径 [J]. 同济大学学报（社会科学版），2020 (1)：70-82.

[5] 董昕. 农民工群体的分化与住房保障 [J]. 河北学刊，2020 (5)：163-167.

[6] 陈淑云，阮斌，刘红萍，等. 湖北省"十四五"住房保障发展的定位与思考 [J]. 湖北社会科学，2020 (9)：35-42.

[7] 刘洪玉. "一城一策"："因城施策"升级版 [J]. 人民论坛，2019 (18)：84-85.

(四) 构建政府主导的多主体参与住房供应系统

面对庞大的农民工群体及其住房需求的多样化和复杂化,仅依靠一方力量终究是独木难支,谭安富认为农民工住房问题需要依靠多元主体共同协商解决[1],合力打消农民工迁移之忧、住房之虑。

毛丰付等认为首先是要着重强化政府职责,加大对保障房建设的扶持力度是政府进行"供给侧改革"的关键目标之一[2]。林梅进一步指出政府理应成为农民工住房保障的倡导者、引领者,应明确各级政府在解决农民工住房问题中所承担的具体责任,逐步将住房保障资金列入政府的财政预算之中,并将各项保障制度列入绩效考核[3]。

其次,王子成等指出除了政府之外,还应该激发市场活力,使得更多的市场主体参与到保障性住房建设中来,进一步发挥市场配置资源的决定性作用[4]。同时,蔡鹏等认为也要强化企业责任,鼓励用工单位化解住房需求难题,积极配合政府,盘活商办物业、闲置企业用地等存量土地和存量住房作为保障房建设用地和住房租赁房源,增强市场活力[5]。

再次,王星指出新生代农民工住房困境的背后是市场与政府的双重失灵,社会作为第三主体应发挥其重要作用,对其管理体制进行创新,积极参与到解决住房问题中,构建住房资源动态配置体系对解决新生代农民工群体的住房困境具有重大意义[6]。与政府机构相比,社会化力量参与住房供给,特别是租赁住房,能够更灵活地把握社会需求,提高住房供应效率[7]。最主要的,龙树国认为应加大社会团体对于建设保障性住房的参与力度,可以利用税收优惠政策等方式增加社会资金投资[8]。王子成等提出应鼓励社会资本参与公共租房建设,支持社会力量独立持有和运行公共租赁住房,进而扩大市场公共租房房源供给,提升公共资源配置效率[9]。

最后,我国可借鉴国外经验,动员非营利住房组织、慈善团体等为农民工提供可支付住房,解决住房问题。

第三节 研究述评

从以上的国内外研究现状来看,学术界对农民工住房与人口迁移进行了有益的探索,

---

[1] 谭安富.论住房保障对农业转移人口市民化的推拉效应[J].兰州学刊,2014(6):99-104.
[2] 毛丰付,王建生.保障性住房能够促进人口流动吗?——基于省际人口流动的引力模型分析[J].华东经济管理,2016(11):86-95.
[3] 林梅.当前中国住房保障制度建设面临的困境及对策[J].科学社会主义,2012(5):110-113.
[4] 王子成,郭沐蓉,邓江年.保障性住房能促进流动人口城市融入吗?[J].经济体制改革,2020(1):176-181.
[5] 蔡鹏,严荣.新市民的住房问题及其解决路径[J].同济大学学报(社会科学版),2020(1):70-82.
[6] 王星.市场与政府的双重失灵——新生代农民工住房问题的政策分析[J].江海学刊,2013(1):101-108.
[7] 蔡鹏,严荣.新市民的住房问题及其解决路径[J].同济大学学报(社会科学版),2020(1):70-82.
[8] 龙树国.快速城市化背景下的农民工住房问题[J].中南大学学报(社会科学版),2011(6):11-17.
[9] 王子成,郭沐蓉,邓江年.保障性住房能促进流动人口城市融入吗?[J].经济体制改革,2020(1):176-181.

已有的研究文献卓越且丰富，且研究视角广泛，其中不乏真知灼见。但总体来看，国内外的相关文献研究仍存在着以下不足之处。

第一，已有的研究都是从某一特定维度介入农民工迁移问题，如从商品房、保障性住房等入手，研究房价、住房状况、住房承受能力、住房权属等住房维度对农民工迁移意愿的影响。而事实上住房政策对农民工的影响是多维的，正因为当前的住房政策影响着住房供给的过程和住房选择的结果，所以住房政策从不同角度同时对农民工的迁移意愿产生着影响作用。但是现有的研究更多地从住房结果展开分析，忽略了住房政策的影响，也忽略了彼此间的关联，容易导致结论的片面性，不仅难以在学理上解释治理困境，也无助于寻找对策。因此，本研究尝试着从住房政策的角度出发，从总体上探讨住房对农民工迁移意愿的影响。

第二，当前的研究已意识到住房可能会对人口迁移产生影响，并引介西方国家人口迁移的相关理论和研究进展。但是从目前的研究来看，住房政策对农民工迁移意愿的影响机制的相关研究仍比较零散和宽泛，更多的只是验证住房的某个方面对迁移意愿的影响关系，缺乏深入系统的分析。因此，本研究尝试着找寻住房政策对农民工迁移意愿的影响机理，并分析其可能存在的影响路径。

第三，住房政策对人口迁移影响的研究主要运用实证方法分析单独的省份或特大城市的人口迁移问题，缺乏从"宏观"社会转型与"微观"个体行为等角度解释人口迁移的机理，针对京津冀区域以及新生代农民工群体的研究成果较少。

为了弥补当前研究的不足，本研究试图先构建农民工住房政策的宏观分析框架，进而进一步分析住房政策对京津冀新生代农民工迁移意愿的微观影响，建立起从"宏观"到"微观"的分析过程。本研究首先建立一个多重制度逻辑的分析框架，从住房的多重制度逻辑分析对京津冀新生代农民工的"宏观"影响，继而进一步分析在住房政策的作用下，京津冀新生代农民工的住房状况与迁移意愿如何，由此对"微观"的个体行为进行实证研究，从而实现从"宏观"到"微观"的衔接。

第二篇　理论分析

第三章 相关概念及理论基础

本章主要聚焦于研究对象的相关概念界定,并对所运用到的理论基础进行介绍和阐述,为后续研究的开展打下基础。

第一节 相关概念

由于本课题主要聚焦于住房政策对京津冀新生代农民工迁移意愿的影响,因此依次对"新生代农民工""住房政策""农民工住房"和"迁移意愿"进行界定。

一、新生代农民工

1. 农民工的界定

农民工是一个具有中国特色的概念和群体,主要建立在我国特殊的城乡二元户籍制度基础之上。学术界对农民工概念的界定虽然各有侧重,但是基本上保持了共同的看法,大体上可以分为两类。

第一类观点认为,农民工的界定关键点在于两个标准:户籍身份和所从事的职业类别,即户籍为农村户口且从事非农职业的人口。李培林提出了"流动民工"的概念,认为表现为三个方面:第一,从农村流向城市;第二,从农业流向工商等非农职业;第三,从低收入的农业劳动者阶层流向更高的职业收入阶层[1]。丁富军和吕萍认为农民工是指具有农村户籍,进入城市务工或者在异地从事非农产业的劳动者[2]。张跃进等从社会身份和社会职业出发,认为农民工的社会身份是"农民",而"工"则代表着他们的社会职业。[3] 李辉敏将农民工分为了两类:一类是离土又离乡的农民工,主要居住在城镇;另一类是离土不离乡,居住在农村[4]。

另一种观点认为,农民工的定义除了户籍和职业之外,还包括劳动关系中所处的地位、收入来源、收入水平等标准。陆学艺认为农民工的概念应该包括四个维度:第一是职

---

[1] 李培林. 流动民工的社会网络和社会地位 [J]. 社会学研究, 1996 (4): 42-52.
[2] 丁富军, 吕萍. 转型时期的农民工住房问题———种政策过程的视角 [J]. 公共管理学报, 2010 (1): 58-66, 125-126.
[3] 张跃进, 蒋祖华. "农民工"的概念及其特点研究初探 [J]. 江南论坛, 2007, (8): 16-19.
[4] 李辉敏. 农民工是工人阶级的重要组成部分 [J]. 中国特色社会主义研究, 2006, (2): 47-51.

业维度，即农民工主要从事非农工作，收入也主要来源于非农职业；第二是制度维度，农民工之所以在工人前面有"农民"这个定语，主要在于户籍制度将其和城镇职工区分开来，有着明显的身份差别；第三是劳动关系维度，绝大部分的农民工都属于被雇佣者，与用人单位属于雇佣关系；第四是地域维度，即他们出生于农村或者来自农村[①]。

从以上研究来看，学术界对农民工概念的界定有所差异，但是有着这几个共同的特征。第一，户籍特征。农民工跟城镇职工最主要的区别在于拥有农村户籍，这是判断其是否为农民工的最主要依据。由于中国特色的户籍制度以及附加在这一制度之上的各种福利制度和公共服务，将我国人口分成了城镇人口和农村人口，而农民工本质上仍属于农村人口。第二，地域特征。农民工虽然属于农村人口，但是主要生活和居住在城镇。农民工进入城镇后，由于主观和客观的原因，他们依然不愿放弃农村经济组织的各种权益，如宅基地、自留地与农村集体收益等。第三，工作特征。在城镇从事非农工作。由于农业收入较低，农民工选择从事其他非农行业，被城镇不同类型的企事业单位所雇用，又或者从事自营业务工作。

因此，本书将农民工界定为：具有农村户籍身份，在城镇主要或者完全从事非农业工作的劳动者。根据《2022年农民工监测调查报告》显示，全国农民工总量29 562万人，比上年增加311万人，增长1.1%。其中，本地农民工12 372万人；外出农民工17 190万人。

2. 新生代农民工的相关概念

随着人口更替的持续推移，年轻一代的农民工成年后跟随他们父辈的脚步也开始了进城务工之旅，这一现象也被国内学者所注意到。王春光首次提出"新生代农民工"这一概念，他认为农民工存在着代际差异，表现出与老一代农民工不同的特点，并将其称为"新生代农民工"[②]。罗霞和王春光进一步对新生代农民工进行了界定，认为这一类人的特点体现在两个方面：第一，他们的年龄在25岁以下；第二，他们这一代人并不属于一个独立的时代，更多地介于第一代和第二代农民工之间，属于过渡性农村流动人口[③]。

2010年中央一号文件的提出正式明确了"新生代农民工"这一概念，将其界定为1980年以后出生的农民工，这也是政府文件第一次提到新生代农民工。自此之后，学术界都普遍采用了这一界定。王春光[④]、刘传江[⑤]、李培林等[⑥]、吕萍等[⑦]都将新生代农民工界定为1980年以后出生的，且现已满16岁的农民工。随着学术界对这一群体的持续研究和关注，他们也逐步被社会各界所熟知，学术界和政府都将"新生代农民工"界定为1980年以后出生的农民工。基于以上的分析，本书也采取这一概念。相对于老一代农民工而言，新生代农民工通常指1980年后出生的、现已满16岁、户籍为农村户口且从事非农职业的人口。

---

① 陆学艺. 当代中国社会流动 [M]. 北京：社会科学文献出版社，2004：307-308.
② 王春光. 新生代农村流动人口的社会认同与城乡融合的关系 [J]. 社会学研究，2002 (3)：63-76.
③ 罗霞，王春光. 新生代农村流动人口的外出动因与行动选择 [J]. 浙江社会科学，2003 (1)：109-113.
④ 王春光. 新生代农民工城市融入进程及问题的社会学分析 [J]. 青年探索，2010 (3)：5-15.
⑤ 刘传江. 新生代农民工的特点、挑战与市民化 [J]. 人口研究，2010 (2)：34-39，55-56.
⑥ 李培林，田丰. 中国新生代农民工：社会态度和行为选择 [J]. 社会，2011 (3)：1-23.
⑦ 吕萍等. 农民工住房：理论、实践与政策 [M]. 北京：中国建筑工业出版社，2012：13.

国家统计局在 2011 年发布的《新生代农民工的数量、结构和特点》的报告中对新生代农民工进行了整体的分析，认为新生代农民工群体跟老一代农民工最大的区别在于"三高一低"的特征：第一，新生代农民工受教育程度较老一代农民工要高；第二，新生代农民工职业期望和收入期望值也要比老一代农民工高；第三，新生代农民工对物质和精神的追求和享受也要较后者更高，个人消费支出快速增加；第四，新生代农民工对工作的投入度和忍受度比较低，不再老老实实地从事"脏累差"的工作，在受到歧视时离职意愿更强烈。由于这一群体大多没有从事农业生产的经验，缺乏农业生产的知识和技能，在农村的生活经历时间也较短，因此有更强烈的城市定居意愿，即便是下行的经济形势和恶劣的就业环境也很难迫使他们返乡务农。而且根据《农民工监测调查报告》显示，自 2016 年以来，1980 年及以后出生的新生代农民工已经逐步替代了老一代农民工，并占到了 50% 以上。

二、住房政策

住房问题是住房政策的起点①，也是政府的基本职能之一。每个国家都会根据本国的具体住房问题出台相应的住房政策，因此住房政策也会有所差异。在经历了漫长的福利住房分配后，我国积累了严重的住房问题，中央政府从 1998 年开始启动了住房货币化分配的改革。在这之后，我国的住房政策的改革方向初具轮廓。一方面，住房市场成了住房配置的主要方式，中高收入家庭主要通过住房市场获得相应的住房，供求机制、价格机制和竞争机制是支配住房市场运行的主要机制。另一方面，城市中还存在着一定比例的中低收入群体以及户籍分离的流动人口、农民工和新市民等，而且这一群体在城市流动过程中面临着住房状况不佳的困境。而住房市场通过市场机制对这一群体有着严重的排斥作用，他们无法通过住房市场获得所需的住房。因此，政府在解决这些群体的住房问题中承担了相应的责任，通过不同的形式保障他们的住房需求。这也是各个国家通行的做法，一方面对住房市场进行干预，确保住房市场的平稳；另一方面，通过有形之手直接提供住房产品或者住房补贴，帮助他们解决栖息之处。

"住房政策"一词是近年来社会的热点，如何对其进行界定并非易事。广义上的住房政策是指中央政府和各级地方政府为了解决住宅的供给与需求问题，对居民住房问题予以解决和干预的过程中所出台的相关政策以及手段和方法的统称②。狭义上的住房政策是政府在一定的社会、经济和政治形势下，为改善住房的数量、质量、价格以及所有权和使用权状况，为适应不同时期的住房需求和住房供求模式而设计的干预措施③。

结合本研究的需要，我们将其定义为：住房政策是指政府为了解决不同群体的住房问题，改善住房条件而制定的关于住房的投资、建设、供应、消费和流通等环节的政策体系。从住房政策的供给主体来看，可以分为以房地产市场为主的商品房政策和以政府为主的保障性住房政策。其中，商品房是住房供给的主要供应体系，住房市场作为住房供给的主要来源，中高收入群体可以从住房市场获得所需的住房。保障性住房的主体是政府，主

---

① 黄晨熹. 社会政策 [M]. 上海：华东理工大学出版社，2008：301.
② 谢经荣，吕萍，乔志敏. 房地产经济学 [M]. 北京：中国人民大学出版社，2008：277.
③ 姚玲珍. 中国公共住房政策模式研究 [M]. 上海：上海财经大学出版社，2003：24.

要是为了保证中低收入群体的住房问题，通过税费减免，以比较优惠的价格提供相应的保障性住房产品，从而确保在他们的承受范围内。

三、农民工住房

住房是每一个人衣食住行中最基本的生活品。由于农民工的户籍地和工作地出现了分离，使得他们的住房情况变得更加复杂，主要体现在两个方面：一方面，当他们流动到城镇后，在城市工作过程中需要住房来解决其居住问题；另一方面，与农村户籍制度捆绑在一起的是宅基地制度，这一制度也赋予了他们在农村拥有宅基地以及在宅基地上盖房的权利，而且通常都会在农村有一套面积宽敞且条件较为优越的住房。因此，颇具中国特色的住房制度设计使农民工不得不拥有两套住房。但是这两套住房完全处于资源的错配状态：由于农民工主要在节假日才返乡居住，这套宽敞且条件优越的农村住房大多时候处于闲置状态；而城市的高房价和高房租对农民工而言有着严重的"挤出"效应，加之住房保障并未有效地纳入这一群体，他们大多数只能蜗居在面积狭小、条件简陋的住房中。厉以宁教授以"两只老鼠"形象地说明了我国农民工当前的住房状况："有的农民带着老婆孩子外出打工，房子一把锁锁上，结果变成了老鼠窝；进城的时候两手空空，没有钱，一家子只能住地下室，成了'鼠族'。"[1]

本研究中所提到的农民工住房，更多的指农民工务工期间所居住的住房。只不过由于农民工受限于教育背景、职业技能、收入较低以及城市房价过高等条件的约束，农民工在城镇的住房居住条件比较恶劣，大多选择居住在城中村或者城乡接合部等区域，而城镇中的住房对他们更多的只是意味着一个栖身之所。其主要特点可以概括为：低租金、居住条件差和分布较为分散。而农民工在农村可以获得建设住房的条件，成本比较低廉。农村住房无论是面积还是条件要远好于城镇住房。根据《2022 年农民工监测调查报告》显示，2022 年进城农民工人均居住面积仅为 22.6 m^2，而且越是大城市人均居住面积越小。其中，50 万人以下的城市农民工人均居住面积 27.5 m^2；500 万人以上的城市农民工人均居住面积为 17.6 m^2。

同时，从我国各地农民工在城镇的住房形式来看，主要包括以下 6 种（如表 3-1 所示），只是这 6 种不同形式的住房在不同地域、不同类型的城市被有所侧重地运用。

表 3-1 农民工城镇住房的主要形式

住房形式	属性	特点
集体宿舍或者工棚	用人单位向农民工直接提供或者间接租用第三方的房屋，保证他们的居住	主要适用于用工量较大的企业，如建筑业、制造业等
农民工公寓	政府或者企业投资建设专门面向农民工出租的公寓	价格低廉、面积较小，满足农民工的基本需求

---

[1] 厉以宁. 莫让进城农民变"鼠族"城里人可下乡 [N]. 南方日报，2011-03-05.

续表

住房形式	属性	特点
集体组织建设农民工租赁住房	村集体利用集体土地建设租赁性住房;将闲置的办公楼、厂房等改造成公寓	为了满足附近企业工人的基本住房需求,主要在经济发达的城市
房地产企业建设农民工住房	房地产企业投资建设或者改造用于出租给农民工的住房	在企业较为集中的附近地区有着大量的租房需求,要求租金低廉
农民工自发寻找住处	自己租住在城中村、城乡接合部的住房中;或居住在雇主家中	农民工本着求廉的住房需求,满足基本的生活即可
商品房	农民工在房地产市场购买商品房	仅适用于少部分收入高、有雄厚积蓄的农民工

四、迁移意愿

人口流动是指在我国特殊的户籍制度下,人口在流动过程中居住地和户籍地分离的情况。事实上,随着社会观念的改变和经济发展水平的差异,我国存在大量非户籍登记地或居住地非永久性改变的居民,这种情况常常被称为流动人口(floating population),而农民工成了流动人口的主体。农民工在城市流动过程中,这一群体可能会出现两种不同的流动路径:第一,以在务工地扎根并落户为目的,努力地学习技术和提升技能,提高挣钱能力,慢慢适应城市生活并乐意融入所在城市中,最终在务工城市定居;第二,由于自身的能力或者家庭问题,并不打算在城市定居,只是以进城挣钱为主要目的,等到有了足够的积蓄后再回乡养老,所以形成了城乡间的"候鸟式"或"钟摆式"的迁移循环。所以当农民工离开乡土进城务工后,他们首先需要思考的问题是:究竟在城市定居还是工作一段时间后返回农村?迁移意愿指农民工离开户籍所在地后,在流动过程中是否具有在城镇定居的意愿。

对于如何判断农民工的迁移意愿,学术界还存在着争议,存在着以下四类标准。第一,以户口转变为标准。Sun和Fan[1]、Poston和Zhang[2]分别以户籍的转变来测量农民工的迁移意愿。目前农村和城镇居民的根本区别在于户籍制度,也正是这一中国特色的户籍制度将我国居民分为了两大群体。而农村的收益过低使得农民离开农村到城里寻求更高的经济收益,所以产生了农民工这一特殊的群体。当这一群体愿意放弃农村户籍转为城镇户籍时,则判定他们有迁移意愿。第二,是否愿意在城市长期定居。李强[3]、Zhao等[4]使用

---

[1] SUN MINGJIE, FAN CINDY. China's Permanent and Temporary Migrants: Differentials and Changes, 1990-2000 [J]. The Professional Geographer, 2011 (1): 92-112.

[2] POSTON DUDLEY, ZHANG LI. Ecological Analyses of Permanent and Temporary Migration Streams in China in the 1990s [J]. Population Research and Policy Review, 2008 (6): 689-712.

[3] 李强. 影响中国城乡流动人口的推力与拉力因素分析 [J]. 中国社会科学, 2003 (5): 125-136, 207.

[4] ZHAO KEVIN, SONG SHUNFENG. Rural-urban Migration and Urbanization in China Evidence from Time-series and cross-section analyses [J] China Economic Review, 2003 (4): 386-400.

"是否打算5年之内返回原居住地"来测量农民工的迁移意愿,如果不打算5年之内返回原居住地,则视为有迁移意愿。第三,以是否愿意放弃农村宅基地或者土地为标准。蔡禾等[1]、熊波等[2]认为土地和宅基地都是农民工在农村的纽带,而且是制度赋予他们的福利,也代表了他们的生活方式和乡土情结,因此农民工对土地和宅基地的态度更能反映他们的迁移意愿。当他们愿意放弃农村宅基地和土地时,表明他们打算彻底放弃农村的生活方式,转而到城镇定居。第四,以是否购买城市住房为标准。住房在我国城镇制度中扮演重要的角色,续田增[3]和Hu等[4]分别以农民工是否在城市买房作为衡量农民工定居的标准。因为住房不仅可以提供遮风挡雨的住所,而且还是农民工享受城镇公共服务的凭据,同时还意味着他们有能力在城镇扎根,因此也是学者们用来测量农民工迁移意愿的变量之一。

京津冀城市群的城市间差异比较大,特别是房价和户籍门槛这两个方面。北京和天津的落户条件较高,且房价高企,相对于农民工的学历、能力和收入而言,绝大部分的农民工想要在北京和天津购房和落户都面临着非常大的难度,因此本书放弃用落户和购房作为测量其迁移意愿的标准。同时,由于农民工的福利主要来自农村的土地制度,我们在调研过程中发现即便有的农民工已经转为非农户籍,依然没有放弃农村的土地和宅基地,但这并不影响他们在城镇长期居住,形成事实上的迁移,因此我们也放弃了以农村土地和宅基地作为测量变量。最后,在本研究中对迁移意愿界定为只要是农民工在具备劳动力的生命周期内愿意在城镇工作和生活超过5年以上,就认为具有迁移意愿。

第二节 理论基础

一、多重制度逻辑

诺思认为,制度是一系列被人为塑造出来的规则和道德伦理规范,是人类社会不断发展和塑造后所形成的结果。它旨在约束追求主体福利或者效用最大化的个体行为,构建一个稳定的社会空间并减少不确定性。[5] 在人类社会发展的漫长历程中,原发性规则的非正式制度的社会规范也逐步转化为了正式的制度,并且涉及社会、政治及经济等多个方面。随着人类文明的高度发展,这些正式制度已经成为现代社会秩序的基本要素,在规范社会行为上有着强大的强制力。不同的国家根据历史演变和现实需求构建出了符合本国国情的制度体系,以实现对本国社会问题的有效治理。无论该制度被构建成什么模样,每一种制度都存在着一种核心逻辑,即在制度的约束下,个体的理性行为遵照制度安排和行动机

---

[1] 蔡禾,王进."农民工"永久迁移意愿研究 [J]. 社会学研究,2007 (6):86-113,243.
[2] 熊波,石人炳. 理性选择与农民工永久性迁移意愿——基于武汉市的实证分析 [J]. 人口与经济,2009 (4):13-19.
[3] 续田增. 农民工定居性迁移的意愿分析——基于北京地区的实证研究 [J]. 经济科学,2010 (3):120-128.
[4] HU FENG, XU ZHAOYUAN, CHEN YUYU. Circular migration, or permanent stay? Evidence from China's rural-urban migration [J]. China Economic Review, 2011 (1):64-74.
[5] 道格拉斯·C. 诺思. 经济史中的结构与变迁 [M]. 陈郁,罗华平,译. 上海:上海三联书店,1994:10.

制，从而引导这一领域中的行为方式和行动取向。① 正因为正式制度是一种协调、组织、约束和塑造各行为主体间如何互动的规则总和，从而降低参与者间互动的不确定性，② 所以无论是政府、市场还是社会，都建立起一系列的制度以规范参与者的行为方式，实现社会秩序的稳定，尽可能地减少社会的交易成本。另一方面，由于同一领域中往往存在着多重制度，这些制度逻辑同时运行且交织在一起，已经成为大多数领域的常态。但是这些制度逻辑存在着持续的竞争关系，并不必然会形成制度合力，反而可能会导致若干制度逻辑间的相互冲突和妥协。③ 这就形成一种可能的悖论：制度虽然能够提供稳定的规则环境，但是多重制度逻辑间的张力却会导致制度环境的模糊和冲突。在多重制度逻辑场域下，可能使得个体无所适从，抑或是在夹缝中寻找合适的生存空间。基于这一制度环境，在多重制度逻辑的约束下，独立的个体不得不在多重制度逻辑场域下调整自己的行为，寻求适合的次优策略。

从多重制度逻辑的理论内容来看，多重制度逻辑不仅关注于每项制度所塑造的微观秩序，还聚焦于多重制度间的宏观逻辑与制度环境。基于这一理论视角，多重制度逻辑将宏观上的制度安排与微观上的主体行为纳入了分析框架中，可以清晰地解释多元主体如何影响着制度逻辑冲突并导致何种后果，这也成为解释制度过程和结果的一个重要理论工具。在多重制度逻辑下，可以通过这一理论框架反映出国家的治理过程。周雪光等以村庄选举为例，分析了在这一领域中多元主体参与的制度逻辑：中央政府基于国家的逻辑倡导民主选举的实践和制度建设，基层政府官员基于科层制的逻辑直接组织选举过程，并担当维护选举程序规则的责任，村民则以乡村的逻辑在不同时间点对选举参与和村庄间差异方面产生着影响。作为理性的个体都会自觉或者不自觉地根据正式制度所形成的轨道来塑造自己的行为，并做出最有利于自己的决策。④ 从这一研究来看，国家治理中往往并非只是单一主体，而是多元主体共同发挥着作用，而且多元主体遵循着各自的制度逻辑，从而决定着治理的结果。

农民工住房政策作为政府的一项重要政策，同样隐含在我国政府的治理过程中。我国的农民工住房政策包括多重制度逻辑，其中包括国家的治理逻辑、地方政府的科层制逻辑、房地产市场相关主体的市场逻辑以及农民工的生存逻辑。这四种逻辑交织在一起，共同决定着农民工的住房状况。因此，从多重制度逻辑入手，我们可以进一步提炼出这四个主体的行为逻辑的具体表现，进而深入剖析我国农民工住房状况的制度性根源。

二、推拉理论

推拉理论（push and pull theory）是社会学的经典理论，也是研究人口流动的重要理论之一。其起源可以追溯到19世纪，英国学者雷文斯坦（E. Ravenstein）于1885年的

---

① 道格拉斯·C. 诺思. 经济史中的结构和变迁 [M]. 陈郁, 罗华平, 译. 上海：上海人民出版社, 1994：12.
② HODGSON G M, KNUDSEN T. Agreeing on generalised Darwinism: a response to Pavel Pelikan [J]. Journal of Evolutionary Economics, 2012 (22): 9-18.
③ PACHE, ANNECLAIRE, FILIPE SANTOS. Inside the hybrid organization: selective coupling as a response to conflicting institutional logics [J]. Academy of Management Journal, 2013, (04): 972-1001.
④ 周雪光, 艾云. 多重逻辑下的制度变迁：一个分析框架 [J]. 中国社会科学, 2010 (4)：132-150.

《人口迁移规律》论文中首次对人口迁移规律进行总结[①],从迁移距离、迁移流向和迁移者的某些特征等方面提出了7条规律。这些规律在如今对于大多数国家来说仍然是有效的。

再到20世纪50年代末,唐纳德·博格(D. J. Bogue)系统阐述了迁移推拉理论,主要观点为:人口迁移之所以会出现,主要是由"推"和"拉"两种方向的力量共同作用所导致的,即迁出地和迁入地两地所产生的促进迁移的正向推力和阻碍迁移的负向拉力决定着人口迁移的方向。在这两地的综合作用力上,究竟是推力大于拉力,还是拉力大于推力,最后决定着人口出现迁移或者继续原地居留。[②] 具体而言,流出地存在着一种起主导作用的"推力",将本地居民推离所居住的地方。"推力"的来源主要有较低的收入水平、自然资源的枯竭、环境的恶化、没有适合的工作机会或者与自己能力不能匹配的工作岗位等。但是流出地还存在着"拉力"来留住原住民,"拉"住人口的若干因素包括:中国传统文化中的家庭团聚、熟悉的成长环境、长期形成的社交网络、已经适应的乡土人情等。流出地的"推力"较"拉力"更大,占主导地位。另一方面,在迁入地也存在着占据主导作用的"拉力"吸引着外来人口,主要因素包括:更丰富的工作机会和学习机会、更高的收入水平和生活质量、更完善的公共服务、更为优秀的人文环境等。当然,迁入地对于迁出者也并非完全充满"拉力"的积极因素,"推力"仍是不可忽视的因素,如迁移过程中短期或长期和家人分离、需要逐步适应的陌生环境、高昂的房价和房租、激烈的竞争和不确定的未来发展等。从人口迁移的最终结果来看,迁移者之所以出现迁移,是因为他们总是将迁入地和迁出地两地的积极因素和消极因素两个方面进行比较,究竟是"拉"力比"推"力大,还是"推"力比"拉"力更大,从而最终做出是否迁移以及迁移到何处的决策。推拉理论是根据19世纪西方国家在工业革命后的社会情境所提炼出的经典理论。这一理论较为简明扼要地阐述了工业化背景下人口迁移和城市化相伴相生,也解释了人口为何会出现流动,直至今天仍然被广泛运用。

对于仍在转型时期的中国而言,城市化是我国当下现实场景中的重要战略。由于农村缺乏工作机会且从事农业收入较低,大量的农村人口来到城市寻求更高收入的工作机会,这种人口流动趋势将会在未来较长的时间延续下去,而城镇化进程还远未结束,并且表现得极不平衡。京津冀城市群作为我国三大城市群之一,成为人口流入的热点区域。只不过因为北京、天津和河北三地经济发达程度差异较大,北京和天津成为人口流入的城市,而河北则面临着大量的人口流出。京津冀区域所出现的农民工迁移现象也正是受到了迁出地和迁入地的双重"推拉"作用。而从这一理论出发,可以剖析京津冀新生代农民工流动的影响因素,同时重点考察住房政策在这其中所起的作用。

---

① E. G. Ravenstein. The Laws of Migration [J]. Journal of the Statistical Society of London, 1885 (2): 167-235.
② Bogue, D J. Internal Migration, in Hauser, Duncan (ed.) [A]. The Study of Population: An Inventory Appraisal [C]. Chicago: University of Chicago Press, 1959.

第三节　本章小结

本章对"新生代农民工""住房政策""农民工住房"和"迁移意愿"分别进行了界定，确定了本研究的具体研究对象和研究范围。同时对后续的"多重制度逻辑"和"推拉理论"进行了梳理，为后续的研究开展奠定了基础。

第四章 我国农民工住房政策困境的理论分析

农民工住房政策场域中的几个重要的制度领域——中央政府、地方政府、房地产市场以及农民工——都有其中心逻辑，不同主体的微观行动受到不同制度逻辑的约束，即政治逻辑、科层制逻辑、市场逻辑和生存逻辑。中央政府、地方政府、房地产市场与农民工以其特定逻辑共同决定着住房政策场域。本书试图在综合这些制度逻辑的基础上，构建一个多重制度逻辑的分析框架，解释多重制度逻辑中不同主体的行为策略，并进一步分析这些行为主体间的逻辑复合和冲突，以期解释农民工的住房政策困境。

具体而言，中央政府在政治逻辑的推动下设计着农民工的住房政策，地方政府则以科层制逻辑来执行中央政府的指令，房地产市场以市场逻辑向农民工提供住房产品，而农民工则以生存逻辑在这些制度中做出选择。事实上，无论是政治逻辑、科层制逻辑还是市场逻辑，这三者间会出现制度间的复合和冲突，最后迫使生存逻辑在这一场域中做出选择。因此，农民工来到城市之后，他们的住房状况由住房政策场域来决定（见图4-1）。

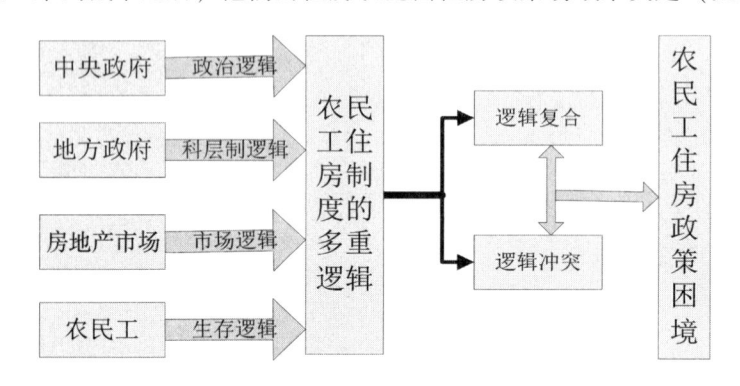

图4-1 农民工住房政策困境的分析框架

第一节 中央政府的政治逻辑及住房政策的设计

作为中央集权制的国家，中央政府在我国各项重大制度中起着决定性和支配性的作用，所有政策的制定和执行都需要中央政府的授权。农民工的住房问题之所以被纳入政策视野中，中央政府在这其中起着决定性的作用。

一、中央政府的政治逻辑

在中国特色的政治制度下,中央政府拥有着绝对的权威,对我国所有的职能统筹负责和设计,并通过各部委将中央政府的职能触及基层政府,同时通过对各地方领导的任命以确保中央政府的政策能够得到有效执行。因此,中央政府的政治逻辑是指中央政府在管理公共事务、协调社会矛盾、维护社会稳定的过程中,通常遵循维护政权的合法性、所衍生的政治任务以及实现多元目标而采取的内在机制,具体表现为针对各经济和社会问题而制定、执行和实施国家层级的政策过程。

住房作为农民工在城市的基本生活品,改善农民工的住房状况对于破解农民工的社会融合,推动现代城镇化进程和社会和谐发展都有着积极的意义。改革开放早期,中央政府并未重视农民工在城市中的住房权,更关注其经济权益,如何解决他们不被拖欠工资的问题以及保护其相关权益。但是随着这一群体数量的逐步增加,2018年我国农民工已经达到了28 836万人,其中外出农民工17 266万人,经过多年的城市工作后,农民工希望逐步能够扎根到务工城市,但是住房作为制度性和非制度性的制约因素影响着他们留在城市中的意愿,这也引起了中央政府的高度重视。从2005年开始,中央政府及各部委开始重视并逐步解决农民工这一群体的住房问题,并有针对性地出台了相关的政策来解决他们的住房问题(见表4-1)。其后,中央政府进一步出台各种规划和方案,如《国家新型城镇化规划(2014—2020年)》《推动1亿非户籍人口在城市落户方案》等国家层面的文件相继出台,其中一项重要内容就是帮助农民工等非户籍人口在迁入地落户。因此,党中央和国务院代表国家意志,遵照政治逻辑对住房制度进行改革和发布政策文件来改善农民工住房状况,同时要求各级政府进一步承担起相应的职责。

表4-1 中央政府及各部委出台的农民工住房保障政策

发布时间	政府主体	文件名称	主要措施
2005.03	建设部	《2005年工作要点》	将解决进城务工农民工住房问题列入该年工作重点
2006.10	建设部、财政部、中国人民银行	《关于住房公积金管理若干具体问题的指导意见》	城镇单位聘用的进城务工人员可以申请缴存住房公积金
2008.01	建设部等五部委	《关于改善农民工居住条件的指导意见》	将解决农民工住房问题纳入城市规划
2008.03	国务院	《国务院关于解决农民工问题的若干意见》	要求将农民工居住问题纳入城市规划,有条件的地区可为农民工缴纳住房公积金
2008.03	国务院	《国务院关于解决城市低收入家庭住房困难的若干意见》	多渠道改善农民工居住条件

续表

发布时间	政府主体	文件名称	主要措施
2009.05	自然资源部	《国土资源部关于切实落实保障性安居工程用地的通知》	确保保障性住房的建设用地供应
2009.12	中共中央、国务院	《中共中央 国务院关于加大统筹城乡发展力度进一步夯实农业农村发展基础的若干意见》	多渠道多形式改善农民工居住条件，鼓励将农民工逐步纳入城镇住房保障体系
2010.06	住房与城乡建设部等六部委	《关于做好住房保障规划编制工作的通知》	加快建设公共租赁住房等，着力解决进城务工人员等中低收入家庭的住房问题
2010.06	住房与城乡建设部等七部委	《关于加快发展公共租赁住房的指导意见》	可以将新就业职工和有稳定职业并在城市居住一定年限的外来务工人员纳入供应范围
2011.09	国务院办公厅	《国务院办公厅关于保障性安居工程建设和管理的指导意见》	重点发展公共租赁住房，满足城镇中等偏下收入住房困难家庭、新就业无房职工和在城镇稳定就业的外来务工人员基本居住需要
2013.12	住房与城乡建设部、财政部、国家发展和改革委员会	《住房与城乡建设部、财政部、国家发展和改革委员会关于公共租赁住房和廉租住房并轨运行的通知》	各地公共租赁住房和廉租住房并轨运行，可对符合条件的保障对象采取租金减免，按规定对符合条件的低收入住房保障对象予以适当补贴
2014.03	中共中央、国务院	《国家新型城镇化规划（2014—2020年）》	有序推进农业转移人口的市民化，把进城落户农民完全纳入城镇住房保障体系
2014.07	国务院	《国务院关于进一步推进户籍制度改革的意见》	合理引导农业人口有序向城镇转移，有序推进农业转移人口市民化
2016.02	国务院	《国务院关于深入推进新型城镇化建设的若干意见》	以促进农民工融入城镇为核心，提高对农民工等中低收入群体的住房金融服务水平
2018.10	国务院办公厅	《国务院办公厅关于印发推动1亿非户籍人口在城市落户方案的通知》	将城镇建设用地与吸纳农村转移人口挂钩；将进城落户农民完全纳入城镇住房保障体系

二、中央政府对住房政策的具体设计

我国的改革开放路径遵循着渐进性的"摸着石头过河"和"先试点后推广"的总体方针,有效地防范了改革过程中产生的政治风险和社会风险,这也使我国能够保持中央政府对农民工的住房制度改革遵循稳妥、审慎的原则,避免我国经济和社会出现较大的动荡。

农民工是改革开放之后出现的新群体,早期并未受到地方政府的重视,反而将其看作不稳定的社会因素和财政负担,政府通过户籍制度等抑制性政策控制其流动,将其排除在城镇公共服务体系之外,并未给予过多的支持和保护。随着时间的积累,这一群体数量的不断增加,在他们为城市经济做出了巨大贡献的同时,还面临着权益保护、社会融合、子女教育等种种困境,中央政府也开始正视这一群体所面临的困境,并伸出援助之手保护其合法权益。同时,中央政府也意识到人口从农村向城市转移是社会发展的趋势,为了促进城镇化发展,中央政府对户籍制度和经济体制进行改革,大量的农民工能够得以留在城市。当他们进入城市后面临着各种困难,中央政府进一步通过出台各种政策有针对性地予以解决。时至今日,中央政府逐步将注意力聚焦到农民工的住房问题上,认为住房是农民工进入城市后所面临的首要难题,并进一步改善他们的社会融合程度,以及破除他们无法享受到附着在住房上的公共服务等困境。为了帮助他们解决来到城市后所面临的住房问题,一场自上而下的住房制度改革发生了。

农民工这一群体间的代际间差异较大。老一代农民工更多的是只身一人进城,主要目的为外出挣钱,等退出劳动力市场后回家乡养老。中央政府在改革开放初期主要关注他们的就业机会、工资拖欠等方面,住房问题并未纳入公共政策的视野中。[①] 随着老一代农民工逐渐退出劳动力市场,新生代农民工已逐步成为劳动力市场的主力,家庭随迁比例也在提高,并且开始尝试着融入务工城市,住房问题也随之慢慢地积累和膨胀。公共政策的实质就是通过某项政策允许部分人享有某些东西而排除了另一部分人[②],因此中央政府出台了针对农民工住房问题的相关政策,如《关于住房公积金管理若干具体问题的指导意见》《国务院关于解决农民工问题的若干意见》等,提出要多渠道、分步骤地改善农民工的居住条件。自此之后,中央政府针对农民工的住房问题开始密集地出台了相关政策,并要求地方政府制定配套政策予以落实。

第二节 地方政府的科层制逻辑及住房执行策略

一、地方政府的科层制逻辑

科层制逻辑是指各级地方政府作为中央政府的代理人,不仅需要履行行政职能、处理

---

① 董昕. 中国农民工住房问题的历史与现状 [J]. 财经问题研究, 2013, (01): 117-123.
② 戴维·伊斯顿. 政治体系——政治学状况研究 [M]. 北京: 商务印书馆, 1993: 123.

地方行政事务，同时还需要与其他同级政府展开晋升竞争，从而获得更有利的晋升机会。在中国特色的制度设计下，地方政府在中国式分权制度下表现为财政分权和政治集权的双重约束，即政治上听从于中央政府，但同时也需要在财政分税制下自主汲取地方发展所需的财政收入。[①] 这就意味着，地方政府扮演着近似委托人的角色，需要在政治上向中央政府负责，忠实地执行中央政府的各项重大政策，同时需要利用财政分权汲取相应的财政收入，以完成中央政府的各项任务。但是这并不代表地方政府只是中央政府的忠实执行者，而没有自己的利益取向。事实上，财政分权使得地方政府的官员们也类似于"政治企业家"，成了追逐自身利益最大化的逐利者[②]，他们总揽地方治理的诸多大权，既要完成中央政府的各项指令，又要确保自己的利益最大化，能够在政治生涯中尽可能地获得晋升的机会。因此，在科层制逻辑下，地方官员主要考量的是执政一方时的成本与收益，即关注点聚焦于其职业发展前景，并在中央政府赋予的自主空间中采取最有利于晋升的做法。

二、地方政府对住房政策的执行策略

1. 地方政府过度依赖于"土地财政"

基于职业前景的考虑，地方政府更多地将重心放在经济发展上，以此增加财政收入。而房地产市场的快速发展给地方政府提供了一种快速增加财政收入的可能性，相对于经济增长所带来的财政税收，"土地财政"也就成了地方政府的次优选择，并在全国各地复制和推广。从表4-2来看，"土地财政"已经成为地方政府财政收入的重要来源，整体上保持在30%以上。

表4-2 2012—2017地方政府土地财政依赖度

年份	地方政府土地财政	地方综合财力	土地财政依赖度
2012	43 710 亿	142 361 亿	30.70%
2013	59 636 亿	167 136 亿	35.68%
2014	64 246 亿	179 426 亿	35.81%
2015	53 577 亿	178 724 亿	29.98%
2016	60 156 亿	191 907 亿	31.35%
2017	76 732 亿	216 733 亿	35.40%

资料来源：历年中国税务年鉴、财政部。

当住房保障等民生问题并不属于硬性约束的考核指标时，地方政府并无太大的积极性提供住房保障，而更愿意将财政收入投入营利性经营活动和"政绩工程"中，以显示当政者在地方治理过程中的政绩，从而获得上级的关注和赏识，确保能够在与同级官员的晋升竞争过程中脱颖而出。而住房保障是地方政府最后考虑的选项。

---

① 傅勇，张晏. 中国式分权与财政支出结构偏向：为增长而竞争的代价 [J]. 管理世界，2007（3）：4-12, 22.

② JEAN. C OI. Fiscal Reform and the Economic Foundations of Local State Corporatism in China [J]. World Politics, 1992（1）：99-126.

2. 地方政府尝试着对农民工提供不同类型的住房保障形式

随着各地农民工群体数量的不断增加,地方政府也开始重视起这一群体的住房问题。而且大量农民工的到来为当地提供了丰富的劳动力,有力地促进了当地的经济发展。总体来看,各地方政府的举措更多地根据本地的情况因地制宜地出台了相应的措施,形成了"专门供给""间接供给"和"城乡并轨"三种模式(见表4-3)。

表4-3 农民工住房保障的供给类型和模式

供给类型	典型模式	代表地区	具体做法
专门供给	农民工廉租公寓模式	重庆市、武汉市	改造城市烂尾楼或空置房产作为农民工廉价公寓
	农民工公寓	长沙市	利用城乡接合部农村集体土地建设农民工公寓
	公寓式集体宿舍	上海市嘉定区	利用工业园区内的土地建造公寓式集体宿舍
	建筑工地宿舍	杭州市、合肥市	建筑企业通过建设工棚满足从事建筑行业的农民工住房需求
间接供给	住房补贴模式	成都市、莱芜市	为农民工买房或者租房提供住房补贴
	住房公积金模式	北京市、湖州市	将农民工纳入住房公积金制度中
城乡并轨	准市民化模式	成都市、嘉兴市、天津市	通过农村土地置换为首次在城市购房的农民工提供保障性住房的优惠政策
	纳入保障性住房体系模式	广东省、重庆市等	将符合一定条件的农民工纳入城镇住房保障体系中

第一,专门供给模式。专门供给模式更多的是为了解决农民工在城市住房的权宜之计,为他们提供了一处暂时的"栖息之所"。尽管这种类型的住房面积较小,住房条件并不是很完善,但是为他们在城镇务工时提供了临时的住处,也为其工作提供了便利,解决了职住分离的问题。从长远来看,这种类型的住房更多的是应急式的,并不能帮助农民工在城市扎根。

第二,间接供给模式。间接供给模式主要是为了帮助农民工提升住房支付能力,帮助他们在城市中买房或者租房。但是受限于农民工的教育背景、技能培训和收入水平,这些间接供给模式主要发挥"锦上添花"的功能,无法起到"雪中送炭"的作用,对缓解农民工的住房困难更多的是象征性意义大于实质作用。

第三,城乡并轨模式。城乡并轨模式可以帮助农民工解决城市的住房问题,但是仍然存在着种种局限。如准市民化模式通过农村土地置换,但是更多地限定于近郊的农民工,而对于所拥有的土地地理位置较为偏远的农民工,并没有太大的置换价值,使得能够参与这一模式的群体大大受限。而能够纳入保障性住房体系的农民工更是少数,毕竟当前的住房保障数量有限,而各地方政府主要以解决本地户籍的城镇低收入群体为主,加之农民工需要符合一定条件才能参与进来,这也使得这一政策难以发挥其功效。

第三节 房地产的市场逻辑及供给策略

一、房地产的市场逻辑

市场逻辑是指市场主体在遵循市场规律的前提下，为了获得利益最大化而采取的一系列市场行为。1998年住房制度改革进程中对实物福利分房的摒弃，使得房地产市场获得广阔的发育空间并逐步完善，直至今日已经成为住房资源获得的主要渠道。房地产市场逻辑形成了显性的市场化制度建设和隐性的市场化意识，利润导向的价值观念激发了多元主体进入房地产市场中，也因此形成了多层次的住房供应体系。

二、房地产的市场供给策略

1998年下半年我国停止福利分房政策之后，货币化购房或租房成了城镇购房者获得住房的主要方式，对于房改后才进入城镇的农民工而言只能通过货币化的方式来购买或者租赁住房。房地产市场也正是在房改后发育和成长起来的。我国房地产市场既培育了正式制度约束下房地产规划、开发和建设后所形成的正规房地产市场，也形成了非正式制度下市场自生自发而形成的非正规租赁市场。[1] 在资本逐利的导向下，房地产企业在地方政府的监管下，按照法定的程序开发出正规的房地产产品，这些产品凭借安全性、舒适性、完善性和差异性等特性来吸引消费者；而非正规租赁市场以农村集体土地为基础，他们规避了相关的审批流程，也不考虑住房产品的舒适度，却成了住房租赁市场中最主要和最积极的供给者，即基于集体土地产权及非正规供给行为的市场化住房供给机制。由于两者的供给过程有很大的差异性，房地产企业为了保证产品质量，必须投入足够的资金，因此房地产企业所提供的产品受限于成本的约束，价格无论如何都要高于非正规租赁市场，这就导致正规房地产市场的价格远远超过农民工的支付能力。而农民工作为城市中的弱势群体，住房支付能力的不足使得市场机制对他们的排斥效用凸显，他们更多地选择在单位宿舍或者工地工棚和生产经营场所居住，即便是租赁住房也只会以非正规租赁市场提供的产品为主（如表4-4所示）。

表4-4 我国农民工的住房来源 （单位:%）

住宿类型 年份	单位宿舍	工地工棚和生产经营场所	租赁住房	乡外从业回家居住	务工地自购房	其他
2013	28.6	17.6	36.7	13.0	0.9	3.1
2014	28.3	17.2	36.9	13.3	1	3.3
2015	28.7	15.9	37	14	1.3	3.1

数据来源：2013—2015年农民工监测调查报告。

---

[1] 禤文昊. 面向农民工的村镇非正规住房租赁市场研究 [J]. 城镇与区域规划研究，2011（2）：180-194.

1. 房价将绝大部分农民工排除在外

毫无疑问，市场机制提高了住房资源供给和配置的效率，但是最大的弊端在于无法解决住房公平问题。相对于农民工普遍的低收入，高房价成为阻碍他们定居城市的重要经济因素，将其排除在房地产市场之外。[1] 城市住房结构也成为人口迁移的筛选机制，加大了外来者的购房难度。[2] 大城市高昂的房价对于城镇低收入群体而言如同一道不可逾越的鸿沟，更何况收入更低的农民工群体，他们基本不具备任何购房能力。正如《农民工监测调查报告》中所披露的：2013年至2015年在务工地购房的农民工比例分别为0.9%、1.0%和1.3%，有能力在务工地购房的农民工群体寥寥无几，只能"望房兴叹"。

2. 租赁市场成为农民工的一种可能性选择

我国租赁市场既包括正式制度约束下房地产规划、开发和建设后所形成的正规租赁市场，也包括非正式制度下市场自生自发而形成的非正规租赁市场，如地下室和城中村等。[3] 尽管住房销售价格已成为农民工不能承受之重，但住房租赁价格尚在农民工的承受范围内，房租越高的城市同样意味着更多的就业机会和更高的公共服务水平。[4] 因此，农民工仍然偏好于选择进入大城市务工，租房则是他们一种现实和理性的选择，租房比例在2009—2015年期间总体呈上升趋势。又据《2016年农民工监测调查报告》显示：61%的农民工选择租住私房，比2015年下降了1.9%。这也说明了农民工由于收入过低的限制，更多地选择居住条件比较恶劣的城中村、地下室等非正规租赁市场。但是大规模的城中村改造和地下室整顿在不断地挤压农民工有限的居住空间，他们的居住权并未被决策者们纳入城市规划之中。[5]

3. 资本导向型的居住方式是农民工的无奈之举

资本导向型的居住方式是住房市场中一种独特的住房供给形式，由企业对所聘用的外来农民工提供免费或者廉价的单位宿舍和工地工棚等，让他们获得暂时性安置，这一举措塑造出了"劳动-生活居住"一体化的生产形态。[6] 尽管这类资本导向型的居住方式的设施比较简陋，甚至没有个人隐私空间，但是较低的收入水平制约着农民工改善居住条件的可能，属于农民工一种比较现实和无奈的选择：一方面，企业可以对农民工的工作进行全面控制和日常生活的渗透，从而获得更多的利润；另一方面，农民工也借此降低了生活开支，解决了居住问题。因此，从2009—2015年的农民工住房来源来看，虽然资本导向型居住方式的比例逐年在降低，但仍然是农民工最主要的居住方式。

---

[1] WALLEY J, ZHANG S. A numerical simulation analysis of (Hukou) labor mobility restrictions in China [J]. Journal of Development Economics, 2007 (2): 392-410.
[2] 李斌. 城市住房价值结构化：人口迁移的一种筛选机制 [J]. 中国人口科学, 2008 (4): 53-60.
[3] 禤文昊. 面向农民工的村镇非正规住房租赁市场研究 [J]. 城镇与区域规划研究, 2011 (2): 180-194.
[4] 董昕. 住房支付能力与农业转移人口的持久性迁移意愿 [J]. 中国人口科学, 2015 (6): 91-99.
[5] 赵晔琴. "居住权"与市民待遇：城市改造中的"第四方群体" [J]. 社会学研究, 2008 (2): 118-132.
[6] 任焰, 潘毅. 跨国劳动过程的空间政治：全球化时代的宿舍劳动体制 [J]. 社会学研究, 2006 (4): 21-33.

第四节 农民工的生存逻辑及住房选择策略

一、农民工的生存逻辑

农民工的生存逻辑是指农民工为了解决生计与生活问题来到城市。农民工进入城市务工后，他们由于缺乏学历、技能和社会人脉，属于城市的弱势群体，所以首先要解决的是谋生问题，如何能在城市中找到一份工作维持生活；其次便是维持日常行为和生存状态。因此农民工以追求个体收入最大化为目标，在城市中需要规避风险，追求生存安全。

二、农民工的住房选择策略

住房作为空间的载体，隐含了居住者对自然环境、人文环境、交往对象和生活方式的选择[1]。当前住房的多重制度逻辑只为农民工等流动人口提供了有限的选择[2]，农民工选择住房的过程仍会嵌入自身所处在的社会维度之中。特别是他们面对能否立足城市、如何立足城市等问题所做的种种住房选择，无不受到社会空间和社会网络的约束。

农民工与城市居民的不同之处在于他们的价值观受到农村的成长环境以及城市的生活、工作经验的双重影响。由于农村的生活经历使得农民工被嵌入差序格局的乡村结构中，而城市的生活、工作经验又让他们渴望尽可能地融入城市，他们将早期的乡村生活经验和后期的城市行为经验糅杂在一起。无论如何，在城市中找到一个栖息之处是农民工面临的现实问题，也是首要选择。当他们从农村进入城市后，如同将一个迥异于城市社会的群体"嵌入"城市的社会空间中，农民工面临着"生存压力"和"理性选择"共同的博弈。[3] 由于农民工这一群体存在着劳动强度高、收入低、流动性强等特征，因此他们从农村进入城市后的首要目标是生存，在具备了一定的经济基础后再慢慢改善社会地位。

1. 社会网络进一步固化农民工的住房困境

"差序格局"的乡村结构将农民工社会交往关系局限在血缘和地缘之上，已有的研究和各种大型统计数据也显示，农民工的日常交往以老乡或者亲属为主，跟城市中的居民交往得较少。而这一结果也跟农民工的社会网络有关。农民工进入城市务工后，以血缘、地缘为纽带的社会网络为他们提供了经济、信息和心理上的支持，导致农民工在选择居住地点时出现了"地缘集聚"。这进一步加剧了农民工在城市中的社会交往对象以血缘和地缘为主的格局（见表4-5），反过来减少了其与本地人的交往机会，限制了他们在城市中的社会交往范围。[4] 居住空间的阶层分化是"一种导致社会阶层化、社会封闭趋势显性化"

---

[1] 李怀，鲁蓉.住房空间分化与社会不平等：一个解释框架[J].西北师大学报（社会科学版），2012（1）：87-94.

[2] 吴维平，王汉生.寄居大都市：京沪两地流动人口住房现状分析[J].社会学研究，2002（3）：92-110.

[3] 宛恬伊.新生代农民工的居住水平与住房消费[J].中国青年研究，2010（5）：47-51.

[4] 王玉君.农民工城市定居意愿研究[J].人口研究，2013（7）：19-32.

的重要机制。① 究其原因,每个农民工嵌入于不同的社会网络,在住房选择过程中遵循血缘人情法则,可以缓解他们进入城镇后社会关系的结构性紧张和失衡,重建农村生活环境的乡土小社会,即便面对市民社会的排斥和质疑也能起到防御性的机能,这也是他们一种较为理性的选择。② 因此,农民工的住房困境不仅是由政策的偏差和市场的排斥造成的,社会网络也进一步固化着农民工的住房困境和居住隔离状况。

表4-5 我国农民工交往对象分布表(单位:%)

交往对象 年 份	老乡	当地朋友	同事	其他外来务工人员	基本不和他人来往	其他
2015	33.6	23.5	21.5	14.3	4.2	2.9
2016	35.2	24.3	22.2	12.7	3.1	2.6

数据来源:2015—2016年农民工监测调查报告。

2. 社会空间的分化诱发农民工住房选择出现差异

农民工受社会地位、收入水平以及乡村生活经历等因素的影响,普遍表现出低消费、高储蓄,求廉的消费动机,生存性消费为主的社会特征。当他们从农村进入城市后,如同将一个迥异于城市社会的群体"嵌入"城市的社会空间中,农民工的社会空间面临着"生存压力"和"理性选择"共同的博弈。③ 为此,农民工们将早期的乡村生活经验和后期的城市行为经验糅杂在一起,使得他们的社会空间也逐渐出现分化,诱发着住房选择行为出现差异。尽管租赁住房和资本导向型的居住方式才是农民工的现实选项,但是农民工不同群体间也表现出不同的选择:新生代农民工比老一代农民的合租比例高,且倾向于租住质量和设施更好的住房,他们也更愿意选择与市民混居④;同时,举家外出务工的农民工对居住的物质环境要求更高⑤。

第五节 农民工住房政策困境的生成

时至今日,上文的四种逻辑在农民工住房政策的特定场域中相互交织,在制度、行动者和环境的互动过程中演绎出农民工住房政策困境的现实图景。总体而言,政治逻辑、科层制逻辑和市场逻辑三种制度内含着相互复合和冲突的实践,进而影响着农民工个体的生存逻辑(见图4-2)。

---

① 刘精明,李路路. 阶层化、居住空间、生活方式、社会交往与阶层认同:我国城镇社会阶层化问题的实证研究[J]. 社会学研究,2005(3):52-81.
② 江立华,谷玉良. 居住空间类型与农民工的城市融合途径[J]. 社会科学研究,2013(6):94-99.
③ 宛恬伊. 新生代农民工的居住水平与住房消费[J]. 中国青年研究,2010(5):47-51.
④ 杨肖丽等. 代际视角下农民工居住环境影响因素研究[J]. 中南财经政法大学学报,2015(4):22-29.
⑤ 蒋旻. 解决农民工城市居住问题的思路与模式[J]. 城市规划,2011(3):84-88.

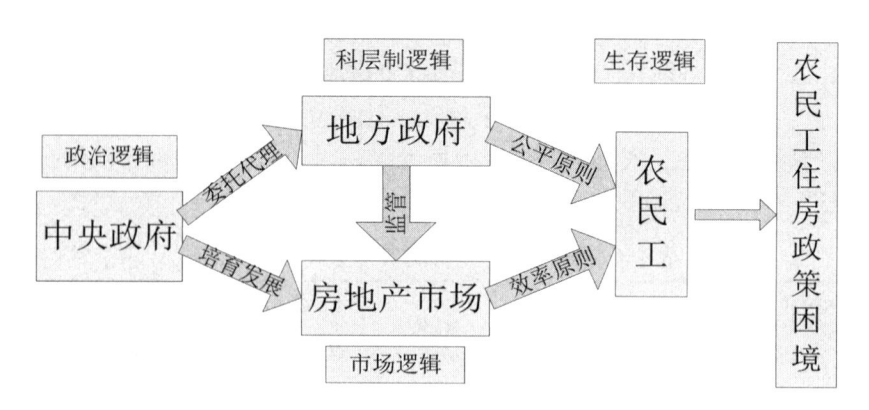

图 4-2 农民工住房政策逻辑的复合与冲突

一、农民工住房政策在多重制度逻辑间的复合

1. 中央政府的顶层制度设计

国家对住房制度的设计决定着个体或群体能否获得理想的住房。[①] 农民工是否获得以及获得怎样的住房，取决于如何设计住房制度。[②] 但是早年政府对住房制度的设计并未考虑到没有城市户籍的"居民"，忽视了农民工的住房权利。[③] 由于城市住房保障体系没有将农民工纳入进来，他们在城市中的居住条件不容乐观。[④] 再加之政府以城市自身利益为出发点，大规模的城市改造忽视和排斥了农民工的居住权[⑤]。户籍制度与城市福利的捆绑进一步降低了流动人口的住房质量，在当时几乎看不到国家部门解决农民工住房的直接贡献。[⑥]

1998 年住房福利政策取消后，中央政府一方面在不断推动住房制度改革和房地产市场的完善，希望通过市场机制解决不同群体的住房需求，将国家与民众在住房的张力转移到民众与市场之间。另一方面，自从开始意识到当前的改革与举措无法解决农民工的住房问题后，中央政府从无到有地针对农民工的住房出台了从《国务院关于解决农民工问题的若干意见》到《国家新型城镇化规划（2014—2020 年）》一系列相关政策，希望有针对性地解决这一群体的住房问题。随着中央政府对住房保障的不断重视，农民工这一群体也逐渐被纳入城镇住房保障体系和住房公积金制度中，对农民工的住房保障也务实地从所有权转向使用权。

2. 地方政府因地制宜地探索农民工的住房保障模式

由于国家层级的住房政策是框架性和导向性的，需要各级地方政府的科层体系制定具

---

① 王宁. 消费社会学 [M]. 北京：社会科学文献出版社，2001：8.
② 李怀，鲁蓉. 住房空间分化与社会不平等：一个解释框架 [J]. 西北师大学报（社会科学版），2012（1）：87-94.
③ 李斌. 中国住房改革制度的分割线 [J]. 社会学研究，2002（2）：80-87.
④ 俞可平. 新移民运动、公民身份与制度变迁——对改革开放以来大规模农民工进城的一种政治学解释 [J]. 经济社会体制比较，2010（1）：1-11.
⑤ 赵晔琴. "居住权"与市民待遇：城市改造中的"第四方群体" [J]. 社会学研究，2008（2）：118-132.
⑥ 吴维平，王汉生. 寄居大都市：京沪两地流动人口住房现状分析 [J]. 社会学研究，2002（3）：92-110.

体措施予以贯彻执行，这也恰恰给予地方政府较大的自主空间。在中央政府自上而下的推动下，加之农民工问题在城市建设中不断暴露和扩大，地方政府对农民工的住房保障问题关注度也在日益提高，通过制定相应的配套措施将农民工纳入住房保障体系中。同时，针对农民工当前主要的住房需求，地方政府根据中央的政策要求和本地的资源禀赋进行了尝试性的探索，大体上形成了"专门供给"、"间接供给"和"城乡并轨"三种农民工住房模式，每一种模式的侧重点也不尽相同。① 虽然不同的地区侧重点不尽相同，但无论是专门供给、间接供给还是城乡并轨模式，都体现了对农民工住房保障功能的设计与安排。

3. 房地产市场的市场机制配置

住房市场化改革以来，市场能力对于个人获取住房资源的影响正在不断增加。在中央政府的培育和地方政府的监管下，我国房地产市场的蓬勃发展与逐步完善为城镇居民和农民工提供了多种可能的选择。房地产市场主体通过市场机制提供住房及相关配套服务，按照市场配置的方式筛选目标群体和优化住房资源配置，最后通过售房或租房的市场方式满足不同群体的住房需求。由于市场能力的制约，农民工更多地只能通过租房的方式解决住房问题，城中村和城乡接合部等区域因其城乡分割的制度、优越的区位优势、低廉的房租而成为"天然的流动人口聚居区"。②

4. 农民工的理性住房选择

个人能否拥有住房、拥有何种住房，居住于何处取决于其市场能力的大小。从理论上而言，中央政府设计出农民工的顶层住房制度，希望通过完善房地产市场以及地方政府落实农民工的住房保障制度，以政府和市场两种分配方式解决农民工住房的公平和效率问题。

随着农民工从个人流动转为家庭流动，其对住房的需求也在不断增长。以血缘、地缘为纽带的社会网络为他们提供了经济、信息和心理上的支持，导致农民工在选择居住地点时出现了"地缘集聚"。③

二、农民工住房政策在多重制度逻辑间的冲突

1. 中央政府制度设计缺陷

从制度设计来看，由于中央政府采取"摸着石头过河"式的改革路径，住房制度供给严重滞后于农民工的住房现状，更多是迫于严重的现实问题而被动地制定针对农民工的住房政策，并不能及时满足制度客体的现实需求。从制度形式和内容来看，中央政府针对农民工所制定的住房政策绝大部分是以"办法""通知""意见"等为主的行政法规，而且只是在经济政策中强调解决农民工的问题，政策约束力低下。同时所出台的政策条款比较粗泛，例如，农民工住房的责任主体到底是地方政府还是用工单位，资金通过何种渠道解决，不同的部门文件中规定不一或者语焉不详。再如哪些农民工可以获得住房保障也没

---

① 娄文龙，杨春江，唐学庆. 农民工住房保障供给机制存在的问题及其解决路径 [J]. 城市问题，2016（10）：69-76.

② 魏立华，闫小培. 中国经济发达地区城市非正式移民聚居区——"城中村"的形成与演进 [J]. 管理世界，2005（8）：48-57.

③ 江立华，谷玉良. 居住空间类型与农民工的城市融合途径 [J]. 社会科学研究，2013（6）：94-99.

有详细说明，公开的政策中虽有提到"将在城镇稳定就业的外来务工人员纳入保障对象"，但是通常都有严格限制，例如收入要求、居住年限的要求、签订正式的就业合同等，而绝大部分农民工都无法完整地提供这一系列的材料或满足要求，这也使得政策效力大打折扣或者无法有效执行。

第一，房改政策无法惠及至农民工。1998年住房政策改革之前，我国城镇住房以低租金的福利形式由政府或单位分配给城镇职工，福利住房的货币化改革则让这些分配到住房的职工拥有了完全产权或者部分产权。[①] 但是这种改革思路只关注了货币化住房改革政策的经济和理性层面，并没有很好地审视房改的过程和结果。[②] 对于既不具备城镇户籍又没有进入体制内的农民工而言，福利住房政策的终结已经将他们永远地排除在这种供给体系之外。房改政策进一步加大了不同户籍人口的住房差距，对于农民工而言，他们因为无法享受房改政策，从一开始就已经输在了住房供给的"起跑线"上。

第二，保障性住房难以覆盖到农民工。随着住房市场化改革的不断深化，商品房逐渐成为住房市场的主要供给形式，保障性住房则被逐步淡化。尽管2008年后中央政府强调加大保障性住房的供给，但各地保障性住房建设的进展依旧缓慢，以至于中央政府不得不将保障性住房建设纳入地方政府的考核体系中。由于经济适用房、廉租房等保障性住房供给严重不足，为数不多的保障性住房主要分配给了城镇低收入家庭，根本就无法顾及进城务工农民工的住房需求。尽管近年来公租房降低了申请门槛，不再以户籍作为基本申请条件，但是仍需其他附加的证明材料。由于保障性住房烦琐的审批程序和漫长的等待周期，加之供给数量不足，大多数农民工又无法出具符合条件的劳动合同，保障性住房始终难以有效覆盖到农民工这一群体。

第三，住房公积金制度不利于农民工。住房公积金制度作为城镇住房制度体系之一，政府希望通过这一制度建立一种互助性、政策性的住房保障制度，帮助城市工作的居民获得购房贷款，提升他们的购房能力。2006年发布的《国务院关于解决农民工问题的若干意见》，进一步明确将农民工纳入住房公积金制度中。但是《住房公积金管理条例》并没有要求农民工强制缴纳，使得这一制度没有落地生根；同时也存在着"嫌贫爱富"和"嫌农爱城"的制度缺陷。究其原因，表现在以下三个方面。第一，缴纳的公积金由单位和职工各负责一部分，就职于非国有企业的职工往往按照最低标准缴纳，更何况农民工大多数并未签订正式劳动合同，单位给他们缴纳公积金的积极性并不高；第二，农民工的高流动性和就业的不稳定性会使得公积金断缴的可能性较大，自己也并没有要求缴纳住房公积金的积极性，反而认为缴纳公积金减少了其经济收入；第三，城市购房需要有一定数额的家庭储蓄，而这恰恰是农民工经济上所欠缺的，根本无力支付购房的首付款，导致公积金的作用十分有限。[③]

第四，农村宅基地制度制约着农民工流动。2021年《中华人民共和国土地管理法》正式实施后创新性地对农村土地制度进行了革新，其第六十三条规定"土地利用总体规划、城乡规划确定为工业、商业等经营性用途，并经依法登记的集体经营性建设用地，土

[①] 董昕. 中国农民工住房问题的历史与现状 [J]. 财经问题研究, 2013, (1): 117-123.
[②] 蔡禾. 城市社会学：理论与视野 [M]. 广州：中山大学出版社, 2003.
[③] 汪润泉, 刘一伟. 住房公积金能留住进城流动人口吗？[J]. 人口与经济, 2017 (1): 22-34.

地所有权人可以通过出让、出租等方式交由单位或者个人使用",这意味着允许集体建设性经营用地直接入市,这为破解农村宅基地的制度障碍提供了法律依据,也搭建了一条改善农村集体建设用地资源配置的途径。但是农民工有着浓厚的乡土情结,加之目前无法对宅基地的市场价值进行合理的评估,因此无论他们有能力在城市扎根还是无法真正融入城市中,都无太大动力流转宅基地。宅基地反而成了农民工的羁绊,阻碍着他们彻底地定居城市。

2. 地方政府的被动应对

在中央政府的推动下,地方政府只能被迫将农民工纳入住房保障实践中,更多的是压力型科层体制下的应对之举,根本无暇考虑农民工的住房公平问题。

第一,住房保障难以覆盖到农民工。由于城市户籍人口的住房保障尚未得到有效解决,基于成本和收益的考量后,地方政府往往只是象征性、选择性地实施这一政策,使得打通制度性障碍的政策指向性意义更大于实质效果。[①] 但是没有实质内容和措施的政策对于解决具体问题没有太大的指导作用,这些政策的出台更多的是为了应付上级政府的考核。

第二,住房模式无法有效解决农民工的住房问题。地方政府所形成的不同特征的农民工住房模式只是短期性、应急性地解决了农民工的住房问题,更多的是临时性的政策手段,缺乏统一性和整体规划。[②] 随着农民工的数量越来越多,各地方政府意识到这一群体给本地经济所带来的种种好处,但是又不愿承担他们的公共服务,可是住房问题又是他们在城市中最基本的需求,因此地方政府主要通过短期性、应急性的住房模式解决他们最基本的住房需求,毕竟这种方式的成本较低,不会给地方政府带来沉重的财政负担。

第三,城市改造挤压农民工的居住空间。与此同时,地方政府大规模地对城中村、城乡接合部改造和进行地下室整顿这些都在不断地挤压着农民工有限的居住空间,他们的居住权并未被决策者们纳入城市规划之中。[③] 虽然城中村、城乡接合部和地下室因环境恶劣、基础设施较差,且人口密度大,存在着种种隐患,属于城市治理的难点,但是因价格低廉成了农民工较为现实的主要住房来源,而城市改造使得农民工的生存空间在逐步减小,生活更加举步维艰。

3. 房地产市场的挤出效应

市场机制提高了住房资源供给和配置的效率,但是最大的弊端在于无法解决住房公平问题。城市住房结构成为人口迁移的筛选机制,加大了流动人口的购房难度。[④]

第一,高房价对农民工的挤出效应。相对于农民工的低收入,高房价成为户籍制度之外最主要的非制度因素,是阻碍他们定居城市的重要经济因素。[⑤] 当前各大城市房价收入比已远超合理区间,对于步入工作岗位时间不长的年轻人而言尚需"六个口袋"才能买得起住房,而这对于出生于农村的农民工来说是不可能实现的,他们根本无力承担起高额

---

① 吕萍,周滔. 农民工住房保障问题认识与对策研究 [J]. 城市发展研究,2008 (3):110-114.
② 周建华,刘建江. 农民工城市住房支持的政策因应 [J]. 农村经济,2014 (7):103-107.
③ 赵晔琴. "居住权"与市民待遇:城市改造中的"第四方群体"[J]. 社会学研究,2008 (2):118-132.
④ 李斌. 城市住房价值结构化:人口迁移的一种筛选机制 [J]. 中国人口科学,2008 (4):53-60.
⑤ WALLEY J,ZHANG S. A numerical simulation analysis of (Hukou) labor mobility restrictions in China [J]. Journal of Development Economics,2007 (2):392-410.

的房价。农民工属于低收入阶层，经济因素成为影响其住房选择的首要因素，房价地理空间的非对称性上涨使得农民工居住空间不断向城郊边缘扩散。①

第二，农民工对房租较为敏感。当前的住房租赁价格尚在农民工的承受范围之内，所以农民工仍然倾向于选择房价较高的大城市和特大城市。② 这是因为住房销售价格已成为农民工不能承受之重，但房价越高的城市同样意味着更多的就业机会和更高的公共服务水平。③ 但又碍于经济收入水平，他们不愿花费过多的收入用于房租，以牺牲住房福利为代价而选择租住在城镇非正规住房中。因此，农民工选择进入大城市务工后，租房或者住在单位宿舍、工地工棚，这是他们一种现实和无奈的选择。④

4. 农民工在城市的住房空间被不断压缩

从中央政府、地方政府再到房地产市场，这些制度逻辑间的复合并未形成制度合力，制度逻辑间的冲突所产生的张力反而一步步限制着农民工的住房选择，使得他们不得不在有限的住房选择内尽可能地做出最优选择。

第一，农村住房挤压了农民工在城市住房的支出。尽管农民工拥有两套住房，但是这两套住房实际上处于空间上的错配状态。农村的宅基地制度可以保证农民工在农村有着更为充裕和良好的住房，但是由于收入和发展问题，他们长期在城市工作和生活，只是在过年或者农忙才回去短期居住，这套房子的利用率并不高。但即便如此，出于缔结婚姻、乡土情结等原因，他们还是热衷于将城市务工所挣得的收入用于返乡建房。

第二，求廉的住房选择。农民工来到城市后，由于政府和市场在农民工住房供给过程中出现双重失灵，这也意味着其住房福利受到了严重的损害，带来的直接结果就是农民工群体居住质量低下，并不断被边缘化。⑤ 处于制度困境之中的农民工只能基于生存的逻辑，住免费或者廉价的单位宿舍、工地工棚，或者城中村、城乡接合部乃至地下室。尽管农民工的住房状况不佳甚至恶劣，但是他们的住房满意度水平并不是很低。⑥ 而住房空间作为一种分割的空间形态，不同的群体会以消费习惯、兴趣爱好等因素选择相似的住房空间。⑦ 由于农民工在城市中的弱势地位，因此他们会通过相互提供"购买得起的货品和服务"的聚集区，减少来自迁入地的冲击力。⑧ 从农民工的住房选择结果来看，这既是多重制度逻辑下的结果，也是这一群体现实、无奈和客观的选择。

---

① ROSENBAUM, EMILY. Racial Ethnic Differences in Home Ownership and Housing Quality [J]. Social problems, 1996（4）：403-426.
② 李怀，鲁蓉. 住房空间分化与社会不平等：一个解释框架 [J]. 西北师大学报（社会科学版），2012（1）：87-94.
③ 董昕. 住房支付能力与农业转移人口的持久性迁移意愿 [J]. 中国人口科学，2015（6）：91-99.
④ WANG Y P, ALAN M. Social and Spatial Implications of Housing Reform in China [J]. International Journal of Urban and Regional Research，2000，24（6），2.
⑤ 王星. 市场与政府的双重失灵——新生代农民工住房问题的政策分析 [J]. 江海学刊，2013（1）：101-108.
⑥ 杨俊玲，谢嗣胜. 农民工住房现状研究 [J]. 农业经济问题，2012（1）：67-72.
⑦ CHU, KWOK. International Handbook of Housing Policies and Practices [M]. New York：Green-wood Press，1990.
⑧ 翟振武，侯佳伟. 北京市外来人口聚集区：模式和发展趋势 [J]. 人口研究，2010（1）：30-42.

第六节 本章小结

农民工住房政策场域面临着中央政府、地方政府、房地产市场以及农民工的多重制度逻辑的约束。其中，中央政府遵循着政治逻辑，地方政府遵循着科层制逻辑，房地产市场遵循着市场逻辑，而农民工则以生存逻辑让自己尽量在城镇立足。这四者的制度逻辑交织在一起，且不断地复合和冲突，看似多元主体都在保障农民工的住房权益，但实质上导致了农民工的住房政策困境。

第五章　农民工迁移意愿的推拉模型

传统的推拉理论认为，流动人口的迁移意愿主要受到推力和拉力的双重作用影响，其中一种是促进迁移的作用力，即在迁入地产生提升流动人口的迁移意愿的因素，另一种是阻碍迁移的作用力，即在迁入地出现不利于流动人口迁移的消极因素。流动人口在迁移过程中推力和拉力共同作用于这一群体，最后决定着这一群体能否实现定居。因此，当这一群体做出迁移决策时，学术界主要从推力和拉力两个维度进行综合衡量，探寻人口迁移意愿的影响机制和因素。但是，在具有社会主义特色的政治制度和传统文化的影响下，决定着农民工迁移意愿的影响维度远不止推力和拉力。事实上，推力和拉力因素更多的只是流动人口迁移过程中面临的外部因素，而流动人口的内部因素也不容忽视，甚至发挥着决定性的作用。因此，我们需要进一步挖掘出隐含在中国的政治制度和传统文化背后的内外部因素，以及这些因素间所形成的作用机理。

第一节　农民工迁移意愿的推拉因素

推拉理论认为人口流动主要来自迁入地和迁出地的推力和拉力。中国的现实场景既为学术界提供了丰富的研究对象，也不断地丰富着推拉理论，学者们从不同视角提炼出不同维度的变量，也形成了不同的解释框架，如"劳动力剩余说""普遍贫困说""城乡经济差距说""城市化进程说"和"社会网络说"等。在对农民工迁移意愿的研究中，学术界主要形成了如下这几种解释视角。

一、个体禀赋

个体的教育水平、社会关系都是个体禀赋的重要要素，能显著提高其迁移意愿。Schultz对人力资本提出一个经典概念，认为人力资本表现为知识、能力和健康状况的总和，是人们对自身投资后所获得的能力积累。[1] 教育程度是个人禀赋维度中影响农民工迁移意愿的主要因素，因为教育程度意味着他们可能具有相应的知识和技能，从而能够提高他们在城市的竞争力，所以受教育程度越高就越倾向于留城定居。[2] 研究者们发现，他们

---

[1] SCHULTZ T Z. Investment in Human Capital [J]. American Economic Review, 1961 (1): 1-17.
[2] 马九杰, 孟凡友. 农民工迁移非持久性的影响因素分析——基于深圳市的实证研究 [J]. 改革, 2003 (4): 77-86.

的受教育年限每增加 1 年，人口迁移发生比增加 77.6%。[①] 但是初中以下文化程度的农民工难以在城市扎根，所以更倾向于返乡而不是留城。[②] 总体而言，人力资源具有就业效应、融合效应、保障效应和学习效应，因此个体的人力资本越丰富，越倾向于定居城镇。[③]

新生代农民工的社会网络具有成分多样化、关系现代化和空间分散化的三重特点[④]，这也是他们积极融入城市所依赖的社会资源，他们所拥有社会关系网络的广度、深度和资源不尽相同[⑤]。而农村社会所形成的"差序格局"秩序，使他们来到城市后依然会依赖于社会网络，尽可能地通过已有的各种社会资源提升他们在城市的适应能力。但是农民工的社会资本也会有所差异，如果农民工只具备初级的社会资本，那么将对他们的迁移意愿产生显著的负向影响。[⑥] 由于迁移成本的制约，农民工在迁移策略上更愿意选择就近流动，可以节约迁移成本。相比于跨省流动，省内跨市流动的农民工的长期居住意愿更强烈，因此更容易实现城镇化和市民化。[⑦]

二、制度排斥

当前城市的各项制度对农民工并不友好，其迁移阻碍来源于地域性因素和制度合法性压力。[⑧] 因为中国特有的户籍制度，农民工这一群体被人为地构建出来，当他们在农村的时候身份是农民，而当他们离开农村来到城市务工后则成了农民工，正是因为其让他们无法摆脱"农民"的身份。在户籍制度改革前，其是将农民工从城市隔离开来的首要制度，因为户籍制度背后黏附着教育政策、就业政策、医疗政策以及相关的公共服务资源的分配等。虽然自 2014 年《国务院关于进一步推进户籍制度改革的意见》出台后，户籍制度已经在绝大部分城市逐步放松，基本上实现了"零门槛"落户，只要他们有落户意愿就能在绝大多数的务工地落户。但是由于他们自身的能力或者居留意愿不足，在城市定居的过程中面临着种种困难，提高了他们迁移的实际成本，使他们难以在城市定居。

而现行的农村土地制度是农民工所能享受到的最大的制度红利，这一制度赋予他们拥有土地的权利。在城市化快速发展的进程中，一旦所分配的土地涉及拆迁，则可以让被拆迁的农民工获得巨额的财富，从而摆脱经济窘迫的状况。但是如果无法被拆迁，现行的土地制度使得宅基地和承包地无法进入市场流通，也缺乏公平合理的退出渠道，而这又是他们在农村的"根"以及感情维系，反过来对他们的迁移意愿产生了抑制效应。

---

① 朱明芬. 农民工家庭人口迁移模式及影响因素分析 [J]. 中国农村经济，2009（2）：67-76，93.
② 王毅杰. 流动农民留城定居意愿影响因素分析 [J]. 江苏社会科学，2005（5）：26-32.
③ 聂伟，王小璐. 人力资本、家庭禀赋与农民的城镇定居意愿——基于CGSS2010数据库资料分析 [J]. 南京农业大学学报（社会科学版），2014（5）：53-61，119.
④ 李志刚，刘晔. 中国城市"新移民"社会网络与空间分异 [J]. 地理学报，2011（6）：785-795.
⑤ 徐美银. 人力资本、社会资本与农民工市民化意愿 [J]. 华南农业大学学报（社会科学版），2018（4）：53-63.
⑥ 杨若愚，董永庆. 社会资本、公民意识与流动人口市民化意愿——以归属感为中介变量的实证研究 [J]. 人口与社会，2022（4）：41-52.
⑦ 李瑞，刘超. 流动范围与农民工定居意愿——基于流出地的视角 [J]. 农业技术经济，2019（8）：53-67.
⑧ 蔡禾，王进. "农民工"永久迁移意愿研究 [J]. 社会学研究，2007（6）：86-113，243.

三、经济压力

从人口流动趋势来看，无论是我国还是世界其他国家，流动人口往大都市圈、城市群集聚是普遍趋势。例如，美国 500 万人以上都市圈人口比重从 1950 年的 12.2% 增长到 2019 年的 24.7%，日本的东京圈都市区也是人口流动的主要目的地。其主要原因是大都市圈和城市群有着大量的产业集群，所以工作机会更多、收入更高，从而吸引了大量的流动人口来这一区域寻求发展。正因为如此，我国的珠三角、长三角和京津冀三大经济圈也是流动人口的首选。农业相对于其他产业，投入高、收益低，农业的承载力也较低，农业人口向城镇转移也是历史发展的必然趋势，因此我国也开启了漫长的城镇化道路，大量的农业人口来到城镇寻求更高的收入。

基于农业人口来到城市的主要目的之一是挣钱，因此能够获得足够的收入就成了他们在城市的持久动力。关于收入对农民工迁移意愿的研究结论目前并无异议，普遍认为农民工在城市的收入越高就越倾向于在城市居留[1]，但是他们在农村的收入影响并不显著。而工作收入取决于工作的质量和稳定性，工作的稳定性为农民工提供了收入稳定的预期，最后传导到具体的收入水平，从而决定着农民工的迁移意愿[2]。而收入的直接影响主要体现在教育程度高或者新生代农民工群体上，对于其他群体并不明显。此外，家庭迁入地收入越多，发生后继迁移的可能性就越大。[3] 但是一旦原籍家庭收入的等级提高，则会使他们产生依赖心理或者没有感觉被"剥夺"，其优越感可能会使他们打消迁移的意愿。[4]

四、住房挤压

住房在我国传统文化中占据着重要的位置，并延续至今日，而且在当前的住房政策设计下被进一步放大。自购房和独立租赁住房的农民工最有可能实现举家迁移[5]，而且住房条件越好，他们就越倾向于永久性迁移[6]。但是房价的上涨会直接加大流动人口的经济负担，从而影响经济集聚和人口定居决策。[7] 从我国目前的流动趋势来看，虽然大城市房价高企，但其依然是人口流入目的地的首选，而非中小城市。这是因为流动人口进入城市后以租房为主，虽然房价已经抑制流动人口的迁移意愿，但房租尚未进入抑制人口迁移的阶段。[8] 对流动人口而言，高房价城市可以提高住房的预期收益和个人的预期收入，一定程

---

[1] 熊彩云. 农民工城市定居转移决策因素的推—拉模型及实证分析 [J]. 农业经济问题，2007（3）：74-81，111.

[2] 周闯. 农民工的工作稳定性与永久迁移意愿 [J]. 人口与发展，2022（5）：148-160.

[3] 洪小良. 城市农民工的家庭迁移行为及影响因素研究——以北京市为例 [J]. 中国人口科学，2007（6）：42-50，96.

[4] 朱明芬. 农民工家庭人口迁移模式及影响因素分析 [J]. 中国农村经济，2009（2）：67-76，93.

[5] 陈忠斌，黄露露. 重购轻租还是租售并重：居住方式对农民工举家迁移影响的实证研究 [J]. 经济经纬，2018（1）：41-46.

[6] 熊波，石人炳. 理性选择与农民工永久性迁移意愿——基于武汉市的实证分析 [J]. 人口与经济，2009（4）：13-19.

[7] PINES D, SADKA E, ZILCHAI. Topics in public economics: theoretical and applied analysis [M]. London: Cambridge University Press, 1998.

[8] 董昕. 房价压力、房租负担与人口持久性迁移意愿 [J]. 财经问题研究，2016（3）：3-10.

度上抵消了高房价对居留意愿的负面影响[1]，故而流动人口依然选择流入大城市。其中，房租收入比对东部、中部和西部地区劳动力流入的抑制程度依次递减。[2] 租赁虽然作为解决农民工住房问题的主要方式，但是也有少部分群体被纳入保障性住房体系中，而被纳入住房保障体系中的群体则可以获得城市中的栖息之所。因此，Zhou 发现公租房对重庆市农民工的永久性迁移意愿有着显著影响，只是数量过少而限制了其作用的发挥[3]，而且居住在保障房中的流动人口的定居意愿仅次于自有产权房的流动人口[4]。

经济发达地区的收入高、就业机会多，对农民工有更强的吸引力。因此，城市和农村的收入落差以及预期是吸引农民工流入城市的直接动因。[5]

以上研究从农民工的个人禀赋、经济压力、制度排斥和住房挤压等视角纳入了推拉理论相关的解释因素中，进一步扩充了人口迁移机制的内涵。但是以上分析更多的是对农民工的外在因素展开分析，而内在因素并没有进一步被挖掘出来。第一，农民工迁移的外部宏观条件更多属于外部刺激，虽然外部势能能够为农民工迁移提供外在的动力，但是如何将其转化为实际动力需要相应的实现渠道；第二，在农民工的微观个人层面上，由于个体间的差异性，每个个体都有能力和资源上的差距，这些构成了农民工的迁移内生动力，同样也需要相匹配的渠道予以转化；第三，任何个体的迁移行为都是宏观和微观两方面共同作用后的结果，每个个体都在宏观、微观以及内部、外部环境的共同作用下，最终做出的迁移决策，进而将这一决策转化为具体的行为。事实上，农民工是否迁移不仅取决于外部因素，他们自身是否具备相应的能力也相当关键。而关于流动人口的推力和拉力，时至今日也并无明确的定义，更为关键的是忽略了人的主体能力问题。[6]

第二节　农民工迁移意愿理论模型框架的修正

在推拉理论的经典分析框架中，更为强调迁移过程中的结构性"推力"和"拉力"，而在"推力"和"拉力"之外还有"阻力"和"能力"因素的作用。从人口流动过程来看，"推力"和"拉力"主要是潜在的外部迁移因素，如果忽略后者会使得分析缺乏完备性，无法完整地阐释流动人口迁移意愿的形成机制。[7] 因此，为了补充以往研究所存在的

---

[1] CAMERON G, MUELLBAUER J. The housing market and regional commuting and migration choices [J]. Scottish Journal of Political Economy, 2006 (4): 420-446.

[2] 张海峰, 张家滋, 姚先国. 我国住房成本的空间演化与劳动力流动决策影响 [J]. 经济地理, 2019 (7): 31-38.

[3] ZHOU J. The New urbanisation plan and permanent urban settlement of migrants in Chongqing, China [J]. Population, Space and Place, 2018 (6): e2144.

[4] XIE S H, CHEN J. Beyond homeownership: housing conditions, housing support and rural migrant urban settlement intentions in China [J]. Cities, 2018: 76-86.

[5] 吴兴陆, 亓名杰. 农民工迁移决策的社会文化影响因素探析 [J]. 中国农村经济, 2005 (1): 26-32, 39.

[6] 肖周燕. 人口迁移势能转化的理论假说——对人口迁移推-拉理论的重释 [J]. 人口与经济, 2010 (6): 77-83.

[7] 刘程. 流动人口的永久迁移意愿及其决定机制 [J]. 华南农业大学学报（社会科学版）, 2018 (3): 62-72.

不足，本研究加入了"能力"和"阻力"两个维度，进一步提炼农民工迁移意愿的影响机制。农民工住房政策在其迁移过程中对其迁移意愿起着重要的作用，再加之社会、经济等方面的因素，共同影响着京津冀新生代农民工的迁移意愿。本章重点加入了住房政策这一变量，并从中提炼出"能力"和"阻力"，以便更准确地分析影响农民工迁移意愿的机制。

由于住房政策从不同维度对农民工有着不同方面的影响，例如，房价和住房支出作为农民工外部的经济压力，在迁移过程中是他们主要的生活成本，因此会抑制农民工的迁移；同时，政府为了帮助他们解决住房问题，以住房补贴、公租房政策来减轻他们的经济负担，或者是直接提供住房产品，这些举措会促进农民工的迁移；与此同时，居住过程中的住房面积、通勤距离、住房设施等直接影响他们的生活质量，确保生活和工作的平衡，同样也会提升他们在本地的居留意愿；而农民工对住房政策的主观感受，如住房政策满意度、居住满意度和购房意愿等是他们在城市居留中的直接感受，最终转化为他们的迁移意愿。

基于此，本研究构建了京津冀新生代农民工迁移意愿的"推力-拉力-阻力-能力"的"四力"解释机制（见图5-1）。

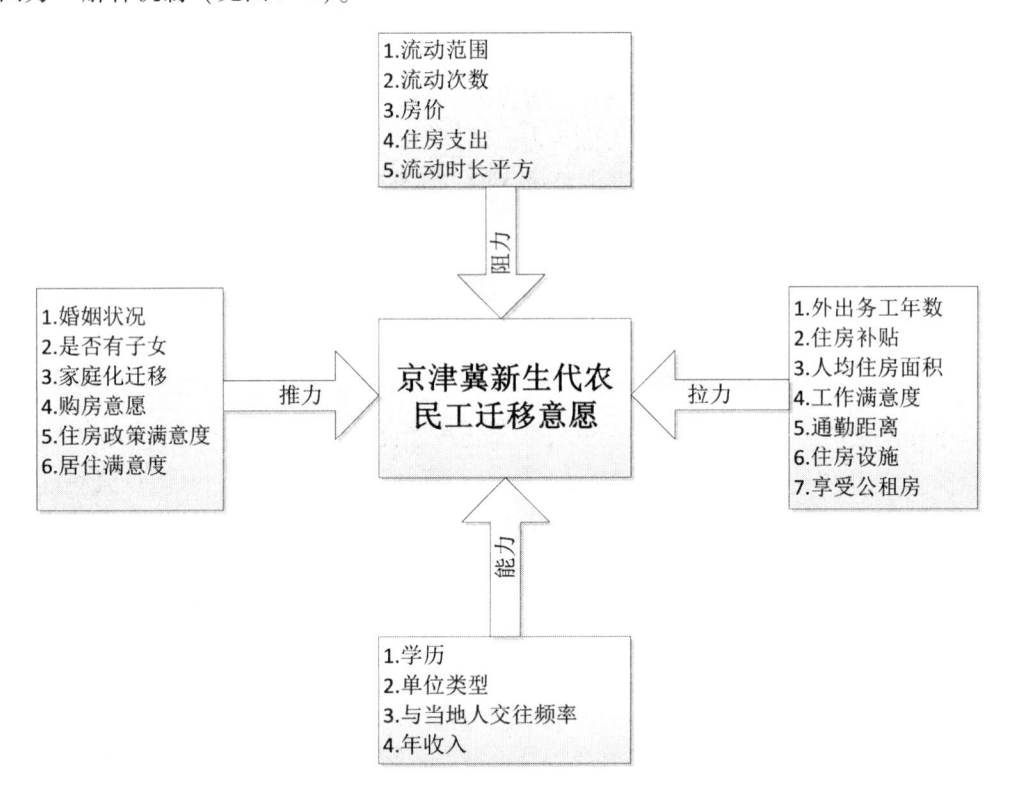

图 5-1 京津冀新生代农民工迁移意愿的推拉作用机理

在这其中，京津冀新生代农民工的推力因素包括：婚姻状况、是否有子女、家庭化迁移、购房意愿、住房政策满意度和居住满意度。

拉力因素包括：外出务工年数、是否享受住房补贴、人均住房面积、工作满意度、通勤距离、住房设施、是否享受公租房。

能力因素包括：学历、单位类型、与当地人的交往频率。

阻力因素包括：住房支出、所在城市房价、流动次数、流动范围（跨省流动、省内流动、市内流动）和流动时长平方。

综上所述，由于受到迁出地经济条件与家庭生活压力、当地住房政策满意度、居住满意度等"推力"因素，迁入地的生活丰富程度及源自工作、住房设施、住房面积、享受公租房等方面的"拉力"因素，因家庭羁绊以及住房成本等产生的"阻力"因素，以及迁移者的人力资本、年收入及与当地人交往频率等"能力"因素的综合作用，农民工的"迁移意愿"产生了深刻的内部分化，最终决定着他们的迁移意愿。

第三节 本章小结

本章在基于传统推拉理论的基础上，从个人禀赋、经济压力、制度排斥和住房挤压等视角梳理了影响当前农民工迁移意愿的主要因素，但是这些因素更多的是从推拉的维度进行的总结，并不能完全反映出农民工迁移意愿的全貌。因此，本章加入了住房政策的不同维度，并增加了"能力"和"阻力"，使这一模型更加立体和全面，从而能够完整地检视农民工的迁移意愿。

第六章 住房状况对农民工迁移意愿的 Meta 分析

学术界从早期的制度设计、家庭风险、经济水平、公共服务和社会融合等角度到逐步聚焦于住房,探讨这一要素对农民工迁移意愿的影响机制和作用,并展开了丰富的理论分析和实证研究。首先,学者们从住房的不同视角,包括住房产权、住房支付能力、住房公积金等,对不同区域、不同代际、不同户籍的农民工的迁移意愿进行了多层次、多角度的分析。冯长春等认为不同类型迁移家庭的住房权属特征存在显著差异,并在不同城市做出差异化的生存策略和定居选择。[①] 此外其他学者从住房质量[②]、住房公积金[③]以及保障性住房[④]等角度分别展开研究,发现住房的不同因素均对农民工迁移意愿有着显著的影响作用。其次,尽管以上住房的各因素对农民工迁移意愿有显著影响,但是学者们发现影响机制在不同区域、不同群体存在着较大的差异。房租收入比对东部、中部和西部地区劳动力流入的抑制影响呈依次递减的显著度[⑤],住房公积金只在大城市的农民工迁移意愿中有着显著的正向作用,保障房对"80 后"农民工定居意愿的影响比"90 后"的显著[⑥]。最后,迁移意愿的测量指标的差异也会导致研究结果存在差异,政府提供住房保障对长期居住意愿和落户意愿的影响差异很大。[⑦]

从学术界的已有研究来看,从住房的视角对农民工迁移意愿影响的研究可谓是非常充实,但是仍然存在着较大的理论纷争。Meta 分析是一种基于大样本量来减少单项研究的小样本测量、抽样等随机误差的研究方法,它通过综合、分析和归纳同一问题的多项独立实证研究来获得更加客观的实证研究结果,因此被广泛应用于医学、管理学等学科研究中。Meta 分析法可以对大样本的数据进行统一的分析,能够克服单项研究的小样本测量、抽样等随机误差可能造成的影响,结果的稳定性也更高;还可以通过控制样本特征探讨造成研究差异的潜在因素,比单独的实证研究更有说服力。[⑧] 在对这一领域的研究文献进行

[①] 冯长春,李天娇,曹广忠,沈昊婧. 家庭式迁移的流动人口住房状况[J]. 地理研究,2017(4):633-646.

[②] 梅建明,袁玉洁. 农民工市民化意愿及其影响因素的实证分析——基于全国 31 个省、直辖市和自治区的 3375 份农民工调研数据[J]. 江西财经大学学报,2016(1):68-77.

[③] 周蕾,谢勇,李放. 农民工城镇化的分层路径:基于意愿与能力匹配的研究[J]. 中国农村经济,2012(9):50-60.

[④] 祝仲坤. 住房公积金与新生代农民工留城意愿——基于流动人口动态监测调查的实证分析[J]. 中国农村经济,2017(12):33-48.

[⑤] 董昕. 房价压力、房租负担与人口持久性迁移意愿[J]. 财经问题研究,2016(3):3-10.

[⑥] 祝仲坤. 公共卫生服务如何影响农民工留城意愿——基于中国流动人口动态监测调查的分析[J]. 中国农村经济,2021(10):125-144.

[⑦] 崔宝玉,霍梦婷. 流动特征、政府服务与农业转移人口市民化意愿[J]. 农村经济,2019(7):127-134.

[⑧] ROTHSTEIN H R, SUTTON A J, BORENSTEIN M. Publication Bias in Meta-Analysis: Prevention, Assessment and Adjustments[M]. New York: Wiley, 2005.

初步梳理和筛选后，国内外学者从住房视角对农民工迁移意愿的实证研究进行了梳理，研究住房对农民工迁移意愿的影响机制。

由此可见，学术界从住房的不同角度对这一领域展开了充实的研究，虽然并未获得一致性的结论，却为 Meta 分析提供了有力的数据支撑。鉴于此，本研究采用 Meta 分析的方法，通过对多项独立实证研究进行二次整合分析，从而全面、系统地评估住房对我国农民工迁移意愿的综合影响效应及其显著程度，并进一步运用 Meta 回归方法分析城市规模和代际差异等调节变量对住房与迁移意愿的影响。本研究以期证实住房与农民工迁移意愿的影响作用，希望能消除住房与迁移意愿的关系的争论，促进相关理论与实证的发展。本章尝试着运用 Meta 分析方法对住房与农民工迁移意愿的关系进行研究，通过综合多项独立实证研究来增大样本统计量，从而探索住房与农民工迁移意愿的真实关系，并进一步挖掘各研究间差异的根源。

第一节 研究假设

一、住房状况对农民工迁移意愿的影响机制

是否拥有住房以及拥有住房质量的好坏决定着农民工在迁移过程中生活质量的高低，进而影响着他们做出永久性迁移的决策。但是住房市场化改革后，房价快速上涨严重地制约着农民工的住房支付能力。为了实现"住有所居"的宏伟目标，我国政府通过住房保障和住房公积金政策直接或间接地提升了农民工的住房支付能力，以满足他们的住房需求。因此，本研究围绕着农民工是否拥有住房（住房产权、住房质量）、能否拥有住房（住房支付能力）再到如何拥有住房（住房公积金、保障性住房）的逻辑，研究住房对农民工迁移意愿的影响机制。

（1）住房产权对农民工迁移意愿的影响

正所谓"有恒产者有恒心"。住房产权不仅意味着为住房所有者提供栖息之所，更是我国城市公共服务配置的重要依据，从子女教育、社区服务、医疗卫生等有形资源再到身份认同、社会地位、政治参与等无形资源，都依附在住房产权之上。因此对于农民工而言，住房产权提供的不仅仅是栖息之处，更能享受到"附着"住房产权的内外部资源，这势必会影响农民工的定居预期和决策。[1] 大量的实证研究也证明了在城市拥有住房产权对农民工迁移意愿具有正效应。邓江年等基于全国珠三角农民工的问卷调查数据，发现住房产权拥有程度与农民工的留城意愿显著正相关，拥有住房产权的农民工比租房者的留城

---

[1] 彭长生. 城市化进程中农民迁居选择行为研究——基于多元 Logistic 模型的实证研究 [J]. 农业技术经济, 2013 (3): 15-25.

意愿更强。① 卓玛草等也指出住房的自有率越高农民工留城的意愿也越强。② 梁土坤认为住房产权的低拥有率对新生代农民工的迁移意愿产生显著的制约作用。③ 张在冉等基于2017年流动人口动态监测数据的实证结果表示，农民工在城市住房自有率的提升使其定居意愿概率提高0.010，与没有确定是否要长期留在本地的参照组农民工相比，居住类型的改善使农民工定居意愿增加7.5%，两者均在1%水平上显著。④ 据此，本书提出假设：

H1：住房产权对农民工迁移意愿的影响呈正相关。

（2）住房质量对农民工迁移意愿的影响

住房为农民工在城市的日常生活提供基础的物质空间，住房质量的优劣影响着农民工生活质量的高低程度。夏显力等的研究发现，新生代农民工对居住条件的满意程度对其定居城市的意愿有显著影响。⑤ 湛东升等的研究验证了城市宜居性感知对农民工的定居意愿具有显著影响，但并不完全呈简单的线性特征。⑥ 从全国范围来看，农民工在城市居住条件的改善使其迁移意愿概率提高0.010，但是不同城市级别会有区域差异性。⑦ 其他学者对个别城市的农民工进行了实证研究，陈春等从住房环境和设施设备的角度出发，发现住房质量对重庆市农民工留城意愿的产生概率有显著的正向作用。⑧ 住房居住的稳定性和内部生活配套的满意度感知对上海市农民工留城意愿产生显著的影响。⑨ 但也有学者提出不同的意见，毛丰付等基于杭州、广州、大连、西安四市的调查数据得出，住房环境对乡城移民定居意愿的影响相对不敏感。⑩ 因此，我们提出以下假设：

H2：住房质量对农民工迁移意愿的影响呈正相关。

（3）住房负担对农民工迁移意愿的影响

较大的市场规模能促使产业集聚和人口流入⑪，产业集聚和人口的持续流入会导致住房需求的增长和地区房价的上涨，而房价的上涨会直接增加农民工的经济负担，反过来会制约经济集聚和人口定居决策⑫。由于房价高企，我国农民工以租房为解决居住问题的主

---

① 邓江年，郭沐蓉. 居住分层与农民工留城意愿：来自珠三角的证据 [J]. 南方经济，2016（9）：122-132.

② 卓玛草，孔祥利. 农民工留城意愿再研究——基于代际差异和职业流动的比较分析 [J]. 人口学刊，2016（3）：96-105.

③ 梁土坤. 二重转变：新生代农民工定居意愿的发展态势及其影响因素研究 [J]. 河南社会科学，2019（9）：107-118.

④ 张在冉，杨俊青. 居住条件、子女就学与农民工城市定居意愿——基于2017年流动人口动态监测数据的实证分析 [J]. 现代财经（天津财经大学学报），2020（3）：84-98.

⑤ 夏显力，姚植夫，李瑶，等. 新生代农民工定居城市意愿影响因素分析 [J]. 人口学刊，2012（4）：73-80.

⑥ 湛东升，张文忠，党云晓. 中国流动人口的城市宜居性感知及其对定居意愿的影响 [J]. 地理科学进展，2017（10）：1250-1259.

⑦ 张在冉，杨俊青. 居住条件、子女就学与农民工城市定居意愿 [J]. 现代财经（天津财经大学学报），2020（3）：84-98.

⑧ 陈春，冯长春. 农民工住房状况与留城意愿研究 [J]. 经济体制改革，2011（1）：145-149.

⑨ 胡金星，朱曦，公云龙. 租房与农民工留城意愿——基于上海的实证研究 [J]. 华东师范大学学报（哲学社会科学版），2016（4）：38-45，168.

⑩ 毛丰付，朱书琦，白云浩. 住房特征与乡城移民的定居意愿 [J]. 贵州财经大学学报，2018（2）：13-24.

⑪ KRUGMAN P. "Increasing Returns and Economic Geography" [J]. Journal of Political Economy, 1991, 99（3）: 483-99.

⑫ HELPMAN E. The Size of Regions, in D. PINES, E. SADKA and I. ZILCHA (eds.), Topics in Public Economics: Theoretical and Applied Analysis [M]. Cambridge University Press, 1998: 33-54.

要方式，房租则成为农民工在城市生活的一部分重要开支，房租收入的比值通常是衡量住房负担的量化指标。[1] 目前，大部分实证研究证明住房负担与农民工迁移意愿呈负相关。夏怡然发现收入水平对农民工的定居地选择意愿有显著影响，收入越高，农民工定居城市的意愿也越强烈；而生活开支越大、房租支出越多，则越会降低农民工定居城市的意愿。[2] Hengyu Gu 等基于中国 22 个省市的调查数据得出，住房负担越大，乡城迁移人口城镇化意愿越低。[3] Liao Li 等也认为住房租赁支出收入比对农民工城市迁移意愿具有显著负向影响。[4] 但也有部分学者认为住房租赁价格对人口持久迁移呈显著正向作用[5]或影响不显著[6]。据此，本书提出假设：

H3：住房负担对农民工迁移意愿的影响呈负相关。

（4）住房公积金对农民工迁移意愿的影响

公积金制度是在我国 20 世纪 90 年代的住房制度转轨过程中设计出来的，其政策目标是通过互助共济的方式来保障和提升公积金缴纳者的住房购买能力。[7] 随着公积金制度的逐步完善，越来越多的农民工也被纳入这一体系中，为他们在城镇购买住房提供了资金支持并提升了其购房能力，进而增强其定居城市的心理预期。目前已有众多的研究证明住房公积金对农民工迁移意愿有推动作用。刘一伟的研究显示住房公积金对新生代农民工定居意愿与购房打算均有显著的促进作用。[8] 王润泉等针对东中西部三类城市农民工调查发现，住房公积金制度均提高了其定居城市的意愿。[9] 祝仲坤的研究也发现，缴存住房公积金能显著提升新生代农民工的迁移意愿，尤其对"80 后"和在当地居留满 5 年的这一群体更为明显。[10] 据此，我们提出以下假设：

H4：住房公积金对农民工迁移意愿的影响呈正相关。

（5）保障性住房对农民工迁移意愿的影响

住房保障政策通过政策优惠、制定法律法规等方式降低了低收入群体获得住房的门槛。[11] 时至今日，我国逐渐建立起了一系列的住房保障体系，如经济适用房、廉租房、公租房、两限房等。保障性住房一方面相对市场价格较低且具有稳定性，对农民工来说是一

---

[1] 孙战文，杨学成.农民工家庭成员市民化的影响因素分析——基于山东省 1334 个城乡户调查数据的 Logistic 分析 [J].中国农村观察，2013（1）：59-68，92.

[2] 夏怡然.农民工定居地选择意愿及其影响因素分析——基于温州的调查 [J].中国农村经济，2010（03）：35-44.

[3] GU H, LING Y, SHEN T, YANG, L. How does rural homestead influence the hukou transfer intention of rural-urban migrants in China? [J]. Habitat International, 2020, (105): 102267-

[4] LIAO L, WANG C. Urban amenity and settlement intentions of rural-urban migrants in China [J]. PLoS One. 2019, 14 (5): e0215868-

[5] 杨巧，李鹏举.新生代农民工家庭发展能力与城市居留意愿——基于 2014 年"流动人口动态监测调查"数据的实证研究 [J].中国青年研究，2017（10）：50-56，49.

[6] XIE S, CHEN J. Beyond homeownership: Housing conditions, housing support and rural migrant urban settlement intentions in China [J]. Cities, 2018, 78: 76-86.

[7] 李珍.论政府责任边界视域下中国住房公积金制度的改革方向 [J].社会保障评论，2017（4）：106-115.

[8] 刘一伟.住房公积金与农民工定居城市的关联度 [J].重庆社会科学，2017（1）：45-53.

[9] 汪润泉，刘一伟.住房公积金能留住进城流动人口吗？——基于户籍差异视角的比较分析 [J].人口与经济，2017（1）：22-34.

[10] 祝仲坤.住房公积金与新生代农民工留城意愿——基于流动人口动态监测调查的实证分析 [J].中国农村经济，2017（12）：33-48.

[11] 易成栋，黄友琴，李玉瑶.包容性住房政策：理论思辨与国际评估 [J].中国房地产，2019（33）：42-49.

种较优的住房选择；另一方面，能让在外漂泊的农民工感受到城市的包容性和可融入性。Zhou发现，公租房对重庆市农民工的永久性迁移意愿有着显著影响，只是数量过少而限制了其作用。[1] 享有租房保障均能显著提升新一代农民工的留城意愿，且享有租房保障对其留城意愿的边际影响更大。[2] Xie等的研究也证明居住在保障房中的城乡迁移人口的迁移意愿仅次于自有产权房的该类人口。[3] 祝仲坤利用多年的数据进行分析进一步证实，保障性住房对新生代农民工迁移意愿的影响显著为正。[4] 基于此，我们提出如下假设：

H5：保障性住房对农民工迁移意愿的影响呈正相关。

二、调节变量

不同研究之间存在的异质性可能与Meta分析方法中所选取的变量的调节作用有关。[5] 本书在分析大量文献后发现，以下三个因素可能是影响住房与农民工迁移意愿关系的潜在调节变量。

（1）城市规模

我国城市间的资源禀赋、经济水平、就业机会以及公共服务等各方面存在着较大的差异，对农民工的吸引程度也会不同。陈瑶等在研究房价对中国城镇化的影响时发现经济较发达的中部地区房价收入比对人口城镇化的影响不显著，而经济欠发达的西部地区为正效应，经济发达的东部地区则显著为负向作用。[6] 与非一二线城市相比，一二线城市是经济发达的大城市，包括从就业机会、收入水平等经济资源，到基础建设、医疗条件等公共服务，再到教育资源、文化素质等文化资源，相对于非一二线城市具有独特的资源优势。通过"一线"和"非一线"的新生代城乡移民迁移意愿的对比研究，发现住房是一线城市新生代城乡移民定居的显著影响因素，而在非一线城市中则不明显。[7] 张启春等在针对武汉城市圈的农业转移人口的研究中发现，不同类型城市对其定居意愿影响有很大差异，其中定居武汉意愿最强，高于其他城市圈内中小城市。[8] 因此，城市规模可能会影响农民工迁移意愿。

H6：城市规模会显著影响住房与农民工迁移意愿间的关系。

（2）代际差异

"80后"的新一代移民已经成为我国当前农民工的主力军。由于新生代移民具有更高

---

[1] ZHOU J. The New Urbanisation Plan and permanent urban settlement of migrants in Chongqing, China [J]. Population Space Place, 2018 (24): e2144.

[2] 湛韬. 住房公积金、租房保障对新一代农民工留城意愿的影响研究——基于流动人口动态监测调查的实证分析 [J]. 经济研究导刊, 2021 (26): 21-25.

[3] XIE S, CHEN J. Beyond homeownership: Housing conditions, housing support and rural migrant urban settlement intentions in China [J]. Cities, 2018 (78): 76-86.

[4] 祝仲坤. 保障性住房与新生代农民工城市居留意愿——来自2017年中国流动人口动态监测调查的证据 [J]. 华中农业大学学报（社会科学版）, 2020 (2): 98-108, 166-167.

[5] LIPSEY M W, WILSON D B. Practical Meta-analysis [M]. Thousand Oaks, CA: Sage Publications, 2001: 146.

[6] 陈瑶, 陈湘满. 房价、房价收入比对中国城镇化的影响与空间效应实证分析 [J]. 经济地理, 2021 (4): 57-65.

[7] 张文宏, 栾博, 蔡思斯. 新白领和新生代农民工留城意愿的比较研究 [J]. 福建论坛（人文社会科学版）, 2018 (8): 140-147.

[8] 张启春, 冀红梅. 农业转移人口城市定居意愿实证研究与市民化推进策略——基于2015年武汉城市圈农业转移人口动态监测数据的分析 [J]. 华中师范大学学报（人文社会科学版）, 2017 (4): 48-57.

的文化水平和更现代化的思想观念，对城市生活有更强的适应能力和融入感。同时，他们的迁移不再是以赚钱养家为唯一目的，更多以转变生活方式和追求人生目标等为出发点。① 因此新生代群体对于定居城市有更强的意愿，住房对其迁移意愿的影响可能会低于非新生代群体。学者们从代际差异的角度出发进行了大量的对比研究。祝仲坤的研究显示保障房对新生代农民工城市迁移意愿的影响存在代际差异，相比于"90后"农民工，保障房对"80后"农民工的影响更明显。② 李海涛等的研究显示与老一代农民工相比，新生代农民工几乎没有务农经验，在打工城市的经济能力和享受的社会福利有限，其城市定居意愿更低。③ 李玉姣的研究显示，住房公积金对新一代农民工的居留和落户意愿影响低于老一代。④ 卓玛草等基于新老生代的对比研究发现，新生代农民工比老一代农民工更愿意留在城市生活。⑤ 据此，本书认为代际差异是影响研究结果的重要因素。

H7：代际特征会显著影响住房与农民工迁移意愿间的关系。

（3）被解释变量测量差异

Meta分析的专家亨特（Hunter）等指出，社会研究中的每一种测量都是不完美的，都有可能导致变量间的关系设计存在缺陷。⑥ 因此需要系统分析测量差异是否会对变量间的关系产生影响，从而帮助后人更为准确地理解变量间的关系。⑦ 当不同的研究进行不同的测量时，这种测量差异是否会影响住房与农民工迁移意愿间的关系？现有研究对迁移意愿的测量通常通过提问的方式获得，主要有以下三种提问方式："是否打算在当前城市长期居住（5年及以上）""是否打算永久迁移""是否愿意迁移户籍"。这三种测量指标可分为两大类："长期"居住意愿和"永久"迁移意愿，第一类个人考虑的居住期限为5年以上，而第二类个人回答时考虑的居住期限则为永久。因此农民工在未来不同长度的时间内预期的住房状况与定居打算存在差异，导致调查研究之间存在差异。据此，本书提出以下假设：

H8：被解释变量的测量差异会显著影响住房与农民工迁移意愿间的关系。

基于以上分析，得到本书的总体研究假设框架，如图6-1所示。

---

① 王春光. 新生代农村流动人口的社会认同与城乡融合的关系 [J]. 社会学研究，2001（3）：63-76.

② 祝仲坤. 保障性住房与新生代农民工城市居留意愿——来自2017年中国流动人口动态监测调查的证据 [J]. 华中农业大学学报（社会科学版），2020（2）：98-108，166-167.

③ 李海涛，傅琳琳，马禹琨. 城市公共服务供给与农民工留城意愿：代际差异的视角 [J]. 农业经济，2021（10）：82-83.

④ 李玉姣. 住房公积金、住房性质与农民工市民化意愿的实证研究——基于2016年中国流动人口动态监测调查 [J]. 中南财经政法大学研究生学报，2019（1）：86-93，115.

⑤ 卓玛草，孔祥利. 农民工留城意愿再研究——基于代际差异和职业流动的比较分析 [J]. 人口学刊，2016（3）：96-105.

⑥ HUNTER I J, SCHMIDT F L. Methods of Meta-Analysis: Correcting Error and Bias in Research Finding [M]. Sage: Beverly Hills, CA, 1990.

⑦ 王良，葛京. 国际化程度与企业绩效关系的Meta分析 [J]. 西安交通大学学报（社会科学版），2013（6）：27-33.

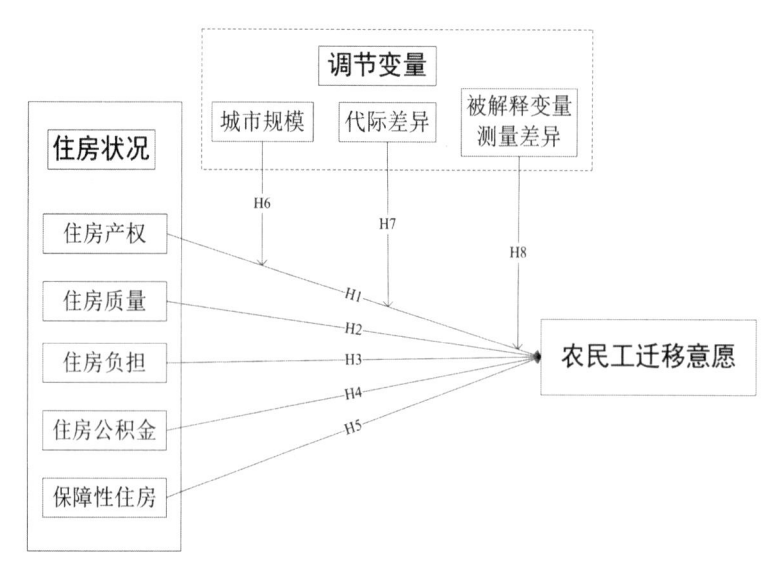

图 6-1 住房状况对农民工迁移意愿影响机制的分析框架

第二节 研究方法与数据来源

一、文献检索与筛选

首先，本研究以"住房（housing）""农业流动人口（agricultural floating population）""农民工（migrant worker/laborer）""迁移意愿（settlement intention）""居留意愿（residence intention）""留城意愿（willingness to stay in the city）""永久性迁移意愿（migrant will）"以及与住房相关的词语等为关键词，在 CNI 中国学术期刊、CNKI 中国硕博士学位论文、万方中国学术期刊学位论文、维普中文科技期刊等中文数据库，以及 WOS-SCI/SSCI、Elsevier Science Direct、Springer Link、EBSCO 等外文期刊全文数据库进行相关文献检索。为尽可能保证文献搜集的全面性和代表性，本研究将时间跨度设置为 2007 年到 2021 年，初次检索后共得到 266 篇研究文献。之所以将文献发表时间设定在 2007 年以后，主要是基于以下考虑：第一，通过文献的初步检索，我们发现学术界关注到这一问题主要是 2007 年以后；第二，住房受到我国经济体制和住房制度改革等宏观政策环境的影响，文献发表时间跨度过大不利于研究结果的比较分析；第三，淘汰一部分发表时间较早的国内外文献，可以确保研究主题的收敛性。

为了保证 Meta 分析结果的质量，需要对检索到的文献按照如下标准进行筛选：①必须是关于农民工迁移到城市且在城市定居（居留）或者农民工市民化的实证性研究；②必须以农民工的迁移意愿为因变量，包含住房产权、住房质量、住房支付能力、住房公积金、保障性住房等自变量，并包含进行 Meta 分析所必要的样本量、变量间的效应值、标准误 SE 或标准差 SD、P 值或 T 值等相关研究信息；③采用多阶段或者交叉样本的实证研究，通过对文献中的数据进行比较后保留最新的、最全的文献，重复发表的文献只保留一篇，其余的文献则予以剔除。按照以上标准筛选后，本书最终得到 44 篇相互独立的实证研究文献，其中关于住房产权、住房质量、住房负担、住房公积金、保障性住房与农民工迁移意愿间关系的文献分别为 11 篇、7 篇、14 篇、14 和 9 篇，总样本量为 2 835 969。

从这 44 篇实证文献中提取相关信息，包括作者、发表时间、样本量、效应值（ES）、标准误（SE）、解释变量（住房产权、住房质量、住房负担、住房公积金、保障性住房）、城市规模（一二线城市、多等级城市）、代际特征（新生代农民工、老一代农民工）、被解释变量测量指标（长期居住打算、永久定居打算）等信息，具体如表 6-1 所示。

表 6-1 元分析的文献样本特征值

作者	时间	样本量	效应值	标准误	解释变量	被解释变量	城市规模	代际特征
黄乾	2007	1 076	0.528	0.665	住房产权	长期	一二线	老
陈春	2011	705	0.346	0.142	住房质量	长期	一二线	老
周蕾	2012	876	0.644	0.473	住房公积金	长期	一二线	老
孙战文	2013	1 334	-0.296	0.032	住房负担	永久	多等级	老
彭长生	2013	1 413	1.105	0.436	住房产权	永久	一二线	老
董昕	2015	4 524	-0.656	0.374	住房负担	永久	多等级	老
孙勇	2015	3 588	0.360	0.162	住房公积金	永久	多等级	老
洪民勇	2015	1 063	0.010	0.003	住房质量	永久	多等级	新
董昕	2016	3 583	-0.617	0.305	住房负担	永久	多等级	老
梅建明	2016	3 375	0.055	0.027	住房质量	永久	多等级	新
潘泽泉	2016	9 100	0.069	0.031	住房质量	永久	多等级	新
卓玛草	2016	609	0.917	0.345	住房产权	长期	一二线	老
邓江年	2016	1 374	1.987	0.029	住房产权	长期	一二线	老
汪润泉	2017	2 606	0.372	0.173	住房公积金	永久	一二线	老
刘一伟	2017	1 163	0.348	0.011	住房公积金	永久	一二线	新
于静静	2017	1 122	-0.335	0.004	住房负担	长期	多等级	老
刘乃全	2017	28 346	0.345	0.019	住房公积金	永久	一二线	老
祝仲坤	2017	43 541	0.447	0.009	住房产权	长期	多等级	新
			0.162	0.008	住房公积金			
			0.281	0.028	保障性住房			
杨巧	2017	20 046	0.444	0.212	住房负担	长期	多等级	新
Chen, Jie	2018	41 196	-0.287	0.151	住房负担	永久	多等级	老

续表

作者	时间	样本量	效应值	标准误	解释变量	被解释变量	城市规模	代际特征
毛丰付	2018	1 249	0.120	0.057	住房质量	长期	一二线	老
			0.028	0.044	住房负担			
Xie, Shenghua	2018	10 256	0.829	0.223	住房产权	长期	多等级	老
			0.105	0.035	住房质量			
			0.261	0.028	保障性住房			
			0.146	0.061	住房公积金			
甘行琼	2019	47 423	0.120	0.040	住房公积金	永久	一二线	新
Li, Linna	2019	1 145	0.683	0.304	住房产权	永久	多等级	老
杨巧	2019	73 907	0.328	0.014	住房负担	长期	一二线	老
刘琳	2019	1 018	0.135	0.079	住房质量	长期	一二线	老
崔宝玉	2019	53 292	0.239	0.030	住房公积金	长期	多等级	老
			0.465	0.100	保障性住房			
李艳妮	2020	21 644	0.711	0.122	住房公积金	长期	多等级	新
			1.343	0.309	保障性住房			
祝仲坤	2020	47 375	0.267	0.006	住房产权	长期	多等级	新
			0.153	0.019	保障性住房			
张在冉	2020	54 072	0.072	0.007	住房产权	长期	多等级	老
Gu, Hengyu	2020	28 981	-0.664	0.044	住房负担	永久	多等级	老
张可可	2020	21 577	0.101	0.090	住房负担	长期	一二线	老
杨巧	2020	73 907	-0.811	0.066	住房负担	永久	一二线	老
湛韬	2021	43 394	0.319	0.030	住房公积金	长期	多等级	新
			0.717	0.130	保障性住房			
卢珊	2021	736	0.673	0.202	住房公积金	永久	多等级	老
李海涛	2021	185 824	1.324	0.149	住房公积金	长期	多等级	老
			1.485	0.392	保障性住房			
董昕	2021	48 948	-0.694	0.081	住房负担	永久	多等级	老
刘媛媛	2021	2 693	0.438	0.158	住房负担	长期	一二线	老
黄敦平	2021	23 281	0.105	0.007	住房负担	长期	多等级	老
冯美乐	2021	114 393	0.136	0.067	住房产权	长期	多等级	老
陶霞飞	2021	13 255	0.923	0.025	住房产权	永久	一二线	老

续表

作者	时间	样本量	效应值	标准误	解释变量	被解释变量	城市规模	代际特征
蒋佳琪	2021	38 787	0.976	0.256	住房公积金	长期	多等级	老
祝仲坤	2021	138 863	0.209	0.011	保障性住房	永久	多等级	老
李华	2021	—	0.003	0.024	保障性住房	永久	多等级	新

二、数据提取

由于在上述研究中，一部分维度（如住房产权、住房公积金、保障性住房）为二分类变量，回归系数为比值比 OR 值；另一部分维度（如住房质量、房价、住房收入比）为连续变量，回归系数为比值比的对数形式 ln OR 值，因此本研究统一将这些自变量的回归系数转化为 ln OR 值（ln odds ratio）作为本书研究的 ES 效应值。文献提取的内容包括作者、研究对象、发表时间、样本量、住房维度变量、效应值（ES）、标准误（SE）等。在进行效应值和标准误提取的过程中，部分文献未直接给出本书需要的数据信息，对该部分数据采取以下处理：①用不同指标对住房各因素与农民工迁移意愿关系进行测量的，对多个效应值算数平均得到最终效应值；②文献实证中报告了变量间效应值的标准差 SD、T 统计值、95%置信区间的，通过相应的公式转换为标准误 SE；③当文献涉及新生代农民工和老一代农民工的住房维度变量和迁移意愿间相关关系的数据对比或者多个城市对比，产生两个及以上效应值的，则将多个效应值算数平均；（4）当文献分别报告同一住房因素的多个指标与农民工迁移意愿的数据时，算出多个效应的平均值作为最终的效应值。

为得到研究需要的最终效应值和显著性统计值，本书利用 CMA 3.0 对各维度组的数据同时进行如下的处理：首先，为各组的每个效应值分配权重，按照公式（1）计算出 w_i 值；其次，分别对每组内的各效应值进行加权合并，求出各组的平均效应值 $\bar{T}$，如公式（2）；再次，根据平均效应值的方差为各项权重之和的倒数，可求出 $\bar{T}$ 的方差 v 值，如公式（3）；最后，计算平均效应值的标准误 SE 和 95%置信区间，如公式（4），以及双尾检验值 Z、P 值，如公式（5）和（6）。

$$w_i = \frac{1}{v_i + \tau^2}, v_i \text{ 为组内方差；} \tau^2 \text{ 为组间方差} \tag{1}$$

$$\bar{T} = \frac{\sum_{i=1}^{k} w_i T_i}{\sum_{i=1}^{k} w_i}, T_i \text{ 第 } i \text{ 个效应值} \tag{2}$$

$$v = \frac{1}{\sum_{i=1}^{k} w_i} \tag{3}$$

$$\mathrm{SE}(\bar{T}) = \sqrt{v^*} \quad 95\% \text{ 置信区间} = \bar{T} \pm 1.96 \times \mathrm{SE}(\bar{T}) \tag{4}$$

$$Z = \frac{\overline{T}}{\mathrm{SE}(\overline{T})} \tag{5}$$

$$P = 2[1 - \Phi(|Z|)] \tag{6}$$

三、变量编码

本书主要对各文献的样本来源和研究对象进行分类统计，最后选择城市规模、代际差异和群体特征作为潜在的调节变量，并由两名研究者依据编码规则分开独立地完成编码工作，对部分存在差异的编码共同讨论，最终得到一致的编码结果。编码规则如下。

（1）数据选取一二线城市作为研究样本，或者在研究标题、数据来源中直接注明针对一二线城市的文献编码为1，否则为0。

（2）研究对象为新生代农民工、新移民或者新白领的文献，均视为关于新一代农民工城市迁移意愿的研究，均编码为1，其他关于农民工的文献为0。

（3）将被解释变量定义为"是否打算永久定居所在城市"或"是否愿意迁移户口"的研究编码为1，"是否打算长期居住（5年以上）所在城市"的编码为0。

四、发表偏倚检验

发表偏倚（publication bias）是指具有统计学意义结论的文献比不具有统计学意义结论的文献更容易被杂志社认可并发表，造成研究结论可能存在偏倚，因此进行发表偏倚的检验是Meta统计分析的一项基础性工作[1]。漏斗图法是最常用的发表偏倚检验方法，但具有较大的主观性[2]。因此本书将采用失安全系数（Nfs）和Egger检验法来测量本书纳入文献的发表偏倚程度。当Nfs系数大于5K+10且显著度为0.05或者0.01时，说明发表偏倚的可能性很小[3]。Egger检验法的P值大于0.05时，则不存在发表偏倚[4]。发表偏倚检验结果显示（如表6-2所示），除了住房质量的Nfs小于5K+10，所有变量的失安全系数值均大于5K+10，且所有效应值均通过了Egger检验（P>0.05），说明本书研究的结论总体稳健，研究数据不存在明显发表偏倚，由此得出的研究结论可靠性较高。

表6-2 发表偏倚检验结果

分组	K	N	失安全系数 Nfs	5K+10	Egger检验 P
住房产权	11	288 509	13 036	65	0.243
住房质量	7	26 766	67	45	0.088

---

[1] 周旭毓，方积乾. Meta分析的常见偏倚 [J]. 循证医学，2002（4）：216-220.

[2] GREENLAND S. Invited commentary: a critical look at some popular meta-analytic methods [J]. Am J Epidemiol, 1994, 140: 290-296.

[3] ROSENTHAL R. The file drawer problem and tolerance for null results [J]. Psychological bulletin, 1979, 86 (3): 638-641.

[4] 徐同成. 分类变量Meta分析中偏倚的检测：Egger法和Begg法 [J]. 循证医学，2009（3）：181-184.

续表

分组	K	N	失安全系数 Nfs	5K+10	Egger 检验 P
住房负担	14	297 400	2 075	80	0.636
住房公积金	14	438 082	3 819	80	0.147
保障性住房	9	522 545	1 409	55	0.095

注：K 表示效应值数量；N 表示样本数量。

五、异质性检验

在 Meta 分析中，效应值合并模型的选择通过异质性检验来确定，异质性（heterogeneity）指各项研究结果的变化程度[1]。Q 卡方检验和异质性定量化的 I^2 检验是常用的异质性检验方法。Q 卡方检验，Q 值为效应量的标准化平方和，它服从自由度为 $K-1$ 的 χ^2 卡方分布，K 为纳入研究的个数，Q 值越大，即 $Q \geqslant \chi^2_{\alpha, K-1}$，$P \leqslant \alpha$，则表明异质性较大，纳入研究间差异性显著；相反，则表示异质性较小，研究间具有同质性[2]。而以 Higgins 为代表的学者提出了异质性定量化的 I^2 检验，通常认为，$I^2 \leqslant 25\%$，异质性不显著；$25\% < I^2 \leqslant 50\%$，异质性较为显著；$I^2 > 50\%$，异质性十分显著，需要选择随机效应模型，并解释造成差异性的原因[3]。由表 6-3 可知，住房产权、住房质量、住房负担、住房公积金、保障性住房五个组内的 Q 值均高度大于其对应的卡方分布值，I^2 均大于 75%，因此我们可以拒绝本研究同质性的原假设，即住房与农民工迁移意愿的各组效应量均存在显著异质性，应选择随机效应模型进行元分析，同时也意味着我们需进一步通过调节效应分析异质性的来源。

表 6-3　异质性检验结果

分组情况	模型	95%置信区间 置信下限	置信上限	Q	df (Q)	P	I^2
住房产权	F	0.280	0.296	5 373.714	10	0.000	99.814
	R	0.455	0.936				
住房质量	F	0.007	0.018	24.954	6	0.000	75.955
	R	0.026	0.126				

---

[1] BERGER M C, BLOMQUIST G C. Mobility and Destination in Migration Decisions: The Roles of Earnings, Quality of Life, and Housing Prices [J]. Journal of Housing Economics, 1992, Vol2, 12 (1): 37-59.

[2] ANTHONY MURPHY, JOHN MUELLBAUER, GAVIN CAMERON. Housing Market Dynamics and Regional Migration in Britain [R]. Royal Economic Society Annual Conference, 2006 (11).

[3] HOUWELINEGEN H C, ARENDS L, STIJNEN T. Advanced method in meta analysis: multivariate approach and meta regression [J]. Tutorial in biostatistics, 2002, 21: 589-624.

续表

分组情况	模型	95%置信区间 置信下限	95%置信区间 置信上限	Q	df(Q)	P	I^2
住房负担	F	−0.205	−0.192	4 770.115	13	0.000	99.727
住房负担	R	−0.382	−0.008				
住房公积金	F	0.230	0.253	322.891	13	0.000	95.974
住房公积金	R	0.281	0.449				
保障性住房	F	0.210	0.243	89.896	8	0.000	91.101
保障性住房	R	0.267	0.433				

注：F 表示固定效应模型；R 表示随机效应模型。

第三节 住房状况对农民工迁移意愿的 Meta 分析

一、住房状况对农民工迁移意愿主效应的 Meta 分析

合并各项效应值得到平均效应值是 Meta 分析的核心步骤之一，平均值能反映出大样本下各自变量与因变量之间的整体关系特征。本书首先对各自变量与因变量在不同文献和样本数量下的效应值进行处理，得到反映每组变量总体关系的平均效应值。同时，异质性检验显示关于各自变量与因变量关系的研究间存在显著差异，因此本书选择随机效应模型（random pooling model）对住房与迁移意愿关系的效应值进行合并。

表6-4 是住房各维度变量与农民工迁移意愿的主效应分析数据，显示了住房各维度与农民工迁移意愿之间关系的文献数量、样本量、修正加权的平均效应值、95%置信区间、双尾检验值。本研究得到住房产权与农民工之间的 lnOR 值为 0.695，说明住房产权与农民工迁移意愿之间为高度正相关（$P<0.000$），95%置信区间的下限为 0.455，上限为 0.936，说明该效应值能在一定程度上准确真实地说明农民工在城市拥有住房产权能显著提高其定居城市的主观意愿，同时也显示了住房与农民工迁移意愿相关研究的现实意义，因为住房是当前农民工市民化进程问题研究中的一个焦点变量。同理可以得到住房质量、住房公积金、保障性住房与农民工迁移意愿之间均有显著正相关关系，而住房负担对其迁移意愿呈显著反作用。其中，住房产权的效应值绝对值最大（ES=0.695），住房质量效应值的绝对值最小（ES=0.076）。另外，住房产权（ES=0.695）、住房公积金（ES=0.365）、保障性住房（ES=0.350）都在 0.001 水平上显著差异，住房质量、住房负担在 0.05 水平上显著差异。这一结果说明住房各维度在解释农民工迁移意愿时可能发挥不同程度的作用，也暗示着未来可以进一步研究不同住房维度对农民工迁移意愿是否存在交互作用等相关问题。

表 6-4 主效应的 Meta 分析结果

分组情况	学生人数	点估计	标准差	下限	上限	Z	P
住房产权	11	0.695***	0.123	0.455	0.936	5.663	0.000
住房质量	7	0.076**	0.025	0.026	0.126	3.001	0.003
住房负担	14	-0.194*	0.096	-0.382	-0.006	-2.023	0.043
住房公积金	14	0.365***	0.043	0.281	0.449	8.530	0.000
保障性住房	9	0.350***	0.042	0.267	0.433	8.251	0.000

注：* 表示 $P<0.05$；** 表示 $P<0.01$；*** 表示 $P<0.001$。

二、调节效应分析

由于上述研究中存在着异质性，需要进一步通过城市规模和代际差异两个调节变量进行亚组分析来检验异质性。在满足异质性显著的前提下，本书选择随机效应模型计算不同城市的住房产权和住房公积金这两个调节变量的效应值，通过效应值对比和组间异质性检验来判断调节变量的解释程度，并通过 Meta 回归来检验结果的稳健性，进一步验证各调节变量对各自变量和因变量关系的调节效应。

由异质性检验结果可知，每个住房维度与农民工迁移意愿的效应值都有可能存在潜在的调节变量。表 6-5 是根据样本选取的城市级别不同对每组效应值进行单独编码的结果，探究了样本选取差异对住房和农民工迁移意愿之间效应值的影响。统计结果显示住房产权的研究样本来自一二线大城市的效应值分别为 6 个，来自多种等级城市的混合样本的效应值分别为 5 个，两组分别合并的平均效应值为 0.307 和 1.159，在 0.001 水平上显著，且两组之间的差异显著（$Q_B=5.133$，$P<0.05$），这表明一二线城市中住房产权对农民工迁移意愿的促进作用高于全国平均水平。同理可知，一二线城市中住房质量、住房公积金、保障性住房对农民工迁移意愿的提升效应更显著。值得注意的一点是，在我国各大城市的综合样本数据中，住房负担对农民工迁移意愿的作用方向仍为正向，仅在一二线大城市中对农民工定居有抑制作用，这可能解释为全国整体的房租收入比还在一定范围内，而一二线大城市住房支出收入比值已经超出农民工的可接受范围，并显示出显著抑制作用。据此可知，假设 6 得到全部验证。

表 6-5 不同城市规模下住房对农民工迁移意愿影响的元分析

变量	分组	K	ES	下限	上限	Z	P	Q	P
住房产权	0	6	0.307***	0.149	0.465	5.799	0.000		
	1	5	1.159***	0.439	1.879	3.156	0.000		
异质性检验								5.133*	0.023

续表

变量	分组	效应量和95%置信区间			零假设检验		异质性	
		K	ES	下限	上限	Z	P	Q	P
住房条件	0	4	0.044*	0.001	0.088	1.990	0.047		
	1	3	0.127***	0.050	0.204	3.241	0.001		
异质性检验								4.392*	0.037
住房负担	0	6	0.039*	0.013	0.208	-2.221	0.034		
	1	8	-0.393***	-0.612	-0.174	-3.519	0.000		
异质性检验								9.325**	0.002
住房公积金	0	7	0.208***	0.141	0.275	6.077	0.000		
	1	7	0.547***	0.431	0.663	9.213			
异质性检验								24.543***	0.000
保障性住房	0	6	0.285***	0.205	0.365	6.978	0.000		
	1	3	0.695**	0.252	1.138	3.072	0.002		
异质性检验								3.185*	0.047

注：*表示 $P<0.05$；**表示 $P<0.01$；***表示 $P<0.001$。

研究对象的代际特征是一个可能会影响住房与农民工迁移意愿之间关系强弱的变量，新生代与老一代农民工在成长环境、受教育程度、思想观念等方面的差异都可能会导致他们在住房上的需求与老一代不一致。我们将"1985年以前出生的"定为老一代，编为0组；"1985年以后出生的"定为新生代，编码为1组，分组合并的元分析结果如表6-6所示。结果显示住房公积金与老一代农民工迁移意愿的效应值为0.578，与新生代农民工迁移意愿的效应值为0.242，在0.001水平上显著，且组间异质性在0.01水平上显著，这表明相比于新生代，住房公积金对老一代农民工定居城市的促进作用更大，这可能是因为老一代在城市务工的时间更长、工作地点更趋于稳定，缴存住房公积金的积极性更强，且经济实力在多年的积累后更有可能支持老一代农民工在城市购房，增强了其在城市定居的心理预期。而保障性住房对新生代农民工迁移意愿的正效应更大，保障性住房对新生代农民工迁移意愿的影响系数为0.392，显著大于与老一代农民工迁移意愿的效应值0.282，组间异质性检验在0.05水平上显著，意味着保障性住房向新生代农民工倾斜能更显著地促进农民工的市民化进程。

对老一代农民而言，住房支出收入比对其迁移意愿显示出显著负向作用，而对新生代尚未进入抑制阶段，这可能是新老生代现阶段的迁移模式不同造成的，老一代农民工大多逐渐进入家庭式迁移阶段，为满足子女、老人等多成员的住房需求需要租住面积更大、环境更好的房子，住房支出和住房负担也逐渐增加，而新生代农民工仍以个人租住为主，可通过向下选择住房，将住房支出尽量控制在合理范围内，住房支出收入比仍在他们的可接受范围内，因此新生代农民工的住房支出收入比尚未抑制其迁移意愿。但代际特征在住房产权、住房质量与迁移意愿之间呈现出显著调节作用。因此，代际特征变量的调节作用仅在部分组内显示出显著调节作用,假设 7 未获得支持。

表 6-6　不同代际特征下住房与农民工迁移意愿的元分析

变量	分组	效应量和95%置信区间			零假设检验		异质性	
		K	ES	下限	上限	Z	P	Q	P
住房产权	0	8	0.893***	0.180	1.606	2.454	0.014		
	1	3	0.295***	0.145	0.444	3.856	0.000		
异质性检验								2.590	0.108
住房条件	0	2	0.125**	0.035	0.216	2.707	0.007		
	1	5	0.064*	0.011	0.116	2.370	0.018		
异质性检验								1.322	0.250
住房负担	0	8	−0.529***	−0.677	−0.381	−7.001	0.000		
	1	8	0.199**	0.059	0.339	2.792	0.005		
异质性检验								49.107***	0.000
住房公积金	0	8	0.578***	0.366	0.791	5.326	0.000		
	1	6	0.242***	0.139	0.345	4.596	0.000		
异质性检验								7.772**	0.005
保障性住房	0	5	0.282***	0.199	0.364	6.700	0.000		
	1	4	0.392**	0.363	1.334	3.423	0.001		
异质性检验								5.083*	0.024

注:* 表示 $P<0.05$;** 表示 $P<0.01$;*** 表示 $P<0.001$。

目前对迁移意愿的定义存在多种说法,一种是以"5 年以内是否有长期定居打算"的问题来确定迁移意愿,另一种为"是否有永久定居或迁移户籍打算",因此被解释变量的测量指标也可能影响住房与农民工迁移意愿之间的效应值。表 6-7 为根据被解释变量的测量指标进行分组合并计算的结果,从表中可知,"永久型"迁移意愿下住房产权的效应值 1.124 大于"长期型"迁移意愿下的效应值 0.270,并且两组之间具有显著的差异性($Q_B=5.647$,$P=0.017$),这表明住房产权能更好地预测农民工对于城市定居的永久性。也就是说,拥有住房产权能更显著地促使农民工产生在城市永久定居下来的意愿与打算,而不仅仅是 5 年以上的长期居住意愿。相比于永久迁移意愿,住房质量的改善可以更显著地看到农民工长期迁移意愿的提高。在住房负担维度组中,采用"长期型"迁移意愿指标与"永久型"定居指标的效应值各有 7 个,住房负担对农民工永久迁移意愿的负效应值−0.569 的绝对值大于其对于农民工长期迁移意愿的负效应值−0.139 的绝对值,并且两组之间的差异性显著($Q_B=17.023$,$P=0.000$),这一结论暗示了测量指标差异的存在可能会夸大住房负担对于农民工城市迁移意愿的抑制效应。学术界对于住房负担这一抑制因素溢出效应的感知可能过于消极,这会导致学术研究的结果与社会事实存在一定差异,学术研究并不能真实地反映农民工的住房问题。同理可知,在住房公积金与保障性住房维度下，长期迁移意愿的效应值均大于永久迁移意愿的效应值，在参与住房公积金、获得保障性住房的情况下，农民工具有5年以上长期居住打算的概率会更大幅度提高，这对农民工市民化进程的加速推进具有显著的助推作用。综上所述，对被解释变量测量指标定义的差异是造成效应值异质性的因素之一，假设8获得全部支持。

表6-7 不同测量指标下的住房与农民工迁移意愿的元分析

变量	分组	K	ES	下限	上限	Z	P	Q	P
住房产权	0	6	0.271***	0.106	0.435	3.220	0.001		
	1	5	1.124***	0.440	1.808	3.220	0.001		
异质性检验								5.647*	0.017
住房质量	0	4	0.121***	0.067	0.175	4.420	0.000		
	1	3	0.036***	0.005	0.078	2.245	0.048		
异质性检验								6.009*	0.014
住房负担	0	7	−0.139*	−0.399	−0.121	−2.250	0.017		
	1	7	−0.569***	−0.783	−0.356	−5.229	0.000		
异质性检验								17.023***	0.000
住房公积金	0	7	0.491***	0.341	0.641	6.431	0.000		
	1	7	0.280***	0.200	0.361	6.844	0.000		
异质性检验								5.912*	0.015
保障性住房	0	6	0.647***	0.342	0.952	4.154	0.000		
	1	3	0.272***	0.191	0.352	6.578	0.000		
异质性检验								5.427*	0.020

注：*表示 $P < 0.05$；***表示 $P < 0.001$。

综上，研究假设1至8的验证情况如表6-8所示，除了假设7仅得到部分验证以外，其他7个假设均通过了显著性检验。

表6-8 研究假设检验结果汇总

假设代码	假设内容	检验结果
H1	住房产权与农民工迁移意愿呈正相关	支持
H2	住房质量与农民工迁移意愿呈正相关	支持
H3	住房负担与农民工迁移意愿呈负相关	支持
H4	住房公积金与农民工迁移意愿呈正相关	支持
H5	保障性住房与农民工迁移意愿呈正相关	支持
H6	城市规模会显著影响住房与农民工迁移意愿间的关系	支持

续表

假设代码	假设内容	检验结果
H7	代际特征会显著影响住房与农民工迁移意愿间的关系	部分支持
H8	被解释变量的测量差异会显著影响住房与农民工迁移意愿间的关系	支持

第四节 住房状况对我国农民工迁移意愿的影响

我们在梳理了近年来有关住房状况与农民工迁移意愿的相关研究后，建立了住房状况对农民工迁移意愿影响的分析框架，利用 Meta 分析法系统分析了住房产权、住房质量、住房负担、住房公积金、保障性住房维度对农民工迁移意愿的影响效应，进一步探讨了城市规模、代际差异、测量差异对住房产权各维度与农民工迁移意愿关系的调节作用，并获得了以下三个有意思的发现。

一、住房能够促进农民工定居

安居乐业作为我国传统思想延续至今，并仍然发挥着重要的影响作用。住房的多个维度，如住房产权、住房质量、住房公积金以及保障性住房均对农民工的迁移意愿有显著的正向作用。在中国特色的住房政策设计下，由于住房不仅为人们提供了居住空间，同时也提供了社区服务、人际交往、身份认同等一系列社会资源，拥有住房产权就意味着农民工能在这座城市"生根立足"；住房质量的改善是生活起居环境的优化、设施设备的完善、生活质量的提升，可以从物质层面到心理层面满足流动人群基本的住房需求；住房公积金作为一项住房储备资金，能增强农民工的住房支付能力，增强其对定居城市的心理预期和信心；对于暂无购房能力的农民工而言，保障性住房无疑为其获得栖息之所提供了成本更低的选择。因此住房产权、住房质量以及住房公积金政策、住房保障政策均能显著提升农民工永久定居城市的意愿。

二、住房支付能力制约着农民工的迁移意愿

虽然房价是城市住房成本的特征信号之一，但是同样意味着更多的就业机会、更高的收入、更好的公共服务，可以抵消高房价的负面影响。相对于房价，住房收入比是衡量住房成本的一项更为客观直接的指标，住房支出在收入中的占比越大，意味着可支配的收入越少，直接影响农民工的生活幸福感和满足感，从而抑制他们的城市迁移意愿。我国当前城市房租普遍上涨，农民工的住房支出和生活成本的上涨压力难以通过就业机会的增加和收入的上升来弥补，城市的生活压力会逼迫其"退出"城市生活。城市住房商品化只为农民提供了有限的选择，低廉的工资收入，使得租房成为农民工的唯一住房选择，"城中村"因其较低的房租，成为农民工重要的聚集和居住之地，也是他们学习城市生活方式、行为和价值观的主要场所，城市生活的幸福指数较低。因此，政府要主动对住房租赁市场

进行宏观调控，尤其是一二线大城市，应使当地的租金水平处于合理范围内，避免过高的租金水平推高农民工的城市生活成本，降低了生活质量进而抑制其城市迁移意愿。同时，应通过建立多渠道的住房租赁市场供给体系有效地解决农民工的住房问题，降低农民工的住房负担，充分利用闲置房源增加有效供给，通过政府和就业单位的共同作用来保障农民工的住房质量，并减少其住房支出负担。

三、城市规模、代际差异和测量差异的调节影响

城市规模和代际差异表示城市间存在着较大的差异性以及农民工内部存在分化，再加上对农民工迁移意愿测量的不同，使得住房对农民工迁移意愿的影响表现不同。虽然住房产权对农民工迁移意愿呈显著正向影响，相比于"长期型"迁移意愿，住房产权对一二线城市农民工的"永久"迁移意愿影响更加显著。住房质量与农民工迁移意愿呈现正相关，相比于新生代农民工的"永久"迁移意愿，住房质量对一二线、老一代农民工的"长期"迁移意愿的影响更为显著。住房负担与农民工迁移意愿呈负相关关系，就全国而言，住房负担仍在农民工的可承受范围内，变现为拉力作用，而在一二线大城市中住房负担已经表现为推力作用；对老一代农民而言，住房支出收入比对其迁移意愿显示出显著负向作用，而对新生代尚未进入抑制阶段；住房负担对农民工"永久"迁移意愿的负效应大于其对于农民工"长期"迁移意愿的负效应。住房公积金能增强农民工在城市居住的意愿，相比于新生代农民工的"永久"迁移意愿，参与住房公积金使得一二线城市老一代农民工有更高的概率长期居留城市。保障性住房与农民工迁移意愿呈显著正相关关系，其中保障性住房对一二线新生代农民工的"长期"居住意愿的影响更显著。

因此，政府应综合考虑住房不同维度的多重作用，通过建立健全住房保障体制机制，因势利导、扬长避短，充分发挥住房政策的工具导向作用，让住房的"推力"和"拉力"能在相互抵消后呈现出整体正向作用的效果，使之成为总体推进农民工市民化、地区城镇化进程的助推器。同时，在完善各方面住房政策时，各级地方政府应注意城市发展的差异与代际差异，因地制宜地针对不同的农民工出台住房政策和措施，注重政策的有效性。研究测量指标也会造成研究之间存在差异，未来的研究应该注意这一事实，研究测量指标的选择应该更有效地刻画和反映所要描述的问题。

第五节　本章小结

本章首先对住房各维度与农民工迁移意愿之间的关系进行了 Meta 的效应检验，发现住房产权、住房质量、住房负担、住房公积金、保障性住房维度均对农民工的迁移意愿有显著的影响效应。在此基础之上，每组效应值在住房规模、代际差异、测量差异三个调节变量下进行亚组分析，综合对比亚组分析结果，城市规模和代际差异表示城市间存在着较大的差异性以及农民工内部存在分化，再加上对农民工迁移意愿测量的方法不同，使得住房状况对农民工迁移意愿的影响表现不同。

第三篇　实证研究

第七章 京津冀农民工住房政策探索与实践

农民工已经成了京津冀的重要劳动力，并为京津冀经济发展做出了卓越的贡献。但是这一群体来到京津冀务工后，大多居住在状况不佳的住房中。而住房不仅是他们的安居之所，也是他们社会交往的空间，还是他们获得公共服务的依据。2005年3月原建设部发布了《建设部2005年工作要点》，其中提到"研究解决进城务工农民住房问题"，这是中央政府首次发文要求将解决进城务工的住房问题列入政府的职能中。其后国务院及各部委也相继从公积金、城市规划、土地供给、住房保障等多个方面出台了一系列政策（见表7-1）。

我国三大城市群之一的京津冀区域经济的快速发展，吸引着越来越多的农民工来到京津冀务工，以谋求更高的经济收益和长远的发展机会。由于京津冀城市群间的经济差异较大，北京市和天津市的经济更为发达，房价也更高；河北省的房价相对较低，但是工作机会相对较少，收入也较低。加之新生代农民工这一群体的工作时间不长，支付能力不足，与其收入相匹配的住房供应不足等问题对他们的影响表现得更为深远。2005年中央政府提出要"逐步解决进城务工农民工的住房问题"后，京津冀三地政府也意识到这一问题的紧迫性，相继出台了本地政策试图缓解他们住房状况不佳的困境。为了解决这一群体在城市中面临的住房问题，京津冀三地政府也根据本地的经济发展水平、资源要素禀赋和公共服务能力等方面因地制宜地制定了本地针对农民工的住房政策，并开展了住房改革的相关实践。

第一节 京津冀农民工住房政策的探索

一、北京市的农民工住房政策

2008年起北京市就将农民工的住房纳入了政府职能中，出台了一系列改善农民工住房的相关政策（见表7-1）。北京市政府在《北京市2009年住房建设计划》中提出了"改善外来务工人员居住条件，加强对农民工居住场所的管理"，这一时期更多的是为了强化对农民工住房的管理，避免恶劣的住房环境给社会安全带来隐患，但是这并未对改善农民工的住房起到太多的作用。

到了2011年，随着公租房被纳入住房保障体系中，北京市也逐步将农民工等群体纳入进来，允许符合条件的农民工申请公共租赁住房。从实际上来看，由于申请条件比较苛刻，绝大部分的农民工不具备签订劳动合同或者缴纳社会保险等条件，能够被纳入公共租赁住房的群体很少。

尽管北京市一直在出台针对农民工住房的相关政策，但是这些政策更多的都只是具有象征意义，对于改善农民工的住房并没有太大的实质性帮助。2016年，北京市政府在《北京市人民政府关于进一步做好为农民工服务工作的实施意见》中详细规定了改善农民工住房的思路，包括以下措施：第一，加强顶层制度设计，将农民工住房问题纳入北京市的住房发展规划中；第二，由于城中村、棚户区是农民工的主要居住地点，对城中村、棚户区进行综合改造，提升这些区域的环境，一定程度上可以改善农民工的居住条件；第三，逐步将稳定就业的农民工纳入住房公积金的覆盖范围中，提高他们的购房能力；第四，大部分农民工都居住在单位提供的宿舍中，特别是在工业生产型企业工作的农民工需要居住地点距离单位较近，因此北京市政府更多是为了能够促进经济发展，要求在农民工较为集中的产业园区等地块提供宿舍型或单元型公租房。

表7-1 北京市农民工住房政策一览表

发布时间	政策名称	主要内容
2008.4	《北京市2009年住房建设计划》	继续改善外来务工人员居住条件，加强对农民工居住场所的管理
2010.6	《关于加快发展公共租赁住房的指导意见》	在外来务工人员集中的开发区和工业园区，市、县人民政府应当按集约用地的原则，统筹规划，引导各类投资主体建设公共租赁住房，面向用工单位或园区就业人员出租
2011.11	北京市公共租赁住房申请、审核及配租管理办法	具备一定条件的外省市来京人员及家庭成员可以申请公共租赁住房。
2012.8	《中共北京市委北京市人民政府关于贯彻落实〈国务院关于解决城市低收入家庭住房困难的若干意见〉的实施意见》	用工单位要向农民工提供符合基本卫生和安全条件的居住场所。对农民工集中地区，在集约用地的前提下，可集中建设向农民工出租的集体宿舍
2013.3	《北京市人民政府办公厅贯彻落实〈国务院办公厅关于继续做好房地产市场调控工作的通知〉精神进一步做好本市房地产市场调控工作的通知》	2013年年底前，各区县要将符合条件、有稳定就业的来京外来务工人员纳入公共租赁住房保障范围
2016.7	《北京市人民政府关于进一步做好为农民工服务工作的实施意见》	逐步改善农民工居住条件

数据来源：根据北京市政府公布的政策整理制作。

从以上北京市政府出台的政策来看，北京市更多是为了解决农民工的临时性住房，表现为以下几个特点。第一，责任主体不清晰。在这一系列政策中，由谁负责没有明确指出。责任主体要么不明确，要么交给市场主体，而市场主体更多从企业利益的角度出发，没有太大的积极性来保障农民工的住房条件。第二，政府的住房保障力度较弱。因为北京市将住房保障的重心更多放在北京市户籍的低收入群体，或者为了引进人才，政府和企事业单位群体提供相应的住房保障，留给农民工的住房保障数量非常有限。第三，政策条款不具备强制性。从具体的条款来看，农民工的住房政策都是泛泛而谈，所出台政策更多地停留在政策指向性上，不具备强制性。

二、天津市的农民工住房政策

天津市因经济较河北发达而房价又比北京低，也是河北农民工流入的首选城市之一。大量的农民工流入天津市务工后，他们同样也面临着住房问题。天津市政府在中央政府要求解决农民工住房后，于2006年根据《国务院关于解决农民工问题的若干意见》制定了本地的《关于贯彻落实〈国务院关于解决农民工问题的若干意见〉的实施意见》，统筹考虑农民工的住房问题，而且具体的设想也较为超前，提出的做法跟北京市2016年提出的做法较为类似，包括以下三点。第一，对城中村和城乡接合部进行改造。受制于农民工的收入，他们大多都选择在城中村或城乡接合部租房，因此天津市政府通过规划、建设来改善这些区域的基础设施。第二，加强城市住宅建设规划。由于农民工的住房较为稀缺，天津市在规划环节就将长期在天津市务工的农民工居住问题尽量纳入进来。第三，解决好农民工的临时性住房。部分集中在开发区和工业园区工作的农民工需职住集中，为了保证他们的工作便捷性，天津市政府在农民工工作较为集中的开发区和工业园区统一建设员工宿舍。其后，随着住房保障的逐步完善，天津市政府也加快了保障性住房的建设，并放开了外来人口的落户政策，设计好农业转移人口市民化的财政政策，2018年天津市政府又将进城落户农民纳入了住房保障范围。

表7-2 天津市农民工住房政策一览表

发布时间	政策名称	主要内容
2006.9	《关于贯彻落实〈国务院关于解决农民工问题的若干意见〉的实施意见》	制定"城中村"和城乡接合部综合整治指导意见，加强对"城中村"和城乡接合部农民工聚居地区的规划、建设和管理，提高公共基础设施保障能力。要把长期在城市就业与生活的农民工居住问题纳入城市住宅建设发展规划。农民工集中的开发区和工业园区，可建设统一管理、供企业租用的员工宿舍，集约利用土地
2016.4	《天津市人民政府关于印发天津市2016年国民经济和社会发展计划的通知》	加快保障性住房建设
2016.4	《天津市人民政府关于进一步推进户籍制度改革的意见》	保障农业转移人口和其他常住人口合法权益。加快实施城乡统一的住房保障制度

续表

发布时间	政策名称	主要内容
2016.9	《天津市人民政府办公厅转发市人力社保局关于进一步做好为农民工服务工作实施意见的通知》	逐步改善农民工居住条件。有序推进农民工在城镇落户
2017.3	《天津市人民政府办公厅关于印发天津市推动非户籍人口在城市落户工作方案的通知》	将进城落户农民完全纳入城镇住房保障体系。推进扩大住房公积金缴存面,将农业转移人口纳入覆盖范围
2017.3	天津市人民政府《关于印发天津市2017年国民经济和社会发展计划的通知》	不断提升住房保障水平,开工建设棚户区改造安置房3万套,基本建成3万套,新增发放租房补贴3 000户,改造农村危旧房屋5 000户
2017.6	《天津市人民政府批转市发展改革委关于我市2017年深化经济体制改革重点工作意见的通知》	放开本市户籍人口迁移限制,落实人地挂钩、支持农业转移人口市民化财政政策,提高户籍人口城镇化率
2018.4	《天津市人民政府办公厅关于转发市国土房管局拟定的天津市2018年住房保障重点工作安排的通知》	将进城落户农民纳入住房保障范围

数据来源:根据天津市政府公布的政策整理制作。

从天津市出台的农民工住房政策来看,天津市政府对农民工的住房关注得较早,2006年就出台了系统的政策,也尝试着解决他们的住房问题。但是从以上政策来看,天津市政府不仅重于解决农民工的短期问题,也关注到了长期问题。首先,天津市放开了户籍迁移限制,吸引农业转移人口落户天津,能够让他们长期扎根于天津市。其次,加大住房保障范围。由于农民工相对于城镇职工收入更低,天津市明确规定将落户农民纳入住房保障范围,以解决他们的住房难题。最后,改善农民工临时性的住房条件。由于农民工在城市居住条件较差,但是又受制于他们并没有长期居留的意愿,所以改善他们在城市中的临时性住房条件也是天津市政府关注的问题。

三、河北省的农民工住房政策

由于河北省是一个农业大省,农业人口比较多。河北省房价相对于北京和天津较低,该省农民工的住房压力较轻,居住条件较好,但是仍相对于本地城镇职工较差。正因为如此,河北省政府也出台了针对性的住房政策。2006年河北省根据中央政府的文件出台了本地的《河北省人民政府关于解决农民工问题的实施意见》,提出了多渠道改善农民工居住条件。随着河北省住房保障的不断发展,河北省政府也将具备一定条件的外来务工人员纳入了住房保障的范围。其后,户籍制度的松绑为农民工解除了制度上的障碍。而且河北省落户政策也相对宽松,租房者也可以落户,这为有意愿在河北省城镇落户的农民工提供了制度上的支持。2013 年，河北省政府考虑到农民工短期内的住房问题，要求为他们提供的居住条件要达到基本的卫生和安全标准，同时要求将符合条件的农民工纳入住房保障体系中。

表 7-3　河北省农民工住房政策一览表

发布时间	政策名称	主要内容
2006.7	《河北省人民政府关于解决农民工问题的实施意见》	多渠道改善农民工居住条件
2011.6	《河北省公共租赁住房管理办法》	公共租赁住房是指面向符合条件的城镇住房困难家庭、新就业职工、外来务工人员，实行有限期承租和有偿居住的保障性住房
2011.11	《河北省人民政府办公厅关于印发河北省城镇保障性安居工程"十二五"规划的通知》	在城市工作了一定时间的外来务工人员住房问题也纳入住房保障工作范围
2012.8	《河北省人民政府关于推进户籍管理制度改革的意见》	有合法稳定住所（含租赁）的人员，本人及其共同居住生活的配偶、未婚子女、父母，可以在当地申请登记常住户口
2014.4	《河北省委省政府关于推进新型城镇化的意见》	努力实现 1 000 万左右农业转移人口和其他常住人口的城镇落户。将稳定就业的农民工纳入住房公积金覆盖范围
2015.5	《河北省人民政府关于进一步做好为农民工服务工作的实施意见》	将农民工住房问题纳入住房发展规划，把符合条件的农民工纳入保障范围。积极支持符合条件的农民工购买或租赁商品住房，并按规定享受购买契税和印花税等优惠政策。逐步将在城镇稳定就业的农民工纳入住房公积金制度实施范围
2016.3	《河北省人民政府关于印发河北省新型城镇化与城乡统筹示范区建设规划（2016—2020 年）的通知》	加强农民工住房保障
2016.11	《河北省人民政府关于实施支持农业转移人口市民化若干财政政策的意见》	要将农业转移人口市民化工作纳入本地经济社会发展规划、城乡规划和城市基础设施建设规划。推动居住证持有人享有与当地户籍人口同等的住房保障权利，将符合条件的农业转移人口纳入当地住房保障范围

续表

发布时间	政策名称	主要内容
2019.9	《河北省农民工工作领导小组关于进一步优化服务促进农民工市民化的实施意见》	将符合当地城镇住房保障条件的农民工纳入住房保障范围
2019.11	《河北省农民工权益保障条例》	用人单位为农民工提供的居住场所应当符合基本的卫生和安全条件。县级以上人民政府应当将符合条件的农民工纳入城镇住房保障体系
2021.10	《河北省就业促进"十四五"规划》	落实财政转移支付同农业转移人口市民化挂钩、城镇建设用地年度指标分配依据同吸纳农业转移人口落户数量和提供保障性住房规模挂钩的政策

数据来源：根据河北省政府公布的政策整理制作。

从河北省出台的农民工住房政策来看，河北省的政策更有针对性，从长期和短期都考虑了农民工的住房问题。首先，将符合住房保障条件的农民工纳入了住房保障范围内，并不断强化农民工的住房保障，为有定居意愿的群体提供制度上的支持。其次，确保农民工基本的居住条件。河北省要求用工企业为农民工提供的居住场所应当符合基本的卫生和安全条件，确保他们在务工期间能够有个安居之所。再次，支持农民工城镇化。河北省将农民工市民化与财政转移支付、保障性住房规模、用地指标分配都结合起来，这些举措可以促进河北省的城镇化进程。

四、京津冀农民工住房政策的异同处

由于京津冀的资源禀赋、人口数量、经济状况都有很大的差异，但是农民工的住房状况又面临着相似的处境，所以从京津冀三地出台的农民工住房政策来看，既有共同之处，也有不同的侧重点。

1. 相同之处

第一，从短期入手解决农民工的住房问题。京津冀三地都意识到农民工存在着分层问题，部分农民工有着长期居留意愿，但是也有部分农民工并不想在务工地定居，可能只是以挣钱为主要目的。但是每个农民工来到京津冀工作后，都需要有容身之处，而接受城中村、城乡接合部所提供的非正式租赁住房是他们解决居住的主要方式，所以每个城市都提出加强对城中村和城乡接合部农民工聚居地区的规划、建设和管理，同时要允许农民工集中的开发区和工业园区建设统一管理、供企业租用的员工宿舍，集约利用土地。

第二，将农民工纳入住房保障体系。京津冀三地都明确提出了将符合条件的农民工纳入住房保障体系中，先后制定了本地的公租房管理办法，并在规划建设和房源筹集、保障资金和政策支持、准入管理、分配管理、使用和退出管理与监督管理等方面做了详细的规定。

第三，将农民工纳入住房公积金中。北京市、天津市和河北省先后规定将农民工纳入住房公积金体系中。住房公积金政策作为一种支持中低收入群体购房的住房政策，以提升他们的住房支付能力。[1]但是由于农民工存在流动性强、收入不稳定的特点，农民工和企业对于缴纳住房公积金的积极性都不高。[2]

2. 差异之处

首先，对待农民工住房的态度有所差异。北京市出于限制人口的目的，对农民工主要是强调保证基本的住房权利，因此在政策上更加注重于解决他们短期内的住房问题；而河北省在城镇化方面远远落后于北京和天津，所以大力支持农民工市民化，推动他们在务工地落户，并希望他们在城市拥有属于自己的住房。

第二，房价的差异也使得住房政策的重心不同。北京市高昂的房价和房租使得农民工的住房条件比较差，而河北省农民工的住房条件相对较好，因此北京市更多地出台政策来改善他们的临时性住房问题，并不以促进他们在本地定居为目的；而河北省则有意推动本地务工农民工的市民化，帮助他们拥有自己的住房，并尽可能地将其吸纳为城镇居民。

第三，住房保障申请的难度有所差异。由于北京人多地少，所以标准更高，申请难度大，例如北京的公租房的保障对象就以城镇户籍困难家庭、外省市来京家庭、引进人才为主，农民工则很难申请到；相对而言，河北省的保障范围更广，以城镇住房困难家庭、新就业职工、外来务工人员为主，并将应保尽作为主要目标。

第二节　京津冀农民工的住房实践和效果

京津冀三地农民工的住房状况都不容乐观，因此京津冀三地为了改善本地农民工的住房状况进行了不同的改革实践和探索。

一、京津冀农民工的住房实践

1. 北京市农民工的住房实践

2008年1月，北京市住房和城乡建设委员会发布了《北京市住房工作会提出建立健全分层供应体系》，尝试着建立分层次的住房供应体系。2008年北京市的外来常住人口就已经达到了465万人，户籍制度将这一群体排除在住房保障体系之外。而且户籍制度改革后，北京市的积分落户制度仍然是最为严格的，普通的农民工想通过积分落户基本上不太可能。而且北京的人口和资源成反比，加之北京市一直在严控人口增长，对农民工的住房政策更多定位为主要解决他们在北京的临时性住房。

因此，北京市政府更多以园区配建型的方式来解决农民工的住房问题。早在2010年北京市政府在《关于加快发展公共租赁住房的指导意见》中就提出解决他们的租房问题，主要思路围绕着这几个方面展开：主体为"各类投资主体"，客体为"面向用工单位或园

---

[1] 高波．我国城市住房制度改革研究——变迁、绩效与创新[M]．北京：经济科学出版社，2017：254．
[2] 陈莉．农民工住房公积金制度的"困境摆脱"研究[J]．中国集体经济，2020 (07)：163-164．

区就业人员",地点为"外来务工人员集中的开发区和工业园区",住房产品为"公共租赁住房"。这种模式更多的是为了满足企业的用工需求和日常的管理,同时满足了农民工的住房基本需求,但是对农民工融入社会和解决其长期住房问题并无太大帮助。

2. 天津市农民工的住房实践

针对本地户籍和外地户籍的农民工,天津市展开了差异性的住房政策实践,希望以不同的方式解决他们的住房问题。

对于本地户籍的农民工,天津市早在2006年便对武清区大良镇通过"宅基地换房"的模式积极地推动了这一群体的市民化。在该模式中更侧重于经济手段,如果本地户籍的农民工市民化意愿和能力都比较强,可以通过退出宅基地来换取本地住房保障的权利,从而解决他们在城市中的住房问题。2009年天津市出台了《天津市以宅基地换房建设示范小城镇管理办法》,将这一做法制度化,随后将这一做法在其他区推广开来。例如,2020年天津蓟州区针对本区农民出台了保障性住房政策,规定自愿退出宅基地后,符合相关条件的农村青年可以以优惠价购买保障房一套。如果有偿退出以及出卖、转让宅基地的家庭,则无法享受购买保障房的政策。而一旦选择申购了保障房的农民工,就自动失去了申请宅基地的权利。

针对外地户籍的农民工,天津市政府在企业集中的区位修建"蓝领公寓",以园区配建型的方式解决这一群体的住房问题,其具体做法跟北京市类似,主要将农民工的住房与工作结合,降低他们在城市中的居住和时间成本,为企业提供稳定的劳动力。但是这种模式对促进农民工的长期居留意愿没有太大的促进作用。

3. 河北省农民工的住房实践

河北省主要通过探索"准市民化型"的路径来解决农民工的住房问题。"准市民化"是指农民工的身份实现从农村到城市的转换,推进农民工在城市落户,农民工的住房问题则可以通过城市住房保障体系予以解决。农民工满足一定条件可以成为本市市民,从而实现对农民工的住房保障。

早在2011年,河北省在《河北省人民政府办公厅关于印发河北省城镇保障性安居工程"十二五"规划的通知》中就提出"将符合一定条件的农民工纳入住房保障体系"。2012年河北省又在《河北省人民政府关于推进户籍管理制度改革的意见》中降低了河北省落户的标准,规定"只要有合法稳定住所(含租赁)的人员就可以在当地申请登记常住户口",这也基本上达到了零门槛落户,只要有落户意愿的农民工都可以实现在本地落户。2014年,《中共河北省委、河北省人民政府关于推进新型城镇化的意见》中明确提出"实现1 000万左右农业转移人口和其他常住人口的城镇落户"的目标,并将"稳定就业的农民工纳入住房公积金覆盖范围"。2015年河北省下发《河北省农业工作领导小组关于进一步优化服务促进农民工市民化的实施意见》又提出将农民工住房问题"纳入住房发展规划",由当地政府加强制度设计,统筹安排农民工的住房问题。2021年,河北省政府在《河北省就业促进"十四五"规划》中进一步完善制度设计,将财政制度、土地制度、保障性住房跟所吸纳的农民工落户数量挂钩,这样可以激发地方政府促进农民工市民化过程中的积极性。从具体的成效来看,由于河北省农民工群体没有北京和天津的庞大,解决效果也相对于这两个城市要好。

二、京津冀农民工的住房供给效果

1. 住房保障政策缺乏可行性

从中央政府到京津冀三地政府，针对保障性住房的供给政策大多是以"通知"、"指导意见"或者"暂行办法"等形式的政策文件颁发的，而且经常出现前后不一致、缺乏连续性和碎片化的情况，这种状况严重地制约着政策效力的发挥。[1] 同时，职能部门也只是在一些政策文件或指导意见中做出模糊性的规定，并无过多的具体措施来解决他们的住房问题。如住建部联合其他六部委发布的《关于加快发展公共租赁住房的指导意见》中规定将农民工纳入了公租房的覆盖范围，但是仍然设定了限制条件，并且地方政府在具体实施时也未必能够落实。从以上京津冀出台的农民工住房政策来看，其更多地停留在政策指向性意义，京津冀农民工的住房供给并未得到有效改善。

2. 住房保障资源门槛高、覆盖面小

京津冀各城市对住房保障分配以区域分配为主，而且设定收入水平、居住年限等标准，大部分农民工被排斥在本地的住房保障体系之外，这使得农民工等外来人口的住房保障只是一种点缀。[2] 例如，北京市 2011 年在《北京市公共租赁住房管理办法（试行）》中规定"供应对象为本市中低收入住房困难家庭"，这一条规定就将农民工排除在外。另外，尽管部分城市规定农民工可以申请公租房，但事实上他们被较高的租金水平拒之门外。受限于城镇住房保障体系自身远未完善，其打通制度性障碍的政策指向性意义更大于实质效果。[3] 另一方面，在公租房覆盖面逐渐扩大到农民工的同时，这些少量的保障性住房并没有考虑农民工的基本住房需求。当前住房保障以集中建设成片为主，大多选址偏远且配套不够完善，缺乏公共服务。居住与就业的空间异化和布局失衡，加剧了职住分离的矛盾。[4] 这些住房远谈不上是对农民工的住房保障，更多是为了面对中央的硬性考核而应付了事，以至于陷入了"保障性住房入住率低，农民工找不到合适住房"的怪圈。

3. 农民工住房保障资源亟须拓展

在城市的住房保障供给中，土地和财政支出是两项最重要的资源，但是当前我国地方政府将土地和财政收入两者紧密地捆绑在一起，即社会各界所诟病的"土地财政"。根据国土资源部（现为"自然资源部"）公布的全国住房用地和保障性住房用地供应计划来看（见表 7-4），从 2009 年开始，保障性住房用地的供应面积逐渐上涨，2011 年达到高峰期，而在此之后又开始逐年下降。从两者的比例来看，保障性住房用地面积始终不温不火，最多时也不到总用地供应量的四成。当然，以上数据只是计划供应，未必能够有效执行。受制于数据的可获得性，笔者仅查到自然资源部发布的《2010 年全国住房用地供应计划执行情况公告》，公告中显示当年"全国住房供地计划实际完成 67.9%，其中，保障性住房（指经济适用房和廉租房）用地完成计划的 65.2%"[5]。2010 年是保障性住房用地

---

[1] 许莲凤. 公共产品理论视域下的新生代农民工住房保障实现路径研究 [J]. 东南学术, 2013 (6): 63-69.
[2] 华生. 城市化转型与土地陷阱 [M]. 东方出版社, 2013: 140.
[3] 董昕. 中国农民工住房问题的历史与现状 [J]. 财经问题研究, 2013 (1): 117-123.
[4] 许莲凤. 公共产品理论视域下的新生代农民工住房保障实现路径研究 [J]. 东南学术, 2013 (6): 63-69.
[5] 中华人民共和国自然资源部. 2010 年全国住房用地供应计划执行情况公告 [EB/OL]. (2011-01-29) [2023-6-30]. http://www.mnr.gov.cn/gk/tzgg/201101/t20110129_1990464.html.

面积占住房用地计划供应量比例最少的一年，这也在一定程度上反映出其他年份的计划供应量更难以实现。由于地方政府的财政利益驱动，保障性住房用地供应越多，对于地方政府的财政收入影响就越大。地方政府往往为了地方利益，土地更多地流转到了商业用途以获取高额的土地出让金，对保障性住房用地的供应自然无太大的动力。

表7-4　2009—2014年全国住房用地和保障性住房用地的关系

年份	住房用地计划供应量（万公顷）	保障性住房用地面积（万公顷）	比例（%）
2009	13.57	1.98	14.6
2010	18.47	2.45	13.3
2011	21.80	7.74	35.5
2012	17.26	5.01	29.1
2013	15.08	4.15	27.5
2014	10.34	3.7	35.8

数据来源：根据自然资源部发布的2009—2014年《全国住房用地供应计划》整理得到。

4. 高房价将农民工挤出了住房市场

高房价已经俨然成为屹立在外来人口面前的难以逾越的门槛，成了其在大城市定居过程中"难以承受之重"。对于刚进入社会的大学毕业生，由于刚开始工作收入并不高，房价对他们有着强烈的排斥作用。但是他们在经过一段年限的积累后，收入逐步提高，而且还有家庭的支持，也能够让他们买得起住房。而农民工缺乏高学历和相应的技能，这也决定着他们的收入不高，还缺乏家庭的支持，因此无法承受高房价。

5. 农民工租房市场空间不断压缩

保障性住房供给是项长期工程，但"远水解不了近渴"，农民工的居住问题需要在短期内得到解决。在农民工的住房保障纳入政府的议程之前，资本主导的宿舍劳动体制和社会主导的自我消化模式是农民工在城市中最主要的两种居住形态。[①] 当前农民工只能依靠租房市场中的低租金、条件差的住房解决住房问题，随着京津冀的城市改造、棚户区改造等项目的大量建设，这些房源将大量减少。[②] 农民工只能被迫地往更偏远的地方搬迁，居住空间进一步被压缩。即便农民工在城区租住条件较好的住房，进入租房市场时的被歧视（排斥）感仍然十分严重，其中五分之一的人遭遇过歧视。[③]

[①] 任焰，梁宏. 资本主导与社会主导——"珠三角"农民工居住状况分析[J]. 人口研究，2009（2）：92-101.

[②] 倪鹏飞. 中国住房发展报告（2014—2015）[M]. 社会科学文献出版社，2015：263.

[③] 彭华民，等. 排斥与融入：低收入农民工城市住房困境与住房保障政策[J]. 山东社会科学，2012（8）：20-29.

第三节 京津冀新生代农民工住房的需求特征

与老一代农民工相比，京津冀新生代农民工的生活背景、成长经历、教育程度均不相同，而且他们更认同城市的生活方式，消费观念和结构更为开放和多元，也有着更为强烈的居留意愿，这也导致他们跟老一代农民工在住房需求上有着较大的差异。

一、储蓄倾向弱化的住房消费观

老一代农民工有着深厚的乡土情结，进城务工的主要目的是挣钱，等到退出劳动力市场后返乡养老，所以他们在城市的主要策略是压缩生活开支，尽可能地储蓄更多的资金以规避日后潜在的经济风险。新生代农民工因为缺乏农村生活经验，也没有掌握耕种技术，所以跟老一代农民工的进城目的有着较大的区别，且目标更为糅杂，既希望能够扎根于城市，又担心，无法适应城市而被迫在不同城市流动。总体而言，京津冀新生代农民工受到消费主义的影响，消费观念更为开放，更能适应城市的生活方式，希望告别祖祖辈辈"脸朝黄土背朝天"的生活，所以消费行为呈现出超前性。所以他们在住房消费上更愿意租住在环境好的房屋之中，希望能够拥有自己独立的居住空间，也能承受更高的租金，而不愿像老一代农民工那样缩衣节食地节省开支，选择状况恶劣的住房。

二、求廉基础上的住房消费质量动机

研究表明，北京市"城中村"等非正规租赁住房市场的平均住房租金为 320.8 元/m^2，而最近的正规住房的平均租金为 2 829 元/m^2，大约为前者的 9 倍[①]。京津冀新生代农民工跟老一代农民工同样受限于学历和技能水平，他们的收入都比较低，所以他们在住房选择上都表现出求廉的消费倾向。但是新生代农民工的受教育程度相对老一代农民工较高，且生活和成长的经历使其更容易接受城市的生活方式，因此在住房消费质量动机上有着较大的差异。新生代农民工在没有成家之前，经济负担比较小，只需要考虑自己的衣食住行，也不用考虑家庭负担，因此在有限的收入范围内可以尽可能地选择更高质量和更好环境的住房。他们不再局限于集体宿舍或者城中村等非正规住房租赁市场，而是逐步选择进入正规住房租赁市场，选择条件更好的住房。而当他们成家后也会倾向于家庭性迁移，让孩子能够接受更为优质的城市教育，家庭成员的增加会让他们尽量保持住房条件不降低。

三、工作频繁更换带来的住房需求不稳定

受制于农民工的教育程度和技能水平，京津冀新生代农民工和老一代农民工一样处于不稳定和高流动的状态。加之新生代农民工对工作的期望值更高，对于高强度、重复性的

---

① ZHANG B. Housing in Beijing Urban Villages and migrants' income patterns [C]. Second Interational Postgraduate Conference on Infrastructure and Environment . 2010. 2：188-195.

工作容忍程度更低，但是由于他们的技能水平无法匹配更高层次的工作岗位，导致工作更换的频率远远高于老一代农民工。为了能够留在城市，他们也只能通过更换工作的方式来调整城市居住行为。在这一状态下，新生代农民工的流动性更大。因此住房需求并不稳定，表现为波动性较大。

四、缺乏支持的住房消费自承

新生代农民工有着强烈的居留意愿，希望能够在大城市中生存下来，所以对农村房屋的需求也在逐步降低。但是低收入又限制他们在城市的租房和购房能力，特别是北京和天津的房租让他们经济压力更大。来自城镇的新市民可以通过父母在经济上的支持在城市租房或者买房，而京津冀新生代农民工的父辈无法提供经济上的支持，使得他们只能依靠自己较低的收入解决住房问题，表现出自承的特点。

五、住房消费倾向出现分化

从居住地点和形式来看，老一代农民工为了节约成本，主要居住在城中村、城乡接合部等住房环境恶劣的住房中，或者是单位提供的免费的集体宿舍中。但是京津冀新生代农民工在住房消费观念上与老一辈的差异开始变大，他们不再局限于老一代农民工的住房选择，开始将租房选择扩展到有物业的正规小区，或者有着独立空间且居住条件较好的住房，分布更广泛。总体而言，京津冀新生代农民工的住房需求特点，特别是在北京和天津两地，与他们的自身能力出现了严重的错配，使得他们的住房消费选择出现了分化。

第四节 本章小结

本章通过对京津冀农民工政策的梳理发现，虽然各地都根据本地的具体情况出台了农民工住房政策，但是政策的指向性大于实质性。从京津冀农民工政策实践来看，由于住房保障政策缺乏可行性，住房保障资源门槛高、覆盖面小，农民工住房保障资源亟须拓展，高房价将农民工挤出了住房市场，农民工租房市场空间不断压缩等多方面的因素，农民工的住房状况不容乐观。再加之京津冀新生代农民工的住房需求有着自身的特点，与当前的供给并不匹配。这些都加剧了京津冀农民工的住房困境。

第八章　京津冀新生代农民工的迁移意愿与住房状况分析

本章主要通过问卷调查法获得京津冀新生代农民工的迁移意愿和住房状况的相关情况，并对其进行描述性分析，发现他们当前的具体特征。

第一节　问卷设计、数据来源与统计方法

本章主要采用问卷调查和个案访谈等方法对京津冀新生代农民工的相关数据进行搜集。根据《2017年农民工监测调查报告》显示，2017年京津冀地区务工的农民工达到了2 215万人，比上年增加72万人。[①] 按照当年新生代农民工占50.5%的比例计算，京津冀地区的新生代农民工的总数约为1 119万人。由于新时代农民工分布较为分散，因此本研究通过滚雪球调查的方式对京津冀新生代农民工展开了问卷调查，调查对象为工作地点为北京、天津、石家庄、保定、邯郸、唐山和秦皇岛，而且是1980年后出生的、现已满16岁的新生代农民工。课题组于2017年12月在这些城市通过纸质和网络总共发放了2 300份问卷，在对问卷进行筛选后，我们剔除了不合格的问卷，最终获得的有效问卷为2 193份，有效回收率达到95.3%。有效调查问卷占该群体总数的比例为1.96‰，因此本研究达到了超过调查取样1‰的有效性要求。在这些有效问卷中，北京市为666份，天津市为378份，河北省为1 149份。这些有效回收的问卷是本课题进行实证研究的数据来源。

本研究重点研究住房政策对京津冀新生代农民工迁移意愿的影响，因为迁移意愿为二分变量，因此采用二元Logistic回归分析方法来研究住房政策（自变量）和迁移意愿（因变量）之间的相关性问题，找出具体的影响机制。

研究问卷设计首先获取个人的基本情况，其中包括性别、婚姻、年龄、是否有子女、文化程度、外出务工年数、单位类型、居住人数、月收入和月支出等变量，具体如表8-1所示。从表8-1来看，京津冀新生代农民工以男性为主，且大部分都已成家，年龄以30岁以上居多；有子女和没有子女的农民工基本各占50%；文化程度以高中以下学历为主；务工年限1~5年间的占到50%以上；就业单位类型以民营企业为主；居住也以群居为主，

[①] 国家统计局. 2017年农民工监测调查报告［EB/OL］.（2018-01-27）［2023-1-30］. http://www.stats.gov.cn/sj/zxfb/202302/t20230203_1899920.html.

2~5人一起居住的占到78.1%；月收入以2 000~5 000元为主，而月支出极度压缩，控制在1 000~2 000元以内。

表8-1 京津冀新生代农民工的基本情况

自变量		频数（比例）	自变量		频数（比例）
性别	男	477（64.5%）	婚姻	是	446（60.4%）
	女	262（35.5%）		否	293（39.6%）
年龄	30岁以下	252（34.1%）	是否有子女	是	399（54.0%）
	30岁以上	487（65.9%）		否	340（46.0%）
学历	小学及以下	41（5.5%）	外出务工年数	1年以内	14（1.9%）
	初中	330（44.7%）		1~3	257（34.8%）
	高中	234（31.7%）		4~5	190（25.7%）
	大专	80（10.8%）		6~10	209（28.3%）
	本科及以上	54（7.3%）		10年以上	69（9.3%）
单位类型	国有企业	95（12.9%）	居住人数	1人	64（8.6%）
	民营企业	566（76.6%）		2~3人	365（49.4%）
	外资企业	27（3.7%）		4~5人	212（28.7%）
	合资企业	51（6.9%）		6~10人	98（13.2%）
月收入（元）	2 000以内	73（9.9%）	月支出（元）	1 000以内	234（31.6%）
	2 000~3 000	118（16.0%）		1 000~1 500	228（30.9%）
	3 000~4 000	126（17.1%）		1 500~2 000	149（20.2%）
	4 000~5 000	219（29.7%）		2 000~3 000	82（11.1%）
	5 000以上	202（27.4%）		3 000以上	46（6.2%）

第二节 研究思路

由于本课题主要聚焦于住房政策对京津冀新生代农民工迁移的影响研究，而住房政策决定着其住房状况，因此本章着重从住房状况的视角进行分析，同时考察了京津冀新生代农民工的生活情况，共同分析这些维度对农民工迁移意愿的影响。根据问卷设计的内容，生活情况维度选取的变量见表8-2。

从表8-2中，我们发现京津冀新生代农民工的生活现状表现得不尽如人意。尽管他们收入不高，但是他们中对工作比较满意的占到47.6%，可能主要源于对比的对象群体的不同，他们更多是与自身相仿的群体相比，因此工作满意度比较高。在流动次数中，他们的流动频率并不高，初次流动的占到38.6%，流动次数为1~2次的占到了39.2%。流动范围以跨省流动为主,这也跟前面的研究相一致:由于北京和天津的经济发展水平最为完善,所以吸引了大量的外来人口,因此京津冀新生代农民工主要来源于外省。与当地人交往频率选择"较低"和"一般"的分别占到15.7%和39.9%,说明他们依然难以融入本地城市中。

表8-2 京津冀新生代农民工的生活情况

自变量		频数(比例)	自变量		频数(比例)
工作满意度	非常不满意	24(1.1%)	流动次数	0	846(38.6%)
	比较不满意	114(5.2%)		1	315(14.4%)
	一般	825(37.6%)		2	543(24.8%)
	比较满意	1 044(47.6%)		3	279(12.7%)
	非常满意	186(8.5%)		4	90(4.1%)
房价(元)	5 169	225(10.3%)		5	69(3.1%)
	5 581	207(9.4%)		6	33(1.5%)
	6 120	147(6.7%)		7	3(0.1%)
	6 492	168(7.7%)		8	12(0.5%)
	9 362	402(18.3%)		9	3(0.1%)
	15 139	378(17.2%)	流动范围	跨省	1 146(52.3%)
	34 117	666(30.4%)		省内跨市	405(18.5%)
与当地人交往频率	低	126(5.7%)		市内跨县	396(18.1%)
	较低	345(15.7%)		县内或不流动	246(11.2%)
	一般	876(39.9%)	家庭化迁移	否	1 086(49.5%)
	较高	651(29.7%)		是	1 107(50.5%)
	高	195(8.9%)			

备注:年收入、流动时长为连续性变量。数据按四舍五入计算,部分加和可能不等于100%。

第三节 京津冀新生代农民工的迁移意愿

本研究在问卷中设置了"您是否打算进城定居"这一问题,选项分别为"愿意""不愿意""没想好",我们将"愿意"视为有迁移意愿,"不愿意"和"没想好"视为没有迁移意愿。我们发现:60.47%的京津冀新生代农民工具有强烈的迁移意愿,只有39.53%没有迁移意愿(见图8-1)。从总体来看,京津冀新生代农民工的迁移意愿比较强烈,也比较契合这一群体的成长背景和生活经历。李培林等也指出，绝大多数新生代农民工都希望扎根于城市，且融入城市中。[①]

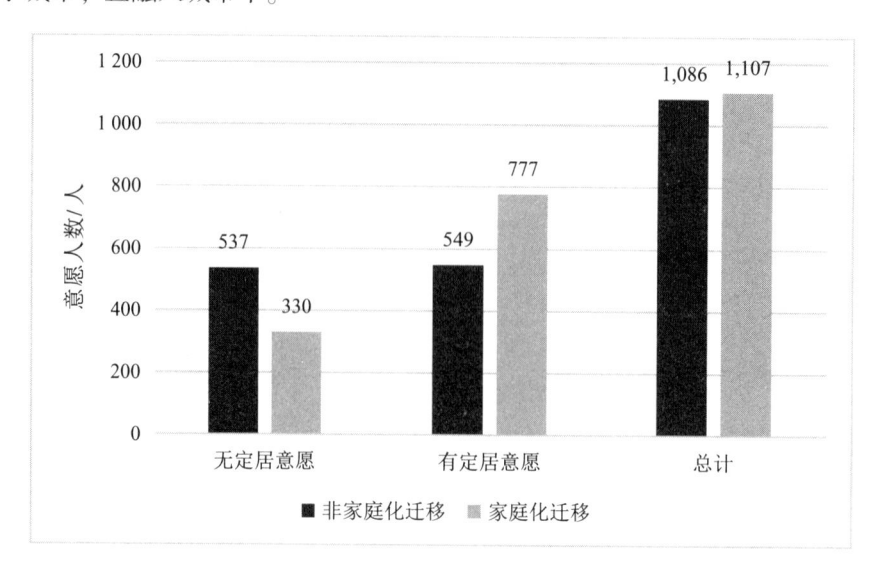

图 8-1　京津冀新生代农民工迁移意愿

由于京津冀地区经济发展、资源禀赋和收入水平的不均衡，导致京津冀各地农民工迁移意愿有着明显的差异性。通过表 8-3 发现，京津冀各地具有迁移意愿的农民工占比由低到高依次为北京、天津、河北，其占比分别是 50.45%、60.32% 和 66.32%。尽管北京的收入水平和就业机会均优于天津和河北，但是由于北京严格的人口管控政策以及户籍制度等因素，使得北京市新生代农民工的迁移意愿远低于天津、河北。河北省内的新生代农民工迁移意愿最强，可能得益于当地较低的生活成本和宽松的户籍制度，无论是制度性还是非制度性的障碍都小于北京和天津，使其在本地更容易落户定居，也提升了他们的迁移意愿。

表 8-3　京津冀新生代农民工迁移意愿频率分布表

迁移意愿	北京 人数	北京 %	天津 人数	天津 %	河北 人数	河北 %
否	330	49.55	150	39.68	387	33.68
是	336	50.45	228	60.32	762	66.32
总计	666	100	378	100	1 149	100

随着城镇化进程的加快，家庭化迁移逐渐成为农民工迁移的趋势。而且农民工迁移的最终目的也是实现全家成员的城镇化，这不仅是因为经济上的理性，更多也是因为社会理性。[②] 因此，我们特意问询"您的配偶、父母或者子女是否陪同在身边"，以此判断是否

[①] 李培林，田丰. 中国新生代农民工：社会态度和行为选择 [J]. 社会，2011（3）：1-23.
[②] 熊景维，钟涨宝. 农民工家庭化迁移中的社会理性 [J]. 中国农村观察，2016（4）：40-55，95-96.

为家庭化迁移。在京津冀新生代农民工的总体中家庭迁移比例和非家庭迁移比例基本相当，分别为50.5%和49.5%。但从迁移意愿来看，非家庭化迁移的农民工迁移意愿仅为50.6%，而家庭化迁移农民工的迁移意愿为70.2%，比非家庭化迁移的群体提高了19.6%（如图8-2所示）。由此可见，家庭化迁移对新生代农民工的迁移意愿影响非常明显。

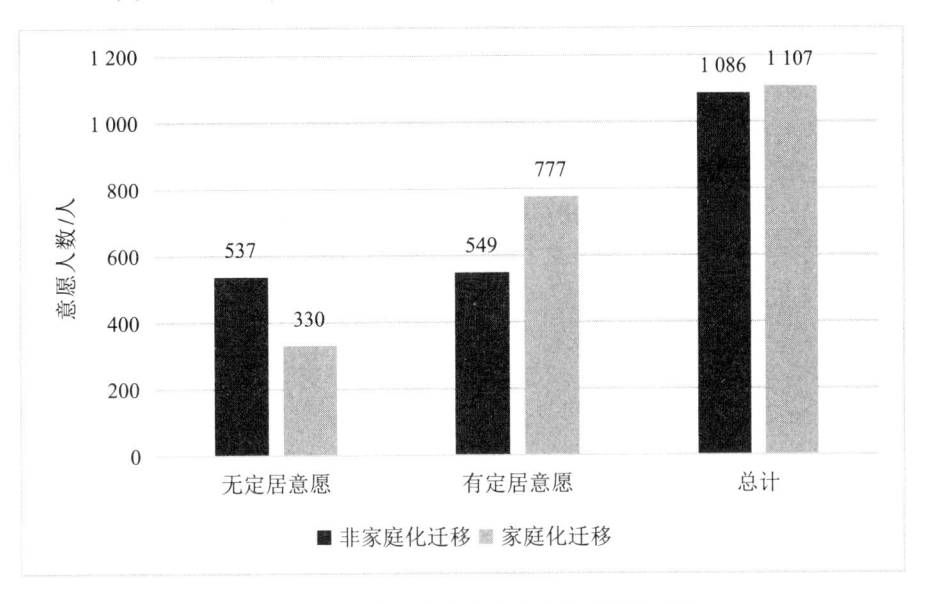

图8-2 京津冀新生代家庭化迁移意愿统计图

我们进一步观察京津冀家庭化迁移意愿的差异性。从表8-4来看，我们发现京津冀新生代农民工的迁移意愿是否为家庭化迁移存在明显的差异，其迁移意愿总体上都有大幅度的提升，北京、天津和河北三地的迁移意愿分别提升了21.23%、8.33%和20.63%。综上所述，家庭化迁移可以促进农民工的迁移意愿，京津冀区域也不例外，而且家庭化迁移对新生代农民工迁移意愿的影响由高到低依次是河北、北京和天津。

表8-4 京津冀新生代农民工家庭化迁移意愿频率分布表

家庭化迁移		北京		天津		河北	
		人数	%	人数	%	人数	%
非家庭化迁移	否	222	58.73	72	44.44	243	44.51
	是	156	41.27	90	55.56	303	55.49
	总计	222	58.73	72	44.44	243	44.51
家庭化迁移	否	108	37.50	78	36.11	144	23.88
	是	180	62.50	138	63.89	459	76.12
	总计	288	100	216	100	603	100

第四节 京津冀新生代农民工的住房状况

通过前文的理论分析,我们发现多重制度逻辑下的住房政策让农民工陷入了住房困境。因此本节进一步对京津冀新生代农民工的住房状况进行调查分析,住房状况变量设定如表8-5所示,以期探讨京津冀新生代农民工的住房状况。

表8-5 京津冀新生代农民工住房状况变量表

变量	变量类型	变量设定
住房产权	分类变量	0=没有产权;1=有产权
住房支出	分类变量	1=300元以内;2=300~500元;3=500~1 000元;4=1 000~1 500元;5=1 500~2 000元;6=2 000~3 000元;7=3 000元以上
人均住房面积	连续变量	1=5 m² 以内;2=5~10 m²;3=10~15 m²;4=15~20 m²;5=20~25 m²;6=25~30 m²;7=30 m² 以上
通勤距离	分类变量	1=0.5 h以内;2=0.5~1 h;3=1~1.5 h;4=1.5~2 h;5=2 h以上
住房设施	连续变量	无
享受公租房	虚拟变量	0=否;1=是
享受住房补贴	虚拟变量	0=否;1=是
购房意愿	虚拟变量	0=否;1=是
住房政策满意度	连续变量	1=非常不满意;2=比较不满意;3=一般;4=比较满意;5=非常满意
居住满意度	连续变量	1=非常不满意;2=比较不满意;3=一般;4=比较满意;5=非常满意

我们在表8-5的基础上对京津冀新生代农民工的住房状况进行汇总和整理,做进一步的描述性分析,见表8-6。

表 8-6 京津冀新生代农民工住房状况的基本情况

自变量		频数（比例）	自变量		频数（比例）
通勤距离	0.5 h 内	1 101（50.2%）	住房设施数	0	18（0.8%）
	0.5~1 h	789（36.0%）		1	72（3.3%）
	1~1.5 h	228（10.4%）		2	90（4.1%）
	1.5~2 h	39（1.8%）		3	192（8.8%）
	2 h 外	36（1.6%）		4	273（12.4%）
住房产权	有产权住房	369（16.8%）		5	351（16.0%）
	无产权住房	1 824（83.2%）		6	375（17.1%）
人均住房面积	0~5 m² 以内	447（20.4%）		7	297（13.5%）
	5~10 m² 以内	408（18.6%）		8	222（10.1%）
	10~15 m² 以内	288（13.1%）		9	288（13.1%）
	15~20 m² 以内	321（14.6%）		10	3（0.1%）
	20~25 m² 以内	234（10.7%）		11	12（0.5%）
	25~30 m² 以内	195（8.9%）	住房补贴	否	1 851（84.4%）
	30 m² 以上	300（13.7%）		是	342（15.6%）
公租房	否	1554（70.9%）	居住满意度	非常不满意	45（2.1%）
	是	639（29.1%）		比较不满意	333（15.2%）
购房意愿	否	1 560（71.1%）		一般	927（42.3%）
	是	633（28.9%）		比较满意	717（32.7%）
住房支出	300 元以内	780（35.6%）		非常满意	171（7.8%）
	300~500 元	417（19.0%）	住房政策满意度	非常不满意	141（6.4%）
	500~1 000 元	570（26.0%）		比较不满意	384（17.5%）
	1 000~1 500 元	254（11.6%）		一般	1 110（50.6%）
	1 500~2 000 元	99（4.5%）		比较满意	441（20.1%）
	2 000~3 000 元	45（2.1%）		非常满意	117（5.3%）
	3 000 元以上	27（1.2%）			

一、住房产权比例过低

在住房类型方面，京津冀新生代农民工在流入地拥有住房产权的比例为 16.8%，其中在河北拥有住房产权的农民工占比最多为 24.02%，大约是天津的 2 倍、北京的 4 倍，表明京津冀农民工在流入地拥有自有住房的比例较少。北京、天津拥有住房产权的农民工的比例低于河北，其原因可能有以下三点：第一，流入地的高房价阻碍了农民工对住房产权的获取。① 就北京的房价而言,大部分的中产阶级都难以承受,通常会掏空全部家当才勉强买到一套住房,更不用说农民工群体,自身既缺乏相应的收入水平,也缺乏家庭的支持,高房价是屹立在京津冀新生代农民工面前一座难以逾越的高山,这也导致了他们没有能力购买住房。第二,宅基地预期财产性收益也降低了农民工留城意愿和户口迁移意愿。② 住房是农民工在城镇安家立命的根本,既然无法在城镇获得自己的住房,农村的宅基地就是他们最后维持生活底线的根本。特别是京津冀新生代农民工在无法留城的过程中,留城意愿和户口迁移意愿的降低可能降低农民工的购房意愿,导致住房产权拥有比例不高。第三,住房产权与农民工城市融入相互促进。从已有的研究来看,住房产权与农民工的城市融入相辅相成,相互促进。③ 而本研究也在一定程度上印证了这一点。农民工在本地的社会融合程度会影响其迁移意愿,京津冀三地拥有住房产权的占比与迁移意愿占比的顺序一致,说明迁移意愿越弱,农民工拥有住房产权的比例越少。(见表8-7)

表8-7 京津冀新生代农民工的住房产权

住房产权	京津冀 人数	%	北京 人数	%	天津 人数	%	河北 人数	%
有产权	369	16.83	39	5.86	54	14.29	276	24.02
无产权	1 824	83.17	627	94.14	324	85.71	873	75.98
总计	2 193	100	666	100	378	100	1 149	100

二、尽可能地压缩住房支出

各地地域差异导致住房支出只能在同一地域、相同住房水平下进行比较。王萍等指出,在一定假设下,住房支出越高,住房水平随着住房支出的增加而提高④,因此住房支出也可以作为不同区域住房水平的比较因素之一。京津冀总体和各地住房支出占比最多的是300元以内,并且住房支出在1 500元以内的占比超过了90%;其次,总体特征呈现随住房支出的增多,农民工的人数减少,住房支出在300~500元的农民工人数多于500~1 000元的农民工人数,以及北京农民工住房支出在300~500元的人数少于1 000~1 500元的人数。通过比较京津冀三地住房支出可以发现:首先,河北农民工的住房支出要少于北京、天津,可能与城市类型有关;其次,天津农民工支付较高房租的比值极少,甚至

---

① 杨巧,杨扬长. 租房还是买房——什么影响了流动人口住房选择?[J]. 人口与经济, 2018 (6): 101-111.
② 钱龙,周宁,章莉. 助推还是羁绊:宅基地财产性收益对农民工城市融入的影响 [J]. 华中农业大学学报(社会科学版), 2021 (1): 16-25, 173-174.
③ 李海波,尹华北. 住房消费对农民工城市融入的影响及其差异研究——基于CGSS2013数据分析 [J]. 消费经济, 2018 (3): 49-53, 87.
④ 王萍,水洁怡,杨爽,鲁莹莹. 中国流动人口住房条件不平等及其影响因素 [J]. 现代商贸工业, 2019 (30): 159-161.

2 000元以上的比值为0，说明京津冀三地中天津农民工的住房状况可能最差；最后，住房支出在500-1 000元与1 000-1 500元的差距的对比要明显大于其他两个相邻的阶段，因此一方面可以把1 000元看作是住房支出的分界线，另一方面也表明了京津冀农民工住房状况存在较大的差异。（见表8-8）

表8-8 京津冀新生代农民工的住房支出

住房支出	京津冀 人数	%	北京 人数	%	天津 人数	%	河北 人数	%
300元以内	780	35.57	207	31.08	132	34.92	441	38.38
300~500元	417	19.02	102	15.32	60	15.87	255	22.19
500~1 000元	570	25.99	171	25.68	123	32.54	276	24.02
1 000~1 500元	255	11.63	108	16.22	48	12.70	99	8.62
1 500~2 000元	99	4.51	51	7.66	15	3.97	33	2.87
2 000~3 000元	45	2.05	18	2.70	—	—	27	2.35
3 000元以上	27	1.23	9	1.35	—	—	18	1.57

三、人均住房面积较小

课题组通过调研发现，京津冀农民工住房面积平均值较大，考虑到数据中京津冀各地样本数量的差距以及他们的实际居住情况，因此根据问卷中住房面积和住房人数求得京津冀各地人均住房面积。[1][2] 京津冀新生代农民工人均住房面积为18.98m^2，由于他们的住房需求出现了分化，所以住房面积差异比较大，但是从人均住房面积的中位数来看仅为15 m^2。因此，无论是人均住房面积的平均值还是中位数，都显示京津冀新生代农民工的住房面积偏小，远远低于2017年城镇居民人均住房面积。另外，我们进一步分析京津冀三地的住房面积。其中，北京、天津新生代农民工的人均住房面积相差较小，且小于河北的农民工的人均住房面积，这与实际现状相符合。通过比较中位数与均值的差值，发现北京的差值要大于天津、河北，说明北京农民工的住房面积的个体差异性强于天津、河北（见图8-3）。

---

[1] 王宇凡，柴康妮，卓云霞，冯长春. 中国城市流动人口住房质量的空间分异与影响因素［J］. 地理学报，2021（12）：2944-2963.
[2] 林李月，朱宇，梁鹏飞，肖宝玉. 基于六普数据的中国流动人口住房状况的空间格局［J］. 地理研究，2014（5）：887-898.

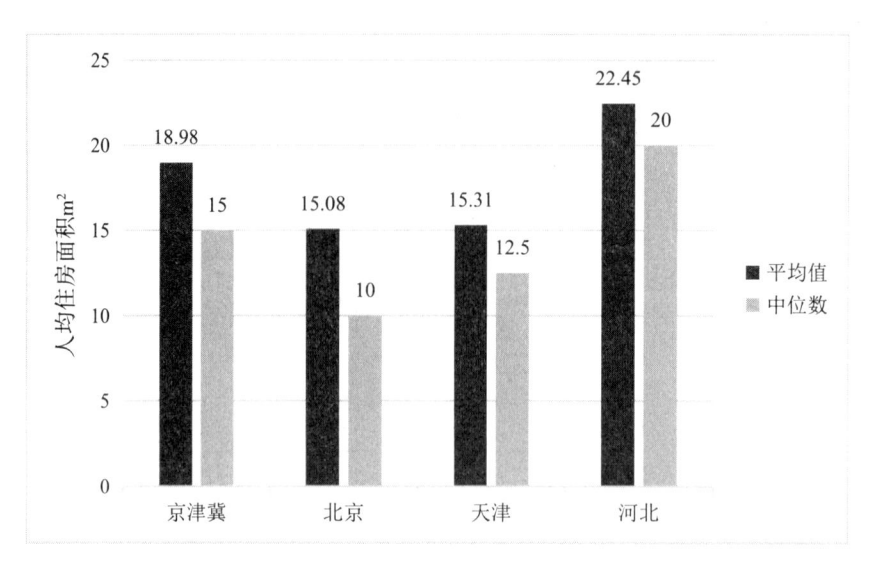

图 8-3　京津冀新生代农民工的人均住房面积分布图

为了更好地比较京津冀农民工的人均住房面积，根据平均值、中位数及众数将其分为 7 个等级发现：北京农民工在人均住房面积为 5~10 m² 的人数最多，而天津是在 5m² 以内的人数最多，河北则是在人均住房面积为 30 m² 以上的人数最多；河北农民工在人均住房面积的各个阶段分布比较均衡，天津农民工的人数随人均面积的增大而减少，北京农民工的人均住房面积为 20 m² 以内；总体而言，如果通过住房面积评价住房状况，京津冀住房状况由好到差依次是河北、天津和北京。（见表 8-9）

表 8-9　京津冀新生代农民工的人均住房面积

人均住房面积	京津冀 人数	%	北京 人数	%	天津 人数	%	河北 人数	%
0-5 m² 以内	447	20.38	150	22.52	90	23.81	207	18.02
5~10 m² 以内	408	18.60	186	27.93	81	21.43	141	12.27
10~15 m² 以内	288	13.13	81	12.16	54	14.29	153	13.32
15-20 m² 以内	321	14.64	108	16.22	54	14.29	159	13.84
20~25 m² 以内	234	10.67	45	6.76	42	11.11	147	12.79
25~30 m² 以内	195	8.89	42	6.31	36	9.52	117	10.18
30 m² 以上	300	13.68	54	8.11	21	5.56	225	19.58
总计	2 193	100	666	100	378	100	1 149	100

四、通勤距离较近

由于农民工大多从事体力劳动，其工作性质要求他们的居住地点离工作位置不能太远，不能因通勤距离而影响工作。因此，京津冀新生代农民工的通勤距离普遍较近，

50.2%的居住地距工作地点 0.5 km 以内，另有 35.98%居住在离工作地点 0.5~1 km 的地点。农民工进城务工在很大程度上是为了追求经济利益，因此农民工的居住空间与工作息息相关，许多学者将对农民工居住空间的研究聚焦在居住聚集、空间隔离、社会分层等方面，较少学者去研究农民工的通勤距离[1][2]以及通勤与职住的关系[3]。将住房到工作的距离分为 5 个阶段后呈现以下特征：一是随着距离增大，农民工的数量减少；二是农民工住房到工作地点的通勤时间主要集中在 1.5 h 以内，占总体的 90%以上，1~1.5 h 的占比只有 10%左右；三是京津冀总体与北京、河北相似，天津则具有一定的不同，一方面京津冀、北京和河北在 0.5 h 内与 0.5~1 h 的占比有显著的差异，天津在这两者之间的差异不大，另一方面京津冀、北京、河北在 1 h 以上的差异性不大，但都有一定的比例，而天津在这两个阶段的占比极少，几乎为零。（见表 8-10）

表 8-10 京津冀新生代农民工的通勤距离（由通勤时间体现）

通勤距离	京津冀 人数	%	北京 人数	%	天津 人数	%	河北 人数	%
0.5 h 内	1 101	50.21	339	50.90	171	45.24	591	51.44
0.5~1 h	789	35.98	213	31.98	153	40.48	423	36.81
1~1.5 h	228	10.40	78	11.71	51	13.49	99	8.62
1.5~2 h	39	1.78	21	3.15	—	—	18	1.57
2 h 以上	36	1.64	15	2.25	3	0.79	18	1.57
总计	2 193	100	666	100	378	100	1 149	100

五、住房设施不尽齐全

许多学者用住房设施的数量来评价住房质量，例如，林李月等将生活燃料、自来水、厨房、厕所、洗澡设施 5 项指标作为住房质量的指数[4]，虞晓芬等使用加法合成，得到厨房拥有指数和厕所拥有指数[5]，本书借鉴虞晓芬等的方法，将热水器、电冰箱、洗衣机、空调、暖气、电风扇、自来水、卫生间（公共和独立）、厨房（公共和独立）等 11 项指标作为住房设施数（见图 8-4）。

---

[1] 赵羚含. 深圳市城中村居民通勤距离特征及影响因素研究 [D]. 哈尔滨工业大学，2018.
[2] 李世龙. 新生代农民工住房满意度影响因素与对策研究 [J]. 重庆大学学报（社会科学版），2015（5）：44-50.
[3] 刘保奎，冯长春. 大城市外来农民工通勤与职住关系研究——基于北京的问卷调查 [J]. 城市规划学刊，2012（4）：59-64.
[4] 林李月，朱宇，梁鹏飞，肖宝玉. 基于六普数据的中国流动人口住房状况的空间格局 [J]. 地理研究，2014（5）：887-898.
[5] 虞晓芬，徐筱瑜. 中国城镇家庭住房质量时空差异分析 [J]. 城市问题，2018（6）：29-35，42.

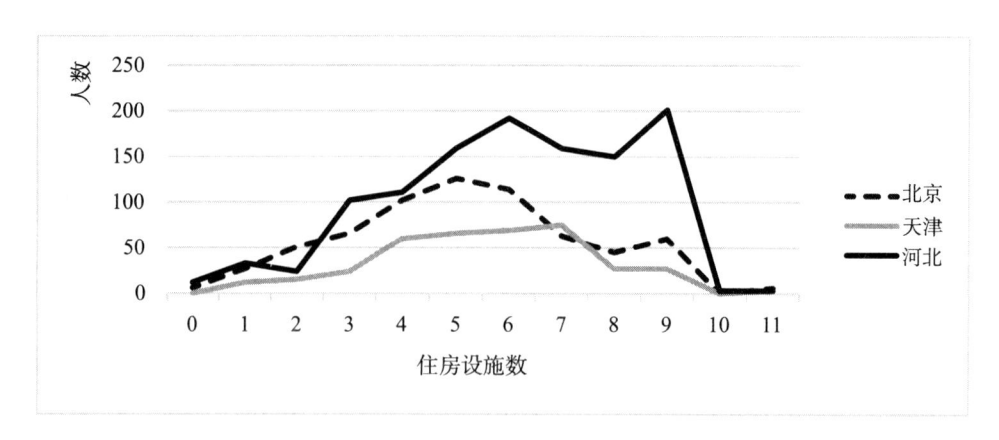

图 8-4 京津冀新生代农民工的住房设施数量

京津冀农民工住房设施数为 6 的占比最多，为 17.1%；北京农民工住房设施数为 5 的占比最多，为 18.92%；天津农民工住房设施数为 7 的占比最多，为 19.84%；河北农民工住房设施数为 9 的占比最多，为 17.49%。通过图 8-4 得出：首先，河北所提供的农民工住房的设施比较齐全，如果通过住房设施比较住房状况，那么住房状况由好到差依次是河北、北京和天津，与特大城市流动人口住房设施普及率较差的结论相符合[①]；其次，农民工住房设施数主要集中在 4~9 的范围；最后，通过比较极值发现，天津农民工住房设施数比较集中，而河北、北京比较分散，表明北京、河北农民工住房设施数个体差异性要大于天津。（见表 8-11）

表 8-11 京津冀新生代农民工的住房设施数频率表

住房设施频率	京津冀 人数	%	北京 人数	%	天津 人数	%	河北 人数	%
0	18	0.82	6	0.90	—	—	12	1.04
1	72	3.28	27	4.05	12	3.17	33	2.87
2	90	4.10	51	7.66	15	3.97	24	2.09
3	192	8.76	66	9.91	24	6.35	102	8.88
4	273	12.45	102	15.32	60	15.87	111	9.66
5	351	16.01	126	18.92	66	17.46	159	13.84
6	375	17.10	114	17.12	69	18.25	192	16.71
7	297	13.54	63	9.46	75	19.84	159	13.84
8	222	10.12	45	6.76	27	7.14	150	13.05
9	288	13.13	60	9.01	27	7.14	201	17.49
10	3	0.14	—	—	—	—	3	0.26

---

① 刘厚莲. 我国特大城市流动人口住房状况分析 [J]. 人口学刊, 2016 (5)：45-53.

续表

住房设施频率	京津冀		北京		天津		河北	
	人数	%	人数	%	人数	%	人数	%
11	12	0.55	6	0.90	3	0.79	3	0.26
总计	2 193	100	666	100	378	100	1 149	100

六、公租房覆盖率不高

公租房作为政府对农民工的住房保障措施之一，因各地政策制定、执行及监督不同，导致各地农民工享受公租房的情况有所差异。为了弄清楚京津冀新生代农民工的公租房覆盖率，课题组设置了"您或者您身边是否有认识的人住上公租房（廉租房）？"这一问题。从回答的情况来看，答案为"是"的比例为29.14%。（见图8-5）由于我们无法判定被公租房（廉租房）覆盖的群体是否全部为农民工，所以这一比例会高于实际情况，也可以判断京津冀农民工未享受到相应的权益。造成这一结果的原因有两方面：一方面是公租房使用和退出面临着运行效果不佳、执行过程失真、回应能力不足[1]等问题，导致公租房使用的不公平性和覆盖性不强；另一方面是公共租赁住房的投资来源决定了公租房建设的力度不同，投资来源分为政府、国企、事业单位和民间投资四部分，这也导致了京津冀各地公租房的投资比例不同[2]。

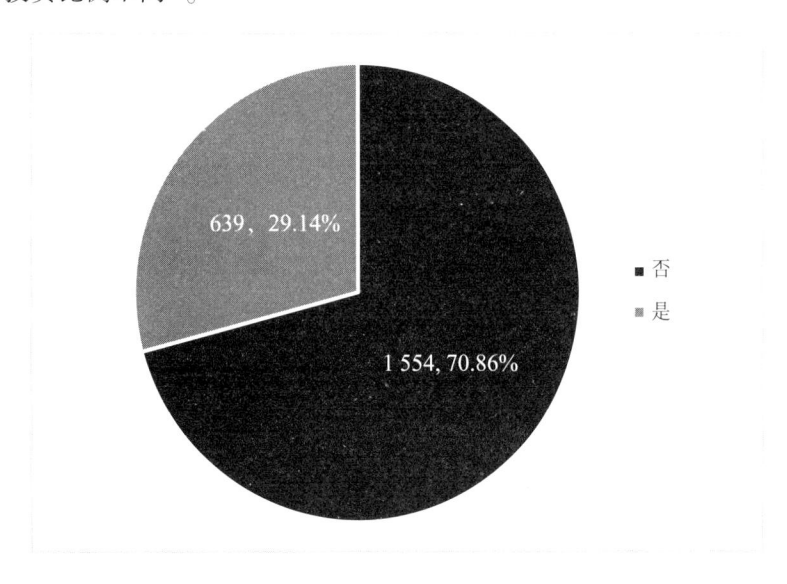

图8-5 京津冀新生代农民工享受公租房统计图

对比京津冀三地享受公租房状况（见表8-12），三地享有公租房比例由高到低依次是

---

[1] 聂圣. 我国公租房使用退出压力机制的反思与重构 [J]. 湖北社会科学，2022（4）：122-130.
[2] 马秀莲，张黎阳. 准市场还是准科层？——基于上海、北京的中国公租房提供模式研究 [J]. 广东社会科学，2019（1）：185-195，256.

河北、北京和天津；北京、河北享有公租房的比例相差不大，说明两地对农民工住房保障具有一定的力度；因天津享有公租房的比例低于总体，表明天津对农民工的住房保障有待提升。

表8-12 京津冀新生代农民工享受公租房的频率表

享受公租房	北京 人数	北京 %	天津 人数	天津 %	河北 人数	河北 %
否	468	70.27	297	78.57	789	68.67
是	198	29.73	81	21.43	360	31.33
总计	666	100	378	100	1 149	100

七、住房补贴比例偏低

住房补贴可能来源于低收入群体住房保障中面向供给方的"砖头补贴"[①]以及用工单位的租房补贴。李燕等运用 CiteSpace 方法绘制了"公租房补贴方式"，得出核心关键词租赁住房和租赁补贴。[②] 但是现实中住房保障的实物供给方式难以覆盖到农民工群体，更不用说"砖头补贴"的资金补贴方式。特别是近年来，各地为加大人才引进的力度，住房补贴主要倾斜于引进人才。另外邓宏乾等[③]发现存在补贴资金的使用率较低和被挪用的情况，与表8-13中只有15.60%的农民工享受住房补贴相符合。通过京津冀各地比较发现，北京、天津的补贴状况强于河北，表明北京和天津的制度比河北更为完善，对农民工更有保障。同时在北京和天津两地中，北京的比例远高于天津，造成这种情况的原因可能是北京作为首都，其在制度运行和监督方面强于天津，使得北京农民工的住房补贴情况优于天津。京津冀各地未享受住房补贴的新生代农民工比例超过80%，说明京津冀新生代农民工享受住房补贴的比例偏低。（见表8-13）

表8-13 京津冀新生代农民工享受住房补贴的频率

享受租房补贴	京津冀 人数	京津冀 %	北京 人数	北京 %	天津 人数	天津 %	河北 人数	河北 %
否	1 851	84.40	540	81.08	324	85.71	987	85.90
是	342	15.60	126	18.92	54	14.29	162	14.10
总计	2 193	100	666	100	378	100	1 149	100

[①] 赵研然，仝德，李贵才. 国内外中低收入家庭住房补贴政策比较研究[J]. 国际城市规划，2013（3）：59-63.

[②] 李燕，王豪，周依典，陈宥铭，方丹丹，李张飞雪. 公租房补贴方式评价及仿真问题的研究综述[J]. 建筑经济，2021（S1）：312-316.

[③] 邓宏乾，贾傅麟，王昱博. 租赁补贴的政策效果及其影响因素——以湖北省三城市为例[J]. 城市问题，2016（4）：81-87.

八、购房意愿低

农民工在京津冀的住房选择主要有租房和购房两种。已有研究中表明自有产权住房可以提升农民工在流入地的生活水平、社会地位及幸福感。[1] 而如前面所分析的，京津冀农民工无产权住房比例为83.1%，这也说明绝大部分农民工主要通过租赁住房来解决住房问题。通过对京津冀新生代农民工的购房意愿调查发现，京津冀总体的购房意愿较低，仅为28.86%。这是因为"胡焕庸线"东南半壁，尤其是东部大城市房价普遍较高且多有住房限购政策，流动人口能够跨越住房市场的高门槛而实现住房自有的可能性有限，降低了他们在流入地的购房意愿[2]，且三地中购房意愿最高的天津为36.51%，北京的购房意愿最低为18.92%，河北省则处在中间，达到了32.11%。这也反映出京津冀新生代农民工比较现实的方法：北京和天津对京津冀农民工的吸引力最大，但是由于高房价，他们只能望而退却，而河北的低房价则成了农民工的次优选择。（见表8-14）

表8-14 京津冀新生代农民工的购房意愿频率

购房意愿	京津冀 人数	%	北京 人数	%	天津 人数	%	河北 人数	%
否	1 560	71.14	540	81.08	240	63.49	780	67.89
是	633	28.86	126	18.92	138	36.51	369	32.11
总计	2 193	100	666	100	378	100	1 149	100

九、居住满意度低

农民工的住房状况不佳虽然是客观存在的，但是并不意味着他们对居住条件不满意。居住满意度既是对住房状况的总体评价，也是农民工主观态度的体现，同时居住满意度在一定程度上能体现农民工的融合度。在居住满意度方面，京津冀新生代农民工的居住满意度差异比较大，表现为倒U形分布，"比较满意"和"非常满意"的为40.49%，认为"一般"的为42.27%，"比较不满意"和"非常不满意"的为17.23%。同时，我们进一步分析三地的具体差异。首先，天津和河北对居住满意的农民工要多于不满意的农民工，北京则相反，说明北京新生代农民工的居住状况最差；其次，北京、天津和河北新生代农民工对居住满意度评价为一般的比值依次降低；最后，北京对居住满意度一般的评价高于满意和不满意，而河北、天津农民工对居住满意度的评价由高到低依次是满意、一般、不满意，两者较为相似。综上所述，河北农民工的居住满意度较高，天津次之，北京最差。（见表8-15）

---

[1] 殷俊，周翠俭.住房公积金、城市定居与农民工幸福感[J].西安财经大学学报，2020（6）：93-101.
[2] 林李月，朱宇，林坤，柯文前.两栖生计下中国流动人口城镇购房意愿的空间特征和影响因素[J].地理学报，2021（6）：1350-1365.

表 8-15　京津冀新生代农民工的居住满意度

居住满意度	京津冀 人数	%	北京 人数	%	天津 人数	%	河北 人数	%
非常不满意	45	2.05	30	4.50	3	0.79	12	1.04
比较不满意	333	15.18	153	22.97	57	15.08	123	10.70
一般	927	42.27	303	45.50	165	43.65	459	39.95
比较满意	717	32.69	135	20.27	141	37.30	441	38.38
非常满意	171	7.80	45	6.76	12	3.17	114	9.92
总计	2 193	100	666	100	378	100	1 149	100

十、住房政策满意度

住房政策满意度是农民工对当前住房政策的主观感受。在住房政策满意度表现为倒 U 形分布[①]，其中，无论是京津冀总体，还是三地分别来看，认为"一般"的比例最高，这一选项的比例基本都在 50% 左右。这也表明京津冀农民工对住房政策的满意度相对较低，与祝仲坤的研究相符合。[②] 首先，北京、天津农民工对住房政策满意的评价人数占比低于不满意的人数占比，这也是由于北京、天津的新生代农民工住房状况最差，与他们的现实状况相符；其次，河北的新生代农民工对住房政策满意的评价人数多于不满意的人数，说明河北农民工对该地的住房政策较为满意。综上所述，京津冀农民工对住房政策满意程度由高到低依次是河北、北京和天津。（见表 8-16）

表 8-16　京津冀新生代农民工的住房政策满意度

住房政策满意度	京津冀 人数	%	北京 人数	%	天津 人数	%	河北 人数	%
非常不满意	141	6.43	60	9.01	42	11.11	39	3.39
比较不满意	384	17.51	144	21.62	81	21.43	159	13.84
一般	1 110	50.62	330	49.55	183	48.41	597	51.96
比较满意	441	20.11	96	14.41	57	15.08	288	25.07
非常满意	117	5.34	36	5.41	15	3.97	66	5.74
总计	2 193	100	666	100	378	100	1 149	100

---

① 居祥，黄贤金，金雨泽，汤其琪，顾璟冉. 现行保障房政策的居民响应及影响因素分析——以江苏省徐州市为例 [J]. 东南大学学报（哲学社会科学版），2015（S2）：105-107，122.

② 祝仲坤. 公众满意度视角下中国住房保障政策评价 [J]. 人口与发展，2018（1）：43-53.

第五节　本章小结

从总体来看，京津冀新生代农民工住房状况总体不佳，拥有产权的比例低、尽可能地压缩住房支出、人均住房面积较小、通勤距离较近、住房设施不尽齐全、住房保障覆盖率低、住房补贴比例偏低、购房意愿低、居住满意度低、住房政策满意度低。从各地来看，河北省新生代农民工的住房状况要好于北京和天津。而京津冀新生代农民工的迁移意愿比较强烈，达到了60.47%，其中河北省的迁移意愿最高。而家庭化迁移可以有效提高这一群体的迁移意愿。

第九章　京津冀新生代农民工迁移意愿与住房状况的交叉分析

尽管上一章对京津冀新生代农民工的迁移意愿和住房状况进行了整体的分析，但是这并不能反映出有迁移意愿与无迁移意愿群体间的差异。本章进一步从迁移意愿和住房状况进行交叉分析，弥补了两者之间"各自为政"分析方法所带来的偏差，从而可以更加深入地探讨两者之间的关联。

第一节　京津冀新生代农民工住房产权与迁移意愿的交叉分析

陈丹娜等认为农民工的融入首先是经济融入。[①] 居者有其屋是我国的传统文化，而且这种思想至今都有着深远的影响意义。拥有相对独立、稳定的住所可以为流动人口带来安全感和归属感，从而产生迁移意愿。另一方面，经济融入必须要有稳定的工作作为支撑。刘斌等指出有稳定的收入和稳定的住房是相互促进的，有住房产权可以保证农民工的住房稳定，从而实现农民工从租房到买房，实现定居。[②] 在住房类型方面，对于有住房产权的京津冀农民工也同样如此，有意愿定居的农民工要明显高于无定居意愿的农民工，表明拥有住房产权能提高农民工的迁移意愿（见图9-1）。拥有住房产权的京津冀新生代农民工中69.11%有着迁移意愿，远高于没有住房产权的58.72%。

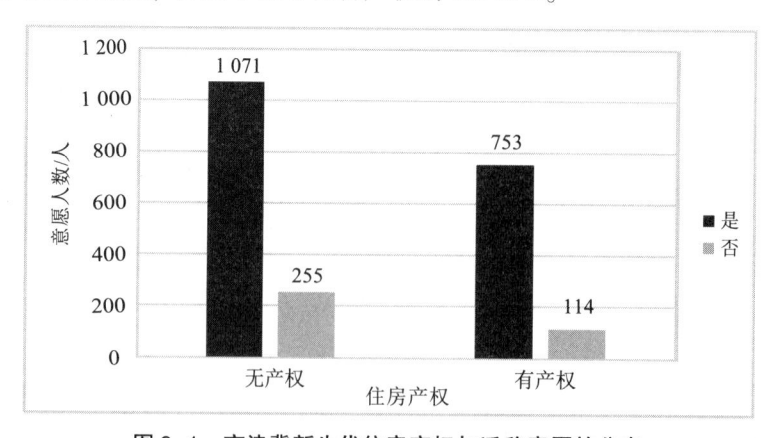

图9-1　京津冀新生代住房产权与迁移意愿的分布

[①] 陈丹娜，卜雨欣，赖芷舒，钟潋烨，彭仁贤. 住房状况视角下流动人口城市融入研究 [J]. 合作经济与科技，2019（9）：7-9.

[②] 刘斌，张翔. 有恒产者的恒心：农民工住房状况与就业稳定性研究 [J]. 西部论坛，2021（6）：67-80.

我们进一步分析不同城市间新生代农民工的差异性。已有研究表明：自有产权住房的确可以促进农民工的迁移意愿，但是购房所产生的房贷使农民工承担着巨大的住房负担，2016年全球仅有13%的城市有可负担得起的住房[1]，因此住房负担又通过降低农民工的幸福感降低其迁移意愿。北京的高房价对于农民工而言已经失去了市场调节的作用，已经将其完全排除在市场之外，这就导致了尽管北京市新生代农民工的产权比例极低，但是由于北京的收入高，就业机会多，所以仍然吸引着大量的农民工到北京工作和生活。但是对于天津和河北而言，住房产权还是能够显著地提高他们的迁移意愿。另外在京津冀三地愿意定居农民工中有产权农民工与无产权农民工的比值由高到低分别是北京、天津、河北，说明有无产权对于农民工迁移意愿影响最大的是北京，天津次之，河北相对影响最小。（见表9-1）

表9-1 住房产权与京津冀新生代农民工迁移意愿的交叉特征分布表

住房产权	迁移意愿	北京 是	北京 否	北京 总计	天津 是	天津 否	天津 总计	河北 是	河北 否	河北 总计
无产权	人数	321	306	627	183	141	324	567	306	873
	百分比	51.20%	48.80%	100%	56.48%	43.52%	100%	64.95%	35.05%	100%
有产权	人数	15	24	39	45	9	54	195	81	276
	百分比	38.46%	61.54%	100%	83.30%	16.70%	100%	70.65%	29.35%	100%

第二节 京津冀新生代农民工住房支出与迁移意愿的交叉分析

尽管房价已经成为农民工被排斥在大城市定居的非制度性因素，但是房租收入比还在农民工的承受范围内，对农民工的迁移意愿有着显著影响[2]，所以这些大城市仍然是农民工的首要选择。首先，在住房支出方面，有迁移意愿的京津冀新生代农民工的人数基本都多于无迁移意愿农民工的人数，但是在各地有所差异。北京市中，只有在300元/月以内、500~1 000元/月、2 000~3 000元/月这3个层次有迁移意愿的农民工的人数基本少于不具有迁移意愿的农民工的人数。其次，随着住房支出的增多，具有迁移意愿的农民工的人数相应减少，在300~500元/月、500~1 000元/月2个层次出现反差，表明农民工在追求经济利益的同时也注重生活质量；住房支出1 000元/月可能为农民工迁移意愿的分界线，即超过1 000元/月且具有迁移意愿的农民工的人数与不具有迁移意愿的农民工的人数存在较大差异，而1 000元/月以内人数则较少，表明住房支出在1 000元/月以内，住房支出对农民工的迁移意愿不具有显著影响，而超过1 000元/月，住房支出的增多可能促进

---

[1] 最新研究显示全球仅有13%的城市有可负担得起的住房 [J]. 人类居住，2016（3）：7.
[2] 董昕. 住房支付能力与农业转移人口的持久性迁移意愿 [J]. 中国人口科学，2015（6）：91-99，158.

农民工的迁移意愿,与住房支出促进流动人口居留意愿相符合[1];在 1 000~1 500 元/月的效果最佳,对于为什么在此层次的农民工的迁移意愿较强,赵卫华等[2]从身份认同的视角给出了解释:住房支出比高者,其本地人身份认同度较高,身份认同是农民工定居的主要因素之一,同时也解释了随住房支出的增多促进作用减弱,是因为住房支出占比过大,则会降低本地人身份的认同感。(见表 9-2)

表 9-2 住房支出与迁移意愿交叉特征分布表

月住房支出/元	迁移意愿	京津冀 否	京津冀 是	京津冀 总计	北京 否	北京 是	北京 总计	天津 否	天津 是	天津 总计	河北 否	河北 是	河北 总计
300 以内	人数	330	450	780	120	87	207	60	72	132	150	291	441
	百分比	42.31	57.69	100	57.97	42.03	100	45.45	54.55	100	34.01	65.99	100
300~500	人数	177	240	417	48	54	102	30	30	60	99	156	255
	百分比	42.45	57.55	100	47.06	52.94	100	50.00	50.00	100	38.82	61.18	100
500~1 000	人数	225	345	570	93	78	171	39	84	123	93	183	276
	百分比	39.47	60.53	100	54.39	45.61	100	31.71	68.29	100	33.70	66.30	100
1 000~1500	人数	87	168	255	45	63	108	15	33	48	27	72	99
	百分比	34.12	65.88	100	41.67	58.33	100	31.25	68.75	100	27.27	72.73	100
1 500~2 000	人数	24	75	99	9	42	51	6	9	15	9	24	33
	百分比	24.24	75.76	100	17.65	82.35	100	40.00	60.00	100	27.27	72.73	100
2 000~3 000	人数	21	24	45	12	6	18	—	—	—	9	18	27
	百分比	46.67	53.33	100	66.67	33.33	100	—	—	—	33.33	66.67	100
3 000 以上	人数	3	24	27	3	6	9	—	—	—	0	18	18
	百分比	11.11	88.89	100	33.33	66.67	100	—	—	—	0.00	100.00	100

第三节 京津冀新生代农民工住房面积与迁移意愿的交叉分析

在人均住房面积方面,有迁移意愿农民工的人均住房面积平均值、中位数都大于无迁移意愿农民工的住房面积平均值、中位数,说明具有迁移意愿的农民工的住房面积大于无迁移意愿农民工的住房面积,表明住房面积可能提高农民工的迁移意愿,梁土坤也指出人均

---

[1] 古恒宇,孟鑫,沈体雁,崔娜娜.中国城市流动人口居留意愿影响因素的空间分异特征[J].地理学报,2020(2):240-254.

[2] 赵卫华,郝秋晨.住房消费、城市级别与农民工的市民身份认同[J].社会发展研究,2019(4):54-75,239.

居住面积及居住质量均对新生代流动人口迁移意愿具有显著的正向影响。① 农民工的住房面积平均值北京<天津<河北，表明河北农民工的住房状况更好，但是其平均值都小于当地平均住房面积，是由于城市内部收入不平等的情况会显著加重低收入家庭的住房成本负担，显著降低其人均住房面积。②

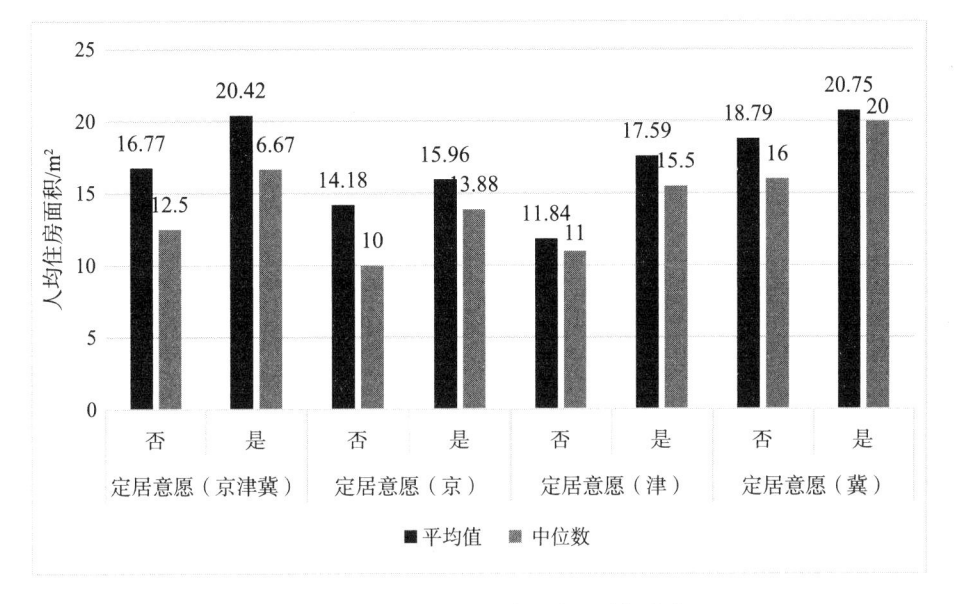

图 9-2 住房面积与迁移意愿交叉特征分布图

通过表 9-3 发现，人均住房面积严重影响京津冀各地农民工的迁移意愿。当人均住房面积少于 5m² 的时候，有迁移意愿的新生代农民工少于无迁移意愿的农民工，这可能是因为人均住房面积小于 5m² 时居住舒适度极差，严重地影响了他们的生活质量；但是当人均住房面积大于 5m² 后，他们的居住条件得到了改善，有迁移意愿的新生代农民工远多于无迁移意愿的农民工。

从京津冀各地的具体情况来看，人均住房面积对北京新生代农民工的迁移意愿影响总体上呈现出 U 形：当人均住房面积过小时，会限制他们的迁移意愿；但是当人均住房面积改善后，会有效地提升他们的迁移意愿。天津市的人均住房面积略大于北京，所以天津市新生代农民工的住房面积和迁移意愿呈现正相关关系，唯一异常的是 10~15 m² 这个范围层，需要在后面进一步检验，总体上天津新生代农民工的迁移意愿随人均住房面积的增大而增加。而河北人均住房面积在各个范围都是具有迁移意愿农民工的人数多于不具有迁移意愿农民工的人数。总体上表明不同的人均住房面积对农民工迁移意愿的影响不同，这也是对上述研究的补充说明。

---

① 梁土坤. 适应转化：新生代流动人口定居意愿的实证研究及其政策意涵 [J]. 中国人口·资源与环境，2017 (2)：151-159.
② 张川川. 收入不平等和城市低收入家庭的住房可及性 [J]. 金融研究，2016 (1)：99-115.

表 9-3 人均住房面积与迁移意愿交叉特征分布表

人均住房面积/m²	迁移意愿	京津冀 否	京津冀 是	京津冀 总计	北京 否	北京 是	北京 总计	天津 否	天津 是	天津 总计	河北 否	河北 是	河北 总计
0~5	人数	225	222	447	84	66	150	45	45	90	96	111	207
0~5	百分比	50.34	49.66	100	56.00	44.00	100	50.00	50.00	100	46.38	53.62	100
5~10	人数	174	234	408	99	87	186	30	51	81	45	96	141
5~10	百分比	42.65	57.35	100	53.23	46.77	100	37.04	62.96	100	31.91	68.09	100
10~15	人数	126	162	288	39	42	81	36	18	54	51	102	153
10~15	百分比	43.75	56.25	100	48.15	51.85	100	66.67	33.33	100	33.33	66.67	100
15~20	人数	129	192	321	42	66	108	24	30	54	63	96	159
15~20	百分比	40.19	59.81	100	38.89	61.11	100	44.44	55.56	100	39.62	60.38	100
20~25	人数	54	180	234	9	36	45	6	36	42	39	108	147
20~25	百分比	23.08	76.92	100	20.00	80.00	100	14.29	85.71	100	26.53	73.47	100
25~30	人数	72	123	195	33	9	42	6	30	36	33	84	117
25~30	百分比	36.92	63.08	100	78.57	21.43	100	16.67	83.33	100	28.21	71.79	100
30以上	人数	87	213	300	24	30	54	3	18	21	60	165	225
30以上	百分比	29.00	71.00	100	44.44	55.56	100	14.29	85.71	100	26.67	73.33	100

第四节 京津冀新生代农民工通勤距离与迁移意愿的交叉分析

由于京津冀新生代农民工的通勤距离普遍较近，因此从总体来看通勤距离并未抑制他们的迁移意愿。只有通勤时间在 2 h 以外时，无迁移意愿的农民工与有迁移意愿的农民工的数量才相同，在其他的通勤时间中具有迁移意愿的农民工多于无迁移意愿的农民工。这也说明住房到工作地的距离可能影响京津冀农民工的迁移意愿：住房到工作地的距离越远，具有迁移意愿的人数越少；住房到工作地的距离越近，京津冀农民工的迁移意愿越强。河北不具有迁移意愿的农民工占比最多的是 0.5~1 h，北京不具有迁移意愿农民工的人数在 0.5 h 以内和 2 h 以外的居多；天津不具有迁移意愿农民工的数量在 0.5~1 h 范围内的较多。总体来说，农民工的迁移意愿受住房到工作地距离的影响，且距离越短，迁移意愿越强。

从各地来看，北京、天津和河北三地各有不同。通勤时间为 0.5 h 以内的，北京的新生代农民工有迁移意愿的少于无迁移意愿的。这可能是因为他们虽然通勤时间短，但是很有可能居住地点在集体宿舍、厂房等条件恶劣的地方，更多的只是解决了他们的栖居问题,并且是为了方便上班和加班;而超过 2 h 也会因为过长的通勤时间抑制他们的迁移意愿。从天津来看,0.5 h 以内的通勤时间可以促进他们的迁移意愿,66.67%的农民工有迁移意愿;0.5~1 h 以内的两者各占将近一半的样子;超过这个范围后,以有迁移意愿的居多;在河北省,通勤时间的长短对他们的迁移意愿影响是一致的,有迁移意愿的人数多于无迁移意愿的人数。(见表9-4)

表9-4 通勤距离与迁移意愿交叉特征分布表(由通勤时间体现)

通勤时间	迁移意愿	京津冀 否	京津冀 是	京津冀 总计	北京 否	北京 是	北京 总计	天津 否	天津 是	天津 总计	河北 否	河北 是	河北 总计
0.5 h 内	人数	465	636	1101	192	147	339	57	114	171	216	375	591
	百分比/%	42.23	57.77	100	56.64	43.36	100	33.33	66.67	100	36.55	63.45	100
0.5~1 h	人数	303	486	789	99	114	213	78	75	153	126	297	423
	百分比/%	38.40	61.60	100	46.48	53.52	100	50.98	49.02	100	29.79	70.21	100
1~1.5 h	人数	69	159	228	21	57	78	15	36	51	33	66	99
	百分比/%	30.26	69.74	100	26.92	73.08	100	29.41	70.59	100	33.33	66.67	100
1.5~2 h	人数	12	27	39	9	12	21	—	—	—	3	15	18
	百分比/%	30.77	69.23	100	42.86	57.14	100	—	—	—	16.67	83.33	100
2 h 以上	人数	18	18	36	9	6	15	0	3	3	9	9	18
	百分比/%	50.00	50.00	100	60.00	40.00	100	0.00	100	100	50.00	50.00	100

第五节 京津冀新生代农民工住房设施与迁移意愿的交叉分析

良好的住房环境也对提高移民迁移意愿有显著影响。[①] 高红莉等也通过住房对迁移意愿的影响研究发现,住房条件可以通过提升幸福感提高农民工的迁移意愿。[②] 在住房设施数方面,京津冀总体主要集中在 5 和 6 这两档上,迁移意愿也跟住房设施完善与否相关,住房设施越完善就越能提高他们的迁移意愿,在 0~3 这几档,无迁移意愿的人数多于有迁移意愿的人数;在 4~10 这几档则是有迁移意愿的多于无迁移意愿的。总体来说,具有迁移意愿农民工的住房设施数要大于不具有迁移意愿农民工的住房设施数,表明住房设施数的增多可能促进农民工的迁移意愿。

---

① 毛丰付,朱书琦,白云浩.住房特征与乡城移民的定居意愿[J].贵州财经大学学报,2018(2):13-24.
② 高红莉,张东,许传新.住房与城市居民主观幸福感实证研究[J].调研世界,2014(11):18-24.

从各地来看，北京、天津和河北的住房设施数增多会促进新生代农民工的迁移意愿。北京市新生代农民工的住房设施在0~4这几档上，无迁移意愿的人数超过了有迁移意愿的人数；其他档上则是有迁移意愿的人数超过无迁移意愿的人数。在天津，住房设施对他们的影响并不明显，只有在2、5和10档上无迁移意愿的人数超过了有迁移意愿的人数，其他档上均为有迁移意愿的人数多于无迁移意愿的人数。河北省除了第2档，其他档上均为有迁移意愿的人数多于无迁移意愿的人数。

表9-5 住房设施数与迁移意愿交叉特征分布表

住房设施	迁移意愿	京津冀 否	京津冀 是	京津冀 总计	北京 否	北京 是	北京 总计	天津 否	天津 是	天津 总计	河北 否	河北 是	河北 总计
0	人数	9	9	18	3	3	6	—	—	—	6	6	12
0	百分比	50.00	50.00	100	50.00	50.00	100	—	—	—	50.00	50.00	100
1	人数	33	39	72	15	12	27	3	9	12	15	18	33
1	百分比	45.83	54.17	100	55.56	44.44	100	25.00	75.00	100	45.45	54.55	100
2	人数	72	18	90	42	9	51	12	3	15	18	6	24
2	百分比	80.00	20.00	100	82.35	17.65	100	80.00	20.00	100	75.00	25.00	100
3	人数	102	90	192	48	18	66	6	18	24	48	54	102
3	百分比	53.13	46.88	100	72.73	27.27	100	25.00	75.00	100	47.06	52.94	100
4	人数	135	138	273	63	39	102	30	30	60	42	69	111
4	百分比	49.45	50.55	100	61.76	38.24	100	50.00	50.00	100	37.84	62.16	100
5	人数	141	210	351	54	72	126	36	30	66	51	108	159
5	百分比	40.17	59.83	100	42.86	57.14	100	54.55	45.45	100	32.08	67.92	100
6	人数	126	249	375	39	75	114	27	42	69	60	132	192
6	百分比	33.60	66.40	100	34.21	65.79	100	39.13	60.87	100	31.25	68.75	100
7	人数	75	222	297	15	48	63	24	51	75	36	123	159
7	百分比	25.25	74.75	100	23.81	76.19	100	32.00	68.00	100	22.64	77.36	100
8	人数	81	141	222	24	21	45	3	24	27	54	96	150
8	百分比	36.49	63.51	100	53.33	46.67	100	11.11	88.89	100	36.00	64.00	100
9	人数	81	207	288	21	39	60	6	21	27	54	147	201
9	百分比	28.13	71.88	100	35.00	65.00	100	22.22	77.78	100	26.87	73.13	100
10	人数	3	0	3	—	—	—	—	—	—	3	0	3
10	百分比	100.00	0.00	100	—	—	—	—	—	—	100	0.00	100
11	人数	9	3	12	6	0	6	3	0	3	0	3	3
11	百分比	75.00	25.00	100	100	0.00	100	100	0.00	100	0.00	100	100

第六节　京津冀新生代农民工公租房与迁移意愿的交叉分析

保障性住房对农民工迁移意愿有促进作用，并且保障性住房对流动人口迁移意愿的影响受流入地经济发展影响。[①] 从京津冀总体来看，是否享受公租房群体的迁移意愿差异较大，享受到公租房群体的 73.24% 有迁移意愿，远高于未享受到公租房群体的 55.21%。从交叉分析来看，公租房确实能够提升他们的迁移意愿，只是能够享受到公租房的群体的比例过低。

从各地来看，天津市享受到公租房且有迁移意愿的新生代农民工群体比例最高，达到了 77.78%，其次是河北省的 75.83%，北京市最低，仅有 66.67%。而享受到公租房但是无迁移意愿的比例从高到低分别为北京市 33.33%、河北省 24.17% 和天津市 22.22%。这也说明北京市对新生代农民工的吸引力较弱，即便享受到公租房仍然不愿在本地定居。（见表9-6）

表9-6　享受公租房与迁移意愿交叉特征分布表

公租房	迁移意愿	京津冀 否	京津冀 是	京津冀 总计	北京 否	北京 是	北京 总计	天津 否	天津 是	天津 总计	河北 否	河北 是	河北 总计
没有享受公租房	人数	696	858	1554	264	204	468	132	165	297	300	489	789
没有享受公租房	百分比	44.79	55.21	100	56.41	43.59	100	44.44	55.56	100	38.02	61.98	100
享受公租房	人数	171	468	639	66	132	198	18	63	81	87	273	360
享受公租房	百分比	26.76	73.24	100	33.33	66.67	100	22.22	77.78	100	24.17	75.83	100

第七节　京津冀新生代农民工住房补贴与迁移意愿的交叉分析

住房补贴可以减少农民工的住房支出，提高他们的支付能力。因此，这也能够提高京津冀新生代农民工的迁移意愿。享受到住房补贴且有迁移意愿的群体占到 65.79%，没有享受到住房补贴且有迁移意愿的群体占到 59.48%。

从京津冀各地来看，住房补贴并未影响新生代农民工的迁移意愿，迁移意愿依然是河

[①] 李华. 推力还是拉力？——保障性住房对流动人口城市定居意愿的影响研究 [J]. 统计与管理，2021（7）：27-33.

北省最高，天津其次，北京最低。在享受到住房补贴且有迁移意愿的农民工群体中，河北省以75.93%居第一，天津为61.11%，北京为54.76%；在没有享受到住房补贴且有迁移意愿的农民工群体中，这一比例出现了下降，河北省是64.74%，天津市为60.19%，北京市为49.44%。河北省下降得最为厉害，而住房补贴对天津市新生代农民工影响不大。综上所述，其实住房补贴实际上是一种住房政策的执行效果，享受住房补贴能够提升农民工的迁移意愿。（见表9-7）

表9-7 享受住房补贴与迁移意愿交叉特征分布表

住房补贴	迁移意愿	京津冀 否	京津冀 是	京津冀 总计	北京 否	北京 是	北京 总计	天津 否	天津 是	天津 总计	河北 否	河北 是	河北 总计
没有享受住房补贴	人数	750	1101	1851	273	267	540	129	195	324	348	639	987
	百分比	40.52	59.48	100	50.56	49.44	100	39.81	60.19	100	35.26	64.74	100
享受住房补贴	人数	117	225	342	57	69	126	21	33	54	39	123	162
	百分比	34.21	65.79	100	45.24	54.76	100	38.89	61.11	100	24.07	75.93	100

第八节 京津冀新生代农民工购房意愿与迁移意愿的交叉分析

购房则意味着农民工在本地有迁移意愿，且有能力付诸实际行动。黄侦等指出新生代农民工心理归属感、地域归属感与购房意愿有显著关系[1]，而心理归属感、地域归属感会促进农民工的定居，因此购房可以提升农民工的迁移意愿[2]。有购房意愿且愿意定居的比例占到了80.57%，远高于无购房意愿且愿意定居的比例52.31%。因此，购房意愿对于京津冀新生代农民工迁移意愿有着重要的影响。

但是我们发现，购房意愿与迁移意愿交叉分析的结果和其他因素不尽相同。在有购房意愿且有迁移意愿的比例分布中，天津占到了86.96%，河北省为79.67%，北京最低，只有76.19%；在无购房意愿但有迁移意愿的比例分布中，河北省为60%，天津为45%，北京为44.44%。这也反映出各地房价的差异对新生代农民工的影响效果有所不同。北京房价高企，已经让农民工难以承受，因此在三地中的比例最低；而河北省的房价虽然较低，但是对农民工缺乏足够的吸引力，因此即便他们有能力在当地购房也不愿在本地定居；天津正好介于两者间，所以成了农民工的最优选择。（见表9-8）

---

[1] 黄侦，王承璐.农民工城市归属感与购房意愿关系的实证研究[J].经济经纬，2017（2）：43-48.
[2] 谢宝富，李阳，肖丽.广义居住因素对流动人口定居意愿的影响分析——以京、沪、穗城乡接合部流动人口为例[J].中南大学学报（社会科学版），2015（1）：153-161.

表 9-8 本地购房意愿与迁移意愿交叉特征分布表

购房意愿	迁移意愿	京津冀 否	京津冀 是	京津冀 总计	北京 否	北京 是	北京 总计	天津 否	天津 是	天津 总计	河北 否	河北 是	河北 总计
无购房意愿	人数	744	816	1 560	300	240	540	132	108	240	312	468	780
	百分比	47.69	52.31	100	55.56	44.44	100	55.00	45.00	100	40.00	60.00	100
有购房意愿	人数	123	510	633	30	96	126	18	120	138	75	294	369
	百分比	19.43	80.57	100	23.81	76.19	100	13.04	86.96	100	20.33	79.67	100

第九节 京津冀新生代农民工居住满意度与迁移意愿的交叉分析

居住满意度对迁移意愿的影响与城市等级相关，一线城市的环境维度是流动人口更注重的，居住便利性和人文环境满意度在三四线城市与流动人口定居意愿最相关。[①] 从总体来看，居住满意度越高，京津冀新生代农民工的迁移意愿就越强；居住满意度在"非常不满意""比较不满意""一般""比较满意"和"非常满意"中有迁移意愿的比例分别为 53.33%、52.25%、59.55%、64.02% 和 68.42%。

在北京，新生代农民工的居住满意度为"一般"时，迁移意愿最低，仅为 44.55%；居住满意度为"非常满意"时，迁移意愿最高，达到了 80%。在天津，新生代农民工的居住满意度为"非常满意"时，迁移意愿最高，达到了 75%。河北省并无明显的规律，居住满意度为"非常不满意"时，迁移意愿反而最高，达到了 75%，而居住满意度为"非常满意"时，迁移意愿却只有 63.16%，需要进一步验证居住满意度对迁移意愿的影响。（见表 9-9）

表 9-9 居住满意度与迁移意愿交叉特征分布表

居住满意度	迁移意愿	京津冀 否	京津冀 是	京津冀 总计	北京 否	北京 是	北京 总计	天津 否	天津 是	天津 总计	河北 否	河北 是	河北 总计
非常不满意	人数	21	24	45	15	15	30	3	0	3	3	9	12
	百分比	46.67	53.33	100	50.00	50.00	100	100.00	0.00	100	25.00	75.00	100
比较不满意	人数	159	174	333	75	78	153	21	36	57	63	60	123
	百分比	47.75	52.25	100	49.02	50.98	100	36.84	63.16	100	51.22	48.78	100

[①] 党云晓，张文忠，谌丽，湛东升. 居住环境满意度对流动人口定居意愿的影响 [J]. 西北人口，2021 (5)：105-114.

续表

居住满意度	迁移意愿	京津冀 否	京津冀 是	京津冀 总计	北京 否	北京 是	北京 总计	天津 否	天津 是	天津 总计	河北 否	河北 是	河北 总计
一般	人数	375	552	927	168	135	303	78	87	165	129	330	459
一般	百分比	40.45	59.55	100	55.45	44.55	100	47.27	52.73	100	28.10	71.90	100
比较满意	人数	258	459	717	63	72	135	45	96	141	150	291	441
比较满意	百分比	35.98	64.02	100	46.67	53.33	100	31.91	68.09	100	34.01	65.99	100
非常满意	人数	54	117	171	9	36	45	3	9	12	42	72	114
非常满意	百分比	31.58	68.42	100	20.00	80.00	100	25.00	75.00	100	36.84	63.16	100

第十节 京津冀新生代农民工住房政策满意度与迁移意愿的交叉分析

尽管从中央政府到京津冀各地政府都出台了针对性的住房政策，但是由于地方政策差异性以及农民工自身条件的不同导致农民工对政策满意度的主观看法有所差异。京津冀新生代农民工中没有迁移意愿和有迁移意愿的群体分布截然相反，分别呈现出倒 U 形分布和 U 形分布。

迁移意愿在不同住房政策满意度下具有一定的差异性。当新生代农民工具有迁移意愿时，他们在"非常不满意"程度上的占比排序表现为天津>北京>河北；"比较不满意"程度上天津>河北>北京；"一般"和"比较满意"程度上是河北>天津>北京；"非常满意"程度上天津>河北>北京。如果将"非常满意"和"比较满意"合并为"满意"，"非常不满意"和"比较不满意"合并为"不满意"，划分为"满意""一般"和"不满意" 3 个等级，那么对住房政策评价从高到低依次是河北、天津和北京。另外，在具有迁移意愿的新生代农民工群体中对住房政策满意的人数少于不满意的人数。首先，因为具有迁移意愿的农民工对住房政策更加关注，只有较好的住房政策才能促进农民工的定居。例如住房公积金制度对新生代农民工迁移意愿有显著的促进作用[1]，因此具有迁移意愿的农民工对住房政策的评价更为客观且诉求更高。其次，我国在保障性住房政策的落实情况欠佳。例如张恒等以银川市为例，发现居民对保障性住房的满意度偏低。[2] 这种情况在全国普遍存在，京津冀三地的住房政策满意度都有待提高。（见表 9-10）

---

[1] 刘一伟. 住房公积金与农民工定居城市的关联度 [J]. 重庆社会科学, 2017 (1): 45-53.
[2] 张恒, 杨永春. 保障性住房居民满意度实证研究——以银川市为例 [J]. 地域研究与开发, 2015 (5): 80-83, 115.

表 9-10 住房政策满意度与迁移意愿交叉特征分布表

住房政策满意度	迁移意愿	京津冀 否	京津冀 是	京津冀 总计	北京 否	北京 是	北京 总计	天津 否	天津 是	天津 总计	河北 否	河北 是	河北 总计
非常不满意	人数	45	96	141	18	42	60	9	33	42	18	21	39
	百分比	31.91	68.09	100	30.00	70.00	100	21.43	78.57	100	46.15	53.85	100
比较不满意	人数	162	222	384	63	81	144	30	51	81	69	90	159
	百分比	42.19	57.81	100	43.75	56.25	100	37.04	62.96	100	43.40	56.60	100
一般	人数	459	651	1110	180	150	330	84	99	183	195	402	597
	百分比	41.35	58.65	100	54.55	45.45	100	45.90	54.10	100	32.66	67.34	100
比较满意	人数	168	273	441	57	39	96	27	30	57	84	204	288
	百分比	38.10	61.90	100	59.38	40.63	100	47.37	52.63	100	29.17	70.83	100
非常满意	人数	33	84	117	12	24	36	0	15	15	21	45	66
	百分比	28.21	71.79	100	33.33	66.67	100	0.00	100.00	100	31.82	68.18	100

第十一节 本章小结

本章通过对京津冀新生代农民工迁移意愿和住房状况进行交叉分析发现，住房产权有助于京津冀新生代农民工迁移，住房产权对各地影响由大到小依次是北京、天津、河北；购房意愿作为住房产权的补充，有利于促进京津冀新生代农民工的迁移，有购房意愿的迁移比例最高的是天津，而无购房意愿迁移比例最高的是河北。

在居住满意度方面，北京、天津新生代农民工的迁移意愿随居住满意度的提升而提高，河北则并无明显的规律。新生代农民工对住房条件和身份认同的追求都可通过住房支出体现，1 000~1 500 元/月是促进京津冀新生代农民工迁移的最佳范围，低于或高于此范围都会降低其迁移意愿；京津冀各地人均住房面积与迁移意愿的相关性不同，北京呈 U 形分布，天津基本呈正相关，且 5 m^2 是人均住房面积的节点；通勤时间越短，迁移意愿越强，0.5 h 的通勤距离有助于提高天津新生代农民工的迁移意愿，北京则与之相反；住房设施数也有利于提高迁移意愿，京津冀总体主要集中在 5 和 6 两档上。

在住房政策满意度方面，京津冀新生代农民工对住房政策的评价在无迁移意愿和有迁移意愿的群体中分别呈现出倒 U 形和 U 形分布，且对政策评价从高到低依次是河北、天津和北京；公租房和住房补贴作为住房政策的两种途径，虽享受比例较少，但都有助于提高京津冀总体新生代农民工的迁移意愿，对河北新生代农民工迁移意愿具有显著影响的是住房补贴，公租房的影响较弱，而北京、天津的情况则正好相反。

第十章 住房状况对京津冀新生代农民工迁移意愿的影响效应

在交叉分析中发现,京津冀农民工的住房状况对其迁移意愿具有明显的影响作用,但是影响效果和机制可能在不同的情况下呈现不同的显著效应。因此,本章进一步探索住房状况影响京津冀新生代农民工迁移意愿的具体效应。

第一节 住房状况对京津冀新生代农民工迁移意愿的总体影响分析

一、住房状况与京津冀新生代农民工迁移意愿的相关性分析

通过表10-1a可知,在10项住房状况中只有住房政策满意度的 P 值超过0.1,即住房政策满意度与迁移意愿不具有相关性,其他住房状况指标都与迁移意愿具有显著相关性。

表10-1a 住房状况与迁移意愿的相关性

自变量	B	P	自变量	B	P
通勤距离	0.029	0.017	租房补贴	0.063	0.028
住房产权	0.104	0.000	居住满意度	0.050	0.000
人均住房面积	0.003	0.000	住房政策满意度	0.012	0.306
住房设施数	0.040	0.000	购房意愿	0.283	0.000
公租房	0.180	0.000	住房支出	0.028	0.000

注:B 代表回归系数,P 代表显著性水平

除住房状况作为研究京津冀新生代农民工的主要研究变量外,还包括家庭化迁移、流动范围、流动次数、流动时长平方、工作满意度、房价、年收入、与当地人交往频率8个其他变量作为控制变量进行研究,见表10-1b,所有的控制变量都与迁移意愿具有显著相关性。

表 10-1b 其他变量与迁移意愿的相关性

自变量	B	P	自变量	B	P
家庭化迁移	0.196	0.000	工作满意度	0.087	0.000
流动范围	0.047	0.000	房价对数	0.000	0.000
流动次数	-0.024	0.000	年收入对数	0.253	0.000
流动时长平方	0.220	0.000	与当地人交往频率	0.051	0.000

二、住房状况与京津冀新生代农民工迁移意愿的线性回归分析

表 10-2 是住房状况（除住房政策满意度）与迁移意愿的线性回归模型分析结果，模型 1a 是住房状况（未加控制变量）与迁移意愿的线性回归模型，发现住房状况变量通勤距离、住房设施数、公租房、购房意愿、住房支出与迁移意愿具有显著相关性，且影响效果由大到小依次是购房意愿、公租房、住房设施数、通勤距离、住房支出。模型 1b 是加入 8 项控制变量所得，在住房状况方面，虽仍有 5 项变量显著，但是与模型 1a 中的变量有 3 处不同之处，一是通勤距离的置信区间发生了变化，由 95% 变为了 99%，说明再加入控制变量以后，通勤距离对京津冀总体新生代农民工的迁移意愿的影响增大；二是居住满意度由不显著变为显著，显著效果为负，表明农民工在考虑到其他因素时，居住满意度越高，迁移意愿越强，可能是居住满意度会抑制农民工的购房意愿，无产权住房使得家庭没有载体，从而导致农民工的迁移意愿降低；三是住房支出由显著变为不显著。

在控制变量方面，只有流动时长平方与迁移意愿不具有显著相关性，其次是流动范围的显著性效果较差，与跨省流动的农民工相比，只有流动范围为县内或不流动与迁移意愿具有显著相关性，显著效果为负，即县内或不流动的农民工的迁移意愿弱于跨省流动的农民工。与迁移意愿呈负相关的变量还有流动次数和房价，表明流动次数越多，房价越高，农民工的迁移意愿越差。流动次数越多，说明该部分农民工为了追求更多的经济利益，生活不具有稳定性，且现有研究中许多学者认为在本地居住 5 年以上的农民工可视为具有迁移意愿，所以流动次数越多，表明其在各地的居住时间越短，迁移意愿越弱；房价则是农民工绕不过的重要问题，高的房价会使他们望而却步，因此京津冀总体新生代农民工的迁移意愿与流动次数与迁移意愿呈负相关与现实相符合。与京津冀总体新生代农民工的迁移意愿呈正相关的是家庭化迁移、工作满意度、年收入和与当地人交往频率，家庭化迁移和与当地人交往频率实际上可以视为社会融合的指标，农民工在当地的社会融合度越高，其迁移意愿越强；工作满意度和年收入同样可以视为经济因素指标，收入越高，工作越满意，在物质条件丰富的城市越幸福，城市的生活获取要优于农村或城镇，幸福感增强会促进农民工的迁移。

表 10-2 住房状况与京津冀新生代迁移意愿的线性回归分析

自变量	模型 1a	模型 1b
通勤距离	0.024**	0.032***
住房产权	0	-0.022

续表

自变量		模型 1a	模型 1b
人均住房面积		0	0
住房设施数		0.028***	0.021***
公租房		0.169***	0.147***
租房补贴		0.007	0.004
居住满意度		0.001	-0.044***
购房意愿		0.254***	0.237***
住房支出		0.014*	0.008
家庭化迁移			0.104***
流动范围	省内跨市		0.048
	市内跨县		-0.024
	县内或不流动		-0.450**
流动次数			-0.080**
流动时长平方			0.05
工作满意度			0.353***
房价对数			-0.772***
年收入对数			0.427**
与当地人交往频率			0.115**
常数项		0.242***	0.726***
样本量		2192	2164
R^2		0.117	0.159
F		32.28	21.26

注：*、**、***分别表示在10%、5%和1%的水平上显著。

综上所述，与京津冀总体新生代农民工迁移意愿具有相关性的住房状况指标有6项，分别是通勤距离、住房设施数、公租房、居住满意度、购房意愿、住房支出；控制变量有7项，分别是家庭化迁移、流动范围、流动次数、工作满意度、房价、年收入和与当地人交往频率。现有研究表明其他三项与农民工的迁移意愿也具有相关性，这三项具体包括人均住房面积、租房补贴、流动时长平方。有的学者指出住房状况的相关变量与迁移意愿可能存在U形或者倒U形的关系，因此只分析其线性相关是无法确定不显著的变量与迁移意愿没有相关性的，需要对住房状况变量和迁移意愿的相关性做其他分析。

三、住房状况与京津冀新生代农民工迁移意愿的Logit回归分析

模型2是住房状况与迁移意愿的Logit回归分析，与模型1相对应。通过对比表10-2和表10-3可知，住房状况和控制变量中与迁移意愿具有相关性的变量没有改变，仍然是

模型1中的结果，结论的稳健性也得到了验证。但是有无住房产权对于农民工在城市的定居具有重要的意义，京津冀总体新生代农民工的住房产权与迁移意愿不具有显著相关性的原因可能来自两个方面。一方面，京津冀新生代农民工中无产权住房和有产权住房的比例为83.2∶16.8，比例过于悬殊；另一方面，京津冀区域中北京和天津的房价过高，而河北各市的房价也有所差异，因此不仅需要对住房产权进行分组回归，也需要对京津冀进行分域回归，尽可能准确地分析住房产权对农民工迁移意愿的影响。

表 10-3　住房状况与迁移意愿的 Logit 回归分析

自变量		模型 2a	模型 2b
通勤距离		0.121**	0.158***
住房产权		0.048	-0.034
人均住房面积		0.000	0.001
住房设施数		0.131***	0.103***
公租房		0.816***	0.744***
租房补贴		0.016	-0.004
居住满意度		0.003	-0.234***
购房意愿		1.263***	1.245***
住房支出		0.063*	0.045
家庭化迁移			0.489***
流动范围	省内跨市		0.048
	市内跨县		-0.024
	县内或不流动		-0.450**
流动次数			-0.080**
流动时长平方			0.05
工作满意度			0.353***
房价对数			-0.772***
年收入对数			0.427**
与当地人交往频率			0.115**
常数项		-1.216***	0.888
样本量		2192	2164
伪 R^2		0.095	0.130

注：*、**、*** 分别表示在5%和1%的水平上显著。

第二节　住房状况对京津冀各地新生代农民工迁移意愿的影响分析

一、住房状况与京津冀各地新生代农民工迁移意愿的相关性分析

从表 10-4a 可以看出，在住房状况方面，与北京迁移意愿不具有显著相关性的指标是住房产权和租房补贴；与天津新生代农民工的迁移意愿不具有显著相关性的指标是通勤距离、租房补贴和住房政策满意度；与河北新生代农民工迁移意愿不具有显著相关性的指标是通勤距离和居住满意度。住房状况与农民工的迁移意愿基本都是正相关，只有河北的住房政策满意度与迁移意愿呈负相关，与京津冀总体相比京津冀各地方与农民工迁移意愿具有显著相关的住房状况变量是减少的。

表 10-4a　京津冀各地住房状况与迁移意愿的相关性

自变量	北京 B	北京 P	天津 B	天津 P	河北 B	河北 P
通勤距离	0.067	0.001	-0.009	0.777	0.019	0.270
住房产权	-0.127	0.123	0.269	0.000	0.057	0.081
人均住房面积	0.003	0.068	0.010	0.000	0.001	0.058
住房设施数	0.048	0.000	0.035	0.005	0.029	0.000
公租房	0.231	0.000	0.222	0.000	0.139	0.000
住（租）房补贴	0.053	0.283	0.009	0.898	0.112	0.005
居住满意度	0.051	0.013	0.071	0.027	0.013	0.428
住房政策满意度	0.048	0.017	0.028	0.278	-0.049	0.003
购房意愿	0.317	0.000	0.420	0.000	0.197	0.000
住房支出	0.047	0.000	0.047	0.025	0.023	0.021

注：B 代表回归系数，P 代表显著性水平。

在控制变量中（如表 10-4b 所示），由于房价所采集的数据只到相对应的市，且只有一年的数据，纳入回归模型后将其视为常数项，和研究预设出现了矛盾。因此在探究京津冀各地的迁移意愿时，房价不再作为控制变量进行研究。北京的各项控制变量与迁移意愿都具有相关性，河北的控制变量中只有流动次数不再与迁移意愿具有显著相关性，但是天津的控制变量的显著相关性具有较大的变化，只有流动时长平方和工作满意度具有显著相关性，如果将置信区间由 95% 调整到 90%，年收入也具有显著相关性。不同地域控制变量的显著性不同，说明对新生代农民工迁移意愿的影响因素的影响效果会随地域而发生改变，另外，京津冀各地新生代农民工的流动时长平方都与迁移意愿具有显著相关性，而总体则与之相反，说明整体的结论不能代表各部分，因此需要分地域进行分析。

表 10-4b 控制变量与迁移意愿的相关性

自变量	北京 B	北京 P	天津 B	天津 P	河北 B	河北 P
家庭化迁移	0.212	0.000	0.083	0.102	0.206	0.000
流动范围	-0.152	0.000	-0.012	0.793	0.037	0.012
流动次数	-0.066	0.000	-0.003	0.853	-0.011	0.223
流动时长平方	0.336	0.000	0.196	0.018	0.132	0.003
工作满意度	0.085	0.000	0.124	0.000	0.057	0.002
年收入对数	0.493	0.000	0.151	0.057	0.219	0.000
与当地人交往频率	0.065	0.001	0.024	0.331	0.041	0.003

二、住房状况与京津冀各地新生代农民工迁移意愿的线性回归分析

考虑到住房状况变量和控制变量在现实中不是单一起作用的，因此将所有变量放入线性回归方程中，发现北京新生代农民工的迁移意愿与住房产权具有相关性，因此为了研究住房状况对迁移意愿的影响，下文中关于住房状况对迁移意愿的研究中住房状况的变量将不会删减。

第一，住房状况对北京市新生代农民工迁移意愿的影响。在北京住房状况对迁移意愿的影响中，对于住房状况，未加控制变量前，通勤距离、住房设施数、公租房、居住满意度、购房意愿、住房支出、住房产权、住房政策满意度都与迁移意愿在99%的置信区间具有相关性，其中住房产权、住房政策满意度呈负相关，其他指标呈正相关。加入控制变量后显著效应发生改变的是居住满意度和住房支出，都由显著变为不显著；住房设施数的置信区间变为95%。如表10-5所示。在控制变量中，除流动时长平方、与当地人交往频率不具有显著性外，其他变量都具有显著效应，家庭化迁移、工作满意度、年收入对数呈正相关，流动范围（县内或不流动）、流动次数呈负相关，如表10-6所示。

表 10-5 住房状况与迁移意愿的相关性分析

自变量	北京 模型3a	北京 模型3b	天津 模型4a	天津 模型4b	河北 模型5a	河北 模型5b
通勤距离	0.063***	0.058***	-0.019	-0.022	0.011	0.015
住房产权	-0.274***	-0.242***	0.255***	0.260***	-0.004	-0.024
人均住房面积	-0.001	0.002	0.005**	0.007**	0	0
住房设施数	0.031***	0.021**	-0.014	-0.011	0.026***	0.018**
公租房	0.234***	0.188***	0.289***	0.275***	0.100***	0.087***
租房补贴	-0.019	-0.04	-0.024	-0.008	0.079*	0.089**
居住满意度	0.066***	0.012	0.023	-0.017	-0.050**	-0.067***

续表

自变量	北京		天津		河北	
	模型3a	模型3b	模型4a	模型4b	模型5a	模型5b
住房政策满意度	-0.087***	-0.092***	-0.091***	-0.104***	0.049***	0.032*
购房意愿	0.269***	0.292***	0.405***	0.441***	0.196***	0.150***
住房支出	0.034***	-0.008	0.033*	0.031	0.016	0.009
常数项	0.108	-0.122	0.488***	0.241	0.372***	0.163
样本量	666	659	378	375	1 149	1131
R^2	0.190	0.295	0.292	0.325	0.081	0.117
F	15.32	14.88	15.11	9.51	10.05	7.77

注：*、**、***分别表示在10%、5%和1%的水平上显著。

第二，住房状况对天津市新生代农民工迁移意愿的影响。在天津住房状况对迁移意愿的影响中，对于住房状况，未加控制变量前，住房产权、人均住房面积、公租房、住房政策满意度、购房意愿、住房支出6项指标具有显著性，除住房政策满意度与迁移意愿呈负相关外，其他变量都呈正相关。加入控制变量后显著效应发生改变的是住房支出，由显著变为不显著。在控制变量中，只有两项指标与迁移意愿具有相关性，分别是流动范围（市内跨县）与迁移意愿呈负相关，工作满意度与迁移意愿呈正相关。

表10-6 住房状况与迁移意愿的相关性分析

自变量		模型3b	模型4b	模型5b
家庭化迁移		0.106***	-0.009	0.166***
流动范围	省内跨市	—	—	0.067
	市内跨县	-0.135	-0.234**	0.108**
	县内或不流动	-0.722***	0.068	0.061
流动次数		-0.061***	0.013	-0.001
流动时长平方		0.02	-0.127	-0.027
工作满意度		0.100***	0.109***	0.033
年收入对数		0.197***	0.006	0.069
与当地人交往频率		0.034*	0.01	0.027*

注：*、**、***分别表示在10%、5%和1%的水平上显著。

第三，住房状况对河北省新生代农民工迁移意愿的影响。在河北住房状况对迁移意愿的影响中，对于住房状况，未加控制变量前，住房设施数、公租房、租房补贴、居住满意度、住房政策满意度、购房意愿6项指标具有显著性，除居住满意度呈负相关外，其他变量都呈正相关。加入控制变量后变量的显著效应未发生改变，只是住房设施数、租房补贴、居住满意度、住房政策满意度等变量的显著水平发生了改变。在控制变量中，只有家庭化迁移和流动范围（市内跨县）两项指标与迁移意愿具有相关性，且都呈正相关。

通过对比模型3b、4b、5b发现，公租房、购房意愿、住房政策满意度与京津冀各地新生代农民工的迁移意愿都具有显著相关性，不同之处在于住房政策满意度与北京、天津呈负相关，与河北呈正相关；住房产权与北京新生代农民工的迁移意愿呈负相关，与天津呈正相关，与河北新生代农民工的迁移意愿不具有显著效应；北京、河北的住房状况变量有6项与新生代农民工迁移意愿具有显著效应，天津有5项。

三、住房状况与京津冀各地新生代农民工迁移意愿的Logit回归分析

Logit回归一方面是对住房状况与迁移意愿的显著性进行验证，另一方面也是对可能存在的其他非线性相关进行补充。对于住房状况，在北京住房状况变量对迁移意愿的影响中，无论是线性回归，还是Logit回归，显著性的变化是相同的。天津、河北的变化也基本相同，只是各有一项指标的变化不同，天津住房支出与迁移意愿的显著性在线性回归中由显著变为不显著，而在Logit回归中，住房支出不仅显著性没有发生变化，显著水平也没有发生变化；河北的情况与天津则有所不同，河北住房政策满意度在线性回归中只是置信区间由99%降低为90%，在Logit回归中由显著变为不显著。如表10-7所示，天津、河北其他指标的变化在线性和Logit回归中是相同的。

表10-7 住房状况与迁移意愿的Logit回归分析

自变量	北京		天津		河北	
	模型6a	模型6b	模型7a	模型7b	模型8a	模型8b
通勤距离	0.322***	0.306***	-0.149	-0.156	0.057	0.076
住房产权	-1.549***	-1.561***	1.592***	1.570***	0.019	-0.096
人均住房面积	-0.005	0.01	0.035**	0.044**	-0.002	-0.002
住房设施	0.154***	0.103**	-0.116	-0.118	0.123***	0.090**
公租房	1.118***	1.014***	1.647***	1.753***	0.501***	0.448***
租房补贴	-0.126	-0.283	-0.121	-0.129	0.408*	0.468**
居住满意度	0.320***	0.034	0.085	-0.129	-0.236**	-0.356***
住房政策满意度	-0.412***	-0.523***	-0.429***	-0.494***	0.223**	0.151
购房意愿	1.380***	1.806***	2.340***	2.723***	0.988***	0.819***
住房支出	0.151**	-0.057	0.232*	0.274*	0.082	0.055
家庭化迁移		0.596***		-0.221		0.812***
省内跨市		—		—		0.339
流动范围市内跨县		-0.799		-1.418**		0.532**

续表

自变量	北京		天津		河北	
	模型6a	模型6b	模型7a	模型7b	模型8a	模型8b
县内或不流动	—		—		0.282	
流动次数		-0.364***		0.085		-0.001
流动时长平方		0.089		-0.824		-0.097
工作满意度		0.641***		0.646***		0.198
年收入对数		1.071**		0.129		0.329
与当地人交往频率		0.195*		0.003		0.140*
常数项	-1.916***	-3.396***	-0.019	-1.494	-0.652*	-1.786***
样本量	666	650	378	372	1 149	1 131
伪 R^2	0.151	0.244	0.255	0.284	0.067	0.098

注：*、**、***分别表示在10%、5%和1%的水平上显著。

对于控制变量，天津、河北的控制变量与迁移意愿的显著性一致，只有北京有一处的显著性发生了改变，流动范围（县内或不流动）与迁移意愿的显著性在线性回归中无法呈现，但是在Logit中在99%的置信区间中呈负相关。

第三节 住房产权、购房意愿与迁移意愿的相关分析

一、住房产权与迁移意愿的相关性

由于北京、天津新生代农民工中拥有自有住房的数量极少，因此上述结果可能是无自有住房的新生代农民工的迁移意愿。为避免这种情况，需对北京、天津无自有住房农民工的迁移意愿进行单独分析，而河北自有产权住房的比例虽然也占到75%左右，但是河北新生代农民工的样本基数较大，因此对河北进行有自由产权和无自有产权两方面的分析，结果见表10-8。

表 10-8 住房产权与迁移意愿的 Logit 回归分析

自变量		北京	天津	河北 1	河北 2
通勤距离		0.315***	0.017	-0.156	0.491**
人均住房面积		0.007	0.035*	0.019***	-0.012
住房设施数		0.142***	-0.065	0.025	0.171
公租房		1.073***	1.634***	0.052	2.032***
住（租）房补贴		-0.281	0.006	0.418*	-0.088
居住满意度		-0.011	-0.195	-0.243*	-1.045***
住房政策满意度		-0.580***	-0.622***	0.18	0.213
购房意愿		1.645***	2.579***	0.846***	0.998***
住房支出		-0.08	0.132	0.058	-0.065
家庭化迁移		0.683***	-0.123	0.843***	1.518***
流动范围	省内跨市	—	—	0.617**	-0.898
	市内跨县	-0.753	-1.324**	1.039***	-2.344**
	县内或不流动	—	—	0.393	-1.454
流动次数		-0.353***	0.014	-0.039	0.079
流动时长平方		0.121	-0.773	-0.178	0.192
工作满意度		0.584***	0.760***	0.169	0.855***
年收入对数		1.361***	-0.197	0.892**	-2.305**
与当地人交往频率		0.235**	0.01	0.108	0.247
常数项		-3.410***	-1.141	-2.129***	-0.305
样本量		617	321	864	267
伪 R^2		0.248	0.263	0.115	0.313

注：*、**、*** 分别表示在 10%、5% 和 1% 的水平上显著。

对于北京，无产权住房新生代农民工的迁移意愿与住房状况的显著性与总体显著性无较大差异，只是住房设施数的置信区间由 95% 增大为 99%，说明住房设施数对北京无产权住房新生代农民工迁移意愿的影响更大。天津市不仅人均住房面积与迁移意愿的显著水平发生了变化，住房支出也由显著变为不显著，表明住房支出对天津有产权住房农民工的影响大于无产权住房的农民工，且人均面积对天津所有新生代农民工的迁移意愿都有影响。

河北新生代农民工是否拥有自有产权住房会影响到其他住房状况指标对迁移意愿的影响。无住房产权的新生代农民工与总体相比较，显著性发生变化的是人均住房面积、住房设施数、公租房、住房政策满意度，其中人均住房面积由不显著变为显著，表明对于河北无产权住房的新生代农民工来说，人均住房面积的增大会增强其迁移意愿；住房设施数、公租房、住房政策满意度由显著变为不显著，又因为公租房对有产权住房农民工的迁移意愿有显著影响，因此表明公租房不影响河北无产权住房的新生代农民工的迁移意愿，主要影响的是有产权住房的农民工。有住房产权的新生代农民工与总体相比，显著性发生变化的是通勤距离、住房设施数、住房补贴，其中通勤距离由不显著变为显著，且正相关，表明通勤距离主要影响的是有住房产权的新生代农民工的迁移意愿；住房设施数、住房补贴由显著变为不显著。综上所述，河北住房状况对新生代农民工迁移意愿的影响因素为是否拥有住房产权，居住满意度、购房意愿对两者都有影响；人均住房面积、租房补贴只对无产权住房的新生代农民工的迁移意愿有影响；通勤距离、公租房只对有产权住房的新生代农民工的迁移意愿有影响。

对于京津冀各地无产权住房的新生代农民工的迁移意愿，购房意愿都具有显著相关性，呈正相关。公租房、住房政策满意度与北京、天津无产权住房的新生代农民工的迁移意愿具有相关性，其中公租房呈正相关，住房政策满意度呈负相关。人均住房面积与天津、河北无产权住房的新生代农民工的迁移意愿具有相关性，都呈正相关。通勤距离只与北京无产权住房的新生代农民工的迁移意愿具有相关性，呈正相关。租房补贴、居住满意度只与无产权住房的新生代农民工的迁移意愿具有相关性，其中租房补贴呈正相关，居住满意度呈负相关。

二、购房意愿与迁移意愿的相关性

北京无购房意愿的农民工的比例远大于有购房意愿的农民工比例，统计有购房意愿的模型不成立，因此对于购房意愿下住房状况与迁移意愿的相关性做了四个模型，分别是：京津冀各地无购房意愿新生代农民工的住房状况对迁移意愿的影响以及河北有购房意愿新生代农民工的住房状况对迁移意愿的影响（见表10-9）。

北京无购房意愿新生代农民工住房状况与迁移意愿的相关性与总体相比，共有两处不同之处，一是通勤距离置信区间发生了改变，由总体的99%变成了无购房意愿的90%，说明通勤距离可能会影响北京有购房意愿的新生代农民工；二是人均住房面积由不显著变成在99%置信区间上的正相关，表明住房人均面积对无购房意愿农民工的迁移意愿具有较大的影响，而可能不会影响有购房意愿农民工的迁移意愿，其原因是无购房意愿农民工的生活场所就是该住房，住房的条件可能影响其迁移意愿，而有购房意愿的农民工为了心中的愿望，其面积的大小不会影响其迁移，可能面积越小，越有利于有购房意愿农民工的迁移。

表10-9 购房意愿与迁移意愿的 Logit 回归分析

自变量	北京	天津	河北1	河北2
通勤距离	0.204*	0.215	-0.034	0.036
住房产权	-2.316***	0.635	0.047	-0.477
人均住房面积	0.030***	0.100***	-0.008	0.011
住房设施数	0.209***	-0.026	0.122***	-0.04
公租房	1.020***	1.912***	0.084	1.874***
住（租）房补贴	-0.348	-0.821	0.618**	0.218

续表

自变量		北京	天津	河北1	河北2
居住满意度		-0.044	-0.08	-0.327**	-0.436*
住房政策满意度		-0.490***	-0.368*	0.298***	-0.329
住房支出		-0.06	0.039	0.126*	-0.086
家庭化迁移		0.570**	0.017	0.834***	1.200***
流动范围	省内跨市	—	—	0.456*	—
	市内跨县	—	—	0.720***	0.338
	县内或不流动	—	—	0.345	-0.278
流动次数		-0.313***	0.170	-0.031	0.117
流动时长平方		-0.182	-2.452***	-0.100	-0.645
工作满意度		0.557***	0.928***	0.101	0.596**
年收入对数		1.379***	0.265	0.835**	-1.509**
与当地人交往频率		0.193*	-0.008	0.056	0.346**
常数项		-3.720***	-3.834**	-2.108***	0.901
样本量		533	228	774	357
伪R^2		0.210	0.257	0.091	0.146

注：*、**、***分别表示在10%、5%和1%的水平上显著。

天津无购房意愿农民工住房状况对迁移意愿的影响与总体相比变化较大，置信区间发生变化的是人均住房面积和住房政策满意度，其中人均住房面积的执行区间增大，住房政策满意度则正好相反，表明人均住房面积对无购房意愿农民工的迁移意愿影响较大，原因与北京相同；住房政策满意度对无购房意愿的新生代农民工影响较小，主要是住房政策满意度一方面是对购房的政策，另一方面是政策补助；对于无购房意愿农民工的政策补助可以看出不具有显著影响，因此住房政策对无购房意愿农民工的迁移意愿影响较弱；显著性发生变化的是住房产权和住房支出，两者都由显著变为不显著。

对于河北无购房意愿的农民工，显著区间发生变化的是租房补贴，由于置信区间的增大，表明拥有租房补贴可以提升河北无购房意愿新生代农民工的迁移意愿；显著性发生变化的是公租房和住房支出，其中公租房由显著变为不显著，无购房意愿表明该部分农民工对拥有自有产权住房的愿望不是特别强烈，那么是否拥有公租房也不会影响其迁移。而住房支出则由不显著变为显著，与迁移意愿呈正相关，表明住房支出越大，迁移意愿越高。对于无购房意愿的农民工，其住房支出主要用于租房，支出越大，表明住房条件越好，住房条件能够提高其生活幸福感，幸福感又会促进其迁移意愿。对于有购房意愿的农民工，居住满意度的置信区间发生了改变，抑制效果减弱，说明居住满意度越高，有购房意愿农民工的迁移意愿越强；而住房设施数由显著变为不显著，则更加表明有购房意愿的农民工在乎的是能够拥有住房。

综上所述，对于无购房意愿的京津冀各地农民工，虽然住房政策满意度在其中都具有显著效应,但是北京、天津呈负相关,河北呈正相关。人均住房面积、公租房两项指标与北京、天津无购房意愿新生代农民工的迁移意愿呈正相关,住房设施数则与北京、河北呈正相关,另外,通勤距离、住房产权只与北京具有相关性,租房补贴、居住满意度和住房支出只与河北具有相关性。

三、住房产权下购房意愿与迁移意愿的相关性

由住房产权、购房意愿与迁移意愿的相关性分析中可得,北京、天津有产权住房或者有购房意愿农民工的住房状况与迁移意愿的分析因数据较少或者完全吻合等原因,因此只分析北京、天津无产权住房并且无购房意愿的新生代农民工住房状况与迁移意愿的相关性,另外虽然河北有产权住房和有购房意愿都可以分析,但是河北有产权、有购房意愿新生代农民工的住房状况与迁移意愿的相关分析模型不成立,因此只分析无产权情况下不同购房意愿新生代农民工住房状况对迁移意愿的影响和有产权住房且无购房意愿下新生代农民工住房状况对迁移意愿的影响。这5种模型中都是以除住房产权、购房意愿外的住房状况为自变量,因变量为迁移意愿,控制变量是除房价以外的其他7种变量。

1. 北京、天津新生代无住房产权农民工的迁移意愿

对于北京无住房产权并且无购房意愿的新生代农民工,共有4项住房状况指标与迁移意愿具有相关性,其中人均住房面积、住房设施数、公租房等3项指标与迁移意愿呈正相关,且促进效果依次增大,只有住房政策满意度与迁移意愿呈负相关。与北京无产权住房新生代农民工住房状况对迁移意愿的影响相比较,通勤距离由显著变为不显著,说明通勤距离对迁移意愿的影响更多的是作用于有购房意愿的农民工;人均住房面积则正好相反,由不显著变为正相关,说明人均住房面积主要影响的是无产权无购房意愿的新生代农民工的迁移意愿。与北京无购房意愿新生代农民工住房状况对迁移意愿影响相比较,显著性发生变化的是通勤距离,也是由显著变为不显著,说明通勤距离对有产权住房的农民工的影响较大;无论是否有住房产权,或者是否有购房意愿,住房设施数、公租房、住房政策满意度都具有显著性,说明这3项指标对无产权或无购房意愿的北京新生代农民工的迁移意愿具有重要的影响。如表10-10所示。

表10-10 住房产权下购房意愿与迁移意愿的 Logit 回归分析

自变量	北京	天津	河北		
			模型9a	模型9b	模型9c
通勤距离	0.184	0.738**	-0.361***	0.066	0.06
人均住房面积	0.026**	0.109***	0.012	0.051***	-0.012
住房设施数	0.267***	0.061	0.066	-0.268**	0.168
公租房	1.074***	1.947***	-0.193	1.568***	0.97
租房补贴	-0.383	-0.33	0.470*	-0.2	0.383
居住满意度	-0.083	-0.192	-0.244	0.023	-0.351
住房政策满意度	-0.557***	-0.566**	0.223*	-0.059	0.838**
住房支出	-0.089	-0.327	0.194**	-0.268	-0.134

续表

自变量		北京	天津	河北		
				模型 9a	模型 9b	模型 9c
家庭化迁移		0.702***	0.262	0.827***	1.695***	1.084*
流动范围	省内跨市	—	—	0.775***	—	-1.31
	市内跨县	—	—	1.090***	1.037*	-2.093*
	县内或不流动	—	—	0.963**	-1.049**	-2.551**
流动次数		-0.298***	0.041	-0.061	-0.177	0.033
流动时长平方		-0.134	-2.503***	-0.022	-1.265	-0.25
工作满意度		0.501***	1.151***	0.018	1.065***	0.367
年收入对数		1.772***	-0.5	1.658***	-2.369***	-1.933*
与当地人交往频率		0.254**	0.012	0.087	-0.163	-0.348
常数项		-3.916***	-3.701**	-2.327***	0.595	0.743
样本量		512	192	609	255	165
伪 R^2		0.234	0.238	0.114	0.221	0.283

注：*、**、*** 分别表示在 10%、5% 和 1% 的水平上显著。

对于天津无购房产权且无购房意愿的新生代农民工，共有 4 项住房状况指标与迁移意愿具有相关性，其中公租房、人均住房面积、通勤距离 3 项指标与迁移意愿呈正相关，且促进效果依次减弱，同样只有住房政策满意度与迁移意愿呈负相关。与天津无产权住房新生代农民工住房状况对迁移意愿影响相比较，通勤距离由不显著变为显著，说明通勤距离对迁移意愿的影响更多的是作用于无购房意愿的农民工；人均住房面积、住房政策满意度仍然具有显著效应，只是置信区间发生了变化，前者增大，后者减小，因住房政策满意度的系数为负，所以两者都表明人均住房面积、住房政策满意度对无产权无购房意愿新生代农民工的影响较大。与天津无购房意愿新生代农民工住房状况对迁移意愿影响相比较，显著性发生变化的仍是通勤距离，也是由不显著变为显著，说明通勤距离对无产权住房的农民工影响较大，与前者相互验证，通勤距离对无产权无购房意愿的天津新生代农民工的影响较大，同样住房政策满意度也只是系数发生变化；无论是否拥有住房产权，或者是否拥有购房意愿，人均住房面积、公租房、住房政策满意度都具有显著性，说明这 3 项指标对无产权或无购房意愿的天津新生代农民工的迁移意愿具有重要的影响。

2. 河北新生代农民工住房产权与购房意愿对迁移意愿的影响

模型 9a 是河北无产权无购房意愿新生代农民工住房状况对迁移意愿的影响，发现有 4 项指标具有显著相关性，其中通勤距离和住房支出呈负相关，住房补贴和住房政策满意度呈正相关；模型 9b 中人均住房面积和公租房呈正相关，住房设施数呈负相关；模型 9c 中只有住房政策满意度呈正相关，说明住房状况变量对无产权农民工迁移意愿的影响要大于对有产权农民工迁移意愿的影响。

对于通勤距离，无产权无购房意愿的农民工与无产权的相比，通勤距离、住房政策满意度、住房支出由不显著变为显著，人均住房面积居住满意度则由显著变为不显著；再通过与无购房意愿的河北新生代农民工相比较，通勤距离同样由不显著变为显著，说明通勤距离的增大，会抑制无产权无购房意愿农民工的迁移意愿，并不会对无产权或者无购房意愿的新生代农民工产生抑制作用。又通过对比其他模型发现，通勤距离也会对有产权有购房意愿的新生代农民工产生促进作用，只有住房产权和购房意愿两者同时兼备或者同时不存在，通勤距离才会具有影响，影响则正好相反。

对于人均住房面积，在单独的无购房意愿中不具有显著性，在单独的无产权中具有显著性，并且模型9b中人均住房面积具有显著性，说明人均住房面积主要影响无产权有购房意愿的农民工。又因为有产权、有购房意愿以及有产权无购房意愿都不具有显著性，说明人均住房面积只对无产权有购房意愿的河北新生代农民工迁移意愿有影响。

对于住房设施数，在无购房意愿方面具有显著性，说明住房设施数可能会影响无产权无购房意愿和无产权有购房意愿的农民工，又因为模型9a不显著，模型9b显著，且在有产权、无产权的模型中都不具有显著性，说明住房设施数只影响无产权有购房意愿农民工的迁移意愿。

对于公租房，因无产权、无购房意愿不具有显著，而模型9a具有显著性，说明只有无产权和无购房意愿同时存在，公租房才具有影响效果。又因为有产权、有购房意愿都具有显著性，且模型9b不显著，说明无产权有购房意愿不具有显著性，模型9c不显著，表明有产权无购房意愿不具有显著性，说明有产权有购房意愿的河北新生代农民工的迁移意愿与公租房具有显著效应。综上，公租房对无产权无购房意愿、有产权有购房意愿农民工的迁移意愿具有影响。

对于住房补贴，首先是有产权和有购房意愿的模型都不显著，再就是模型9c不显著，说明无论是否具有购房意愿，住房补贴都不会对河北有产权农民工的迁移意愿产生影响，无产权、无购房意愿都显著。但是模型9a显著，模型9b不显著，说明住房补贴只对河北无产权无购房意愿新生代农民工的迁移意愿具有影响。对于居住满意度，在不具体划分的四个模型中，都具有显著性，但是在模型9中都不具有显著性，说明现有数据只测量对住房补贴总体或者部分总体的影响，而不能具体划分。

在住房政策满意度方面，在无购房意愿模型中显著，在其他模型中不显著，同时在模型9a和模型9c也显著，表明无论是否拥有产权，住房政策满意度都会对无购房意愿的河北新生代农民工的迁移意愿产生影响，且模型9b的结果说明上述结果是唯一的，即不会对有购房意愿农民工的迁移意愿产生影响。住房支出与住房政策满意度大体相似，只是住房支出的模型9c不显著，说明住房支出只会影响无产权无购房意愿新生代农民工的迁移意愿。

第四节　家庭化迁移下住房状况与迁移意愿的回归分析

对于流动的农民工，非家庭化迁移的住房状况与家庭化迁移的住房状况是不同的，且家庭化迁移对于农民工的迁移也具有促进作用，因此需要对京津冀新生代农民工是否家庭化迁移进行具体划分，进而确定各项住房状况对家庭化迁移或者非家庭化迁移新生代农民工的具体影响,因此以住房状况20项指标为自变量,以其他变量(房价、是否家庭化迁移除外)为控制变量,迁移意愿为因变量建立模型10~12,其中模型a为非家庭化迁移住房状况对迁移意愿的影响模型,模型b为家庭化迁移住房状况对迁移意愿的影响模型。

一、家庭化迁移下住房状况对京津冀新生代农民工迁移意愿的影响

对于北京新生代农民工,无论其是否属于家庭化迁移,公租房、住房政策满意度、购房意愿3项指标都具有显著效应,住房政策满意度为负相关,公租房、购房意愿为正相关;住房设施数、租房补贴、居住满意度3项指标都不具有显著性;通勤距离只对北京非家庭化迁移新生代农民工的迁移意愿具有促进作用,即通勤距离越长,农民工迁移意愿越强;有3项住房状况指标只与家庭化迁移农民工的迁移意愿具有相关性,其影响效果由大到小依次是住房设施数、住房支出、住房产权,且后两项指标的影响效果为负。与北京非家庭化迁移新生代农民工迁移意愿具有相关性的指标有4项,而与家庭化迁移具有相关性的指标有6项,说明相比于非家庭化迁移的北京新生代农民工,家庭化迁移的北京新生代农民工的迁移意愿受住房状况的影响较大。

表10-11 家庭化迁移下住房状况与迁移意愿的Logit回归分析

自变量		北京		天津		河北	
		模型10a	模型10b	模型11a	模型11b	模型12a	模型12b
通勤距离		0.340**	0.116	0.163	-0.832**	0.066	0.2
住房产权		0.551	-7.344***	-0.705	2.687***	-0.104	0.089
人均住房面积		-0.002	0.173***	0.151***	-0.017	0.003	-0.016**
住房设施数		0.041	0.117	-0.123	-0.024	0.096**	0.153**
公租房		1.033***	2.269***	4.203***	1.689***	0.251	0.702***
租房补贴		-0.284	0.371	1.085	-1.586**	0.395	0.344
居住满意度		0.079	-0.184	0.626	-0.305	-0.154	-0.584***
住房政策满意度		-0.443***	-1.724***	-1.406***	-0.459*	-0.08	0.380***
购房意愿		1.819***	4.157***	2.991***	3.072***	0.810***	0.825***
住房支出		-0.024	-0.308*	0.742*	0.282	0.188**	-0.093
流动范围	省内跨市	—	—	—	—	0.638	0.289
	市内跨县	—	-2.617	-6.927	-0.25	1.353***	-0.139
	县内或不流动					0.433	0.482
流动次数		-0.306***	-1.322***	0.08	0.366***	0.016	-0.012
流动时长平方		-1.335***	2.546***	-1.451	-0.082	-0.057	-0.528
工作满意度		0.832***	1.445***	1.822***	0.25	0.404**	0.046

续表

自变量	北京		天津		河北	
	模型10a	模型10b	模型11a	模型11b	模型12a	模型12b
年收入对数	1.305**	3.256***	0.567	0.592	0.523	-0.336
与当地人交往频率	-0.123	1.362***	0.049	0.139	0.041	0.290***
常数项	-2.910***	-8.312***	-8.942***	-0.371	-2.987***	0.144
样本量	366	281	162	210	537	594
伪R^2	0.188	0.539	0.499	0.286	0.091	0.108

注：*、**、***分别表示在10%、5%和1%的水平上显著。

对于天津新生代农民工，公租房、住房政策满意度、购房意愿3项指标在两个模型中都显著，仍然只有住房政策满意度与迁移意愿呈负相关，同时也存在2项指标不具有显著性，分别是住房设施数和居住满意度；有2项指标只与天津非家庭化迁移新生代农民工的迁移意愿具有相关性，影响效应由大到小依次是人均住房面积和住房支出，都为正相关；有3项指标只与天津家庭化迁移新生代农民工的迁移意愿具有相关性，分别是通勤距离、住房产权和住房补贴，且只有住房产权为正相关；总体而言，与天津非家庭化迁移新生代农民工迁移意愿具有相关性的指标有5项，与家庭化迁移具有相关性的指标有6项，说明家庭化迁移的天津新生代农民工的迁移意愿受住房状况的影响更大。

对于河北新生代农民工，无论是否家庭化迁移，住房设施数和购房意愿与迁移意愿都具有显著相关性，对非家庭化迁移的河北新生代农民工，只有住房支出一项指标与其具有相关性，而对家庭化迁移的河北新生代农民工却有4项指标具有单独相关性，与迁移意愿具有相关性的住房状况指标数量的多少，同样说明了相比于非家庭化迁移的河北新生代农民工，家庭化迁移的河北新生代农民工其迁移意愿受住房状况影响更大。

二、不同家庭化迁移下京津冀各地迁移意愿的比较

对于非家庭迁移的新生代农民工，与迁移意愿具有显著性的住房状况指标数量相差不大，北京和天津都是4项指标，河北是3项指标，其中购房意愿对京津冀都具有显著性。住房产权、租房补贴、居住满意度等都与京津冀新生代农民工迁移意愿不具有显著性。与北京、天津同时具有显著性的指标为公租房、住房政策满意度，前者呈正相关，后者呈负相关；住房支出同时与天津、河北新生代农民工的迁移意愿具有显著性，都呈正相关；住房状况指标中只与京津冀一地的迁移意愿具有相关性的指标各有一项，分别是通勤距离、人均住房面积、住房设施数。

对于家庭化迁移的新生代农民工，京津冀各地都有6项住房状况指标与迁移意愿具有相关性。公租房、购房意愿、住房政策满意度与京津冀各地新生代农民工的迁移意愿都具有相关性，公租房、购房意愿都呈正相关，住房政策满意度在北京、天津呈负相关，在河北呈正相关。北京中各有一项指标与天津、河北同时与迁移意愿具有相关性，分别是住房产权、人均住房方面；只有一项住房状况（住房支出）指标与北京新生代迁移意愿具有

相关性，天津、河北各有两处，只与天津具有相关性的是通勤距离和租房补贴，只与河北具有相关性的是住房设施数和居住满意度。

第五节 本章小结

本章主要对京津冀新生代农民工迁移意愿的影响因素进行探究。我们首先将影响因素划分为住房状况变量和控制变量，分别探究京津冀总体、各地迁移意愿与各影响因素的相关性。对于京津冀总体，通勤距离、住房设施数、公租房、购房意愿、住房支出5项变量都与迁移意愿呈正相关。对于京津冀各地，控制变量的加入对北京的影响较大，住房状况变量的显著性由80%降为60%；天津、河北的显著性基本不变，变化的是线性回归中天津的住房支出和Logit回归中河北的住房政策满意度，二者都由显著变为不显著，2个回归对比的不同之处也在该处；再加入控制变量后，各地住房变量显著性的总数基本一致，其中公租房、住房政策满意度、购房意愿对三地新生代农民工的迁移意愿都有影响。

在对比无产权、无购房意愿时发现，住房变量显著性总量由高到低依次是北京、河北、天津，其中天津在两组分组回归中都显著的变量是人均住房面积、公租房、住房政策满意度；河北有产权农民工、有购房意愿农民工的公租房、居住满意度具有显著性，另外前者的通勤距离、购房意愿也具有相关性。在综合研究中，无产权无购房意愿的北京、天津新生代农民工都有4个变量显著，同时显著的是人均住房面积、公租房、住房政策满意度，另外是北京的住房设施数与天津的通勤距离。在河北的3组模型中，与迁移意愿具有相关性的变量有所差异，无产权无购房意愿农民工的显著变量是通勤距离、租房补贴、住房政策满意度、住房支出；无产权有购房意愿的是住房面积、住房设施数、公租房，有产权无购房意愿农民工只有住房政策满意度具有显著性。

而家庭对新生代农民工迁移的影响，京津冀各地家庭化迁移农民工都有6项住房状况变量与迁移意愿具有相关性，且都具有显著性的变量是公租房、购房意愿、住房政策满意度。而非家庭化迁移中北京、天津、河北具有相关性的变量数量分别是4项、4项、3项，且只有购房意愿都具有显著性。

第十一章　住房产权对京津冀新生代农民工迁移意愿的影响机制

在第十章的分析中，我们发现住房产权、购房意愿对迁移意愿有着显著的影响。住房产权决定着农民工是否能够成为本地人，能否享受当地的公共服务，并最终定居于本地。而且从我们调研中所获得的情况来看，绝大部分农民工都反映"难以承受起房价"，继而"放弃在本地定居"。农民工在迁移过程中，获得住房产权是关键因素。因此，本章重点从住房产权的角度分析对京津冀新生代农民工迁移意愿的影响机制。

农民工的收入是否能够支撑其获得住房，收入较高的农民工可能会将其经济效益转变为住房财富，进而促进其定居。对于绝大多数没有自有产权住房的农民工，逐渐上涨的住房租金和房价，使其因不愿意或者没有能力提供足够的资金去购买产权住房而选择返乡，部分农民工则可能将住房租金转变为购房支出，因此提出两个假设：

假设1a：农民工的收入在住房产权对迁移意愿的影响中起调节作用。

假设1b：住房支出既可能起促进作用，也可能起抑制作用。

住房产权的获得除受经济状况影响外，还受到农民工主观意愿的影响，因此本书将主观意愿划分为两个方面。一方面是农民工对住房条件的主观感受。对农民工现有住房状况的研究表明，农民工的居住环境都很差，农民工的住房都是比较集中和狭小的，而较差的居住环境不利于农民工的社会融合，进而会抑制农民工的迁移意愿，阻碍其迁移。另一方面是对当地住房政策的满意度。基于此提出如下假设：

假设1c：人均住房面积在住房产权对迁移意愿的影响中起调节作用。

假设1d：住房政策满意度在住房产权对迁移意愿的影响中起调节作用。

住房产权是客观事实变量，购房意愿是主观意愿变量，都是强调自有住房对迁移意愿的影响，同理针对购房意愿也可以提出以下四个假设：

假设2a：农民工的收入在购房意愿对迁移意愿的影响中起调节作用。

假设2b：住房支出既可能起促进作用，也可能起抑制作用。

假设2c：人均住房面积在购房意愿对迁移意愿的影响中起调节作用。

假设2d：住房政策满意度在购房意愿对迁移意愿的影响中起调节作用。

在探究住房对迁移意愿的影响机制时，分别将年收入、住房支出、人均住房面积、住房政策满意度4项指标作为调节变量，迁移意愿作为因变量，自变量分别是住房产权、购房意愿，上文中提到住房产权和购房意愿是自有住房的两个变量，存在一定的关联性，因此在住房产权作为自变量时，购房意愿应作为控制变量引入模型，反之亦然。

第一节 住房产权对京津冀新生代农民工迁移意愿的影响机制分析

在京津冀总体中,年收入、人均住房面积、住房政策满意度和住房支出在住房产权对迁移意愿的影响中都具有调节作用,表明4个假设都成立,但是在年收入、人均住房面积、住房支出的模型中,交互项与自变量住房产权的系数正负相反,具有抑制作用,而住房政策满意度的交互项与自变量住房产权的系数正负相同,具有促进作用。

表11-1 住房产权对迁移意愿的影响机制分析表

自变量	京津冀 B	京津冀 sig.	北京 B	北京 sig.	天津 B	天津 sig.	河北 B	河北 sig.
住房产权	0.083	0.002	-0.169	0.038	0.305	0.000	0.049	0.130
年收入	0.187	0.000	0.412	0.000	-0.090	0.232	0.191	0.001
住房产权*年收入	-0.394	0.000	-0.627	0.024	-0.174	0.429	-0.528	0.000
购房意愿	0.264	0.000	0.303	0.000	0.446	0.000	0.183	0.000
常数项	0.533	0.000	0.452	0.000	0.442	0.000	0.611	0.000
样本量、F、R^2	2 171、53.15、0.089		659、24.80、0.132		378、25.66、0.216		1 134、17.82、0.059	
住房产权	0.091	0.003	-0.307	0.001	0.239	0.003	0.069	0.050
人均住房面积	0.002	0.000	0.002	0.243	0.003	0.209	0.002	0.019
住房产权*人均住房面积	-0.006	0.000	0.013	0.143	0.000	0.950	-0.007	0.000
购房意愿	0.269	0.000	0.334	0.000	0.408	0.000	0.195	0.000
常数项	0.540	0.000	0.437	0.000	0.454	0.000	0.623	0.000
样本量、F、R^2	2 193、48.01、0.081		666、13.78、0.077		378、25.64、0.216		1 149、17.43、0.057	
住房产权	0.044	0.130	-0.259	0.002	0.244	0.001	0.023	0.491
住房政策满意度	0.005	0.627	-0.044	0.023	-0.057	0.016	0.046	0.005
住房产权*住房政策满意度	0.078	0.010	0.167	0.032	0.167	0.015	-0.004	0.922
购房意愿	0.273	0.000	0.342	0.000	0.405	0.000	0.195	0.000
常数项	0.521	0.000	0.437	0.000	0.443	0.000	0.601	0.000
样本量、F、R^2	2 193、43.95、0.074		666、15.52、0.086		378、28.78、0.236		1 149、13.72、0.046	
住房产权	0.070	0.009	-0.268	0.002	0.282	0.000	0.040	0.217
住房支出	0.027	0.000	0.041	0.001	0.036	0.058	0.025	0.014

续表

自变量	京津冀 B	京津冀 sig.	北京 B	北京 sig.	天津 B	天津 sig.	河北 B	河北 sig.
住房产权*住房支出	-0.034	0.045	0.031	0.465	-0.027	0.594	-0.037	0.077
购房意愿	0.272	0.000	0.327	0.000	0.422	0.000	0.189	0.000
常数项	0.526	0.000	0.441	0.000	0.450	0.000	0.603	0.000
样本量、F、R^2	2 192、46.29、0.078		666、16.19、0.089		378、26.27、0.220		1 149、13.61、0.045	

在京津冀各地的分析中，如果以交互项的 P 值小于 0.05 为分界线，北京、河北各有两项调节变量，年收入、住房政策满意度在北京具有调节作用，即对于北京，假设 1a、1d 成立；年收入、人均住房面积在河北具有调节作用，但是河北住房支出与住房产权交互项的 P 值在 0.05~0.1 之间，因此住房支出也具有调节效应，即对于河北，假设 1a、1b、1c 成立。天津只有住房政策满意度具有调节作用，即假设 1d 成立。

第二节 购房意愿对京津冀新生代农民工迁移意愿的影响机制分析

在京津冀总体中，年收入、人均住房面积具有调节作用，而住房政策满意度和住房支出交互项的 $P>0.05$，但是 P 值的范围在 0.05~0.1 之间，因此住房政策满意度和住房支出同样具有调节作用，即 4 个假设都成立，且因自变量和交互项系数符号相反，4 个调节变量都起抑制作用。

表 11-2 购房意愿对迁移意愿的影响机制分析表

自变量	京津冀 B	京津冀 sig.	北京 B	北京 sig.	天津 B	天津 sig.	河北 B	河北 sig.
购房意愿	0.272	0.000	0.325	0.000	0.483	0.000	0.184	0.000
年收入	0.202	0.000	0.442	0.000	-0.151	0.051	0.200	0.000
购房意愿×年收入	-0.341	0.000	-0.448	0.004	-0.518	0.003	-0.374	0.002
住房产权	0.076	0.005	-0.157	0.054	0.314	0.000	0.034	0.293
常数项	0.600	0.000	0.527	0.000	0.582	0.000	0.657	0.000
样本量、F、R^2	2 171、54.25、0.091		659、25.73、0.136		378、28.33、0.233		1 134、16.47、0.055	
购房意愿	0.281	0.000	0.420	0.000	0.420	0.000	0.194	0.000
人均住房面积	0.002	0.002	0.001	0.345	0.004	0.044	0.001	0.465
购房意愿×人均住房面积	-0.006	0.000	-0.024	0.000	-0.013	0.001	-0.001	0.355

续表

自变量	京津冀 B	京津冀 sig.	北京 B	北京 sig.	天津 B	天津 sig.	河北 B	河北 sig.
住房产权	0.052	0.073	-0.231	0.003	0.235	0.001	0.033	0.343
常数项	0.604	0.000	0.540	0.000	0.587	0.000	0.657	0.000
样本量、F、R^2	2 193、49.42、0.083		666、23.91、0.126		378、29.43、0.240		1 149、11.91、0.040	
购房意愿	0.277	0.000	0.339	0.000	0.427	0.000	0.194	0.000
住房政策满意度	0.005	0.684	-0.044	0.026	-0.058	0.016	0.041	0.012
购房意愿×住房政策满意度	-0.046	0.057	0.040	0.404	0.016	0.738	-0.105	0.003
住房产权	0.073	0.008	-0.212	0.009	0.317	0.000	0.033	0.308
常数项	0.593	0.000	0.517	0.000	0.558	0.000	0.655	0.000
样本量、F、R^2	2 193、43.12、0.073		666、14.45、0.080		378、26.90、0.224		1 149、16.01、0.053	
购房意愿	0.275	0.000	0.340	0.000	0.418	0.000	0.193	0.000
购房意愿×住房支出	0.026	0.000	0.046	0.000	0.035	0.065	0.022	0.028
住房支出	-0.027	0.080	-0.062	0.031	0.061	0.115	-0.037	0.077
住房产权	0.069	0.010	-0.249	0.002	0.273	0.000	0.037	0.255
常数项	0.594	0.000	0.523	0.000	0.562	0.000	0.655	0.000
样本量、F、R^2	2 192、46.03、0.078		666、17.32、0.095		378、26.98、0.224		1 149、13.61、0.045	

在京津冀各地分析中，北京只有住房政策满意度不具有调节作用，其他3个调节变量都起抑制作用，即假设2a、2b、2c成立。河北自变量与调节变量交互项的P值小于0.05的有年收入、住房政策满意度，P值在0.05~0.1之间的有住房支出，因此河北具有调节效应的变量也有3个，即假设2a、2b、2d成立。天津相比于北京、河北，调节变量减少，但仍有2个调节变量，分别是年收入、人均住房面积，即假设2a、2c成立。

第三节 住房产权、购房意愿对京津冀新生代农民工迁移意愿的影响机制分析

对住房属性的研究表明，住房不仅具备居住属性，还拥有投资或者金融属性，因此具有产权住房的农民工不一定选择迁移到流入地，在本地购房可能是为了减少住房租金的支出，也可能是为了孩子上学，因此在流入地购房可能是为了定居，也可能是为了投资。为了探究调节变量是否在特殊情况下仍具有调节效应，需要对控制变量购房意愿进行分组回

归分析。

一、无购房意愿下住房产权对迁移意愿的影响机制分析

在年收入中,只有天津无购房意愿农民工的年收入在住房产权对迁移意愿的影响中不具有调节作用,京津冀总体和北京在模型中住房产权的 $P<0.05$,说明有产权住房会促进京津冀农民工和抑制北京农民工的迁移意愿;交互项住房产权*年收入的 $P<0.05$,但京津冀总体住房产权和交互项的系数相反,表明年收入在京津冀总体的模型中起抑制作用。但是在北京起促进作用,说明收入越高,住房产权越可能减弱京津冀总体和北京无购房意愿农民工住房产权对迁移意愿的促进作用;对于河北无购房意愿的农民工,其自变量住房产权的 $P>0.05$,但是年收入和住房产权*年收入的 $P<0.05$,说明相比于住房产权,年收入对河北无购房意愿农民工的迁移意愿的影响更大,拥有产权住房可能促进河北无购房意愿农民工的迁移意愿。

在人均住房面积方面,京津冀总体中自变量和交互项的 $P<0.05$,说明人均住房面积在住房产权对迁移意愿的影响中具有调节作用,但系数符号相反,说明调节作用为负,住房面积越大,无购房意愿农民工住房产权对迁移意愿的影响越弱,即良好的住房条件可以降低自有产权住房对迁移意愿的促进作用;对于北京和天津,人均住房面积则不具有调节作用;对于河北,与年收入的效果相似,说明人均住房面积对迁移意愿的影响效果要大于住房产权的影响效果。

表11-3a 无购房意愿下住房产权对迁移意愿的影响机制分析表

自变量	京津冀		北京		天津		河北	
	B	sig.	B	sig.	B	sig.	B	sig.
住房产权	0.103	0.004	-0.427	0.000	0.345	0.000	0.066	0.123
年收入	0.270	0.000	0.521	0.000	0.025	0.793	0.284	0.000
住房产权*年收入	-0.598	0.000	-1.500	0.000	-0.195	0.558	-0.632	0.000
常数项	0.536	0.000	0.447	0.000	0.451	0.000	0.613	0.000
样本量、F、R^2	1 551、22.97、0.043		536、24.81、0.123		240、5.57、0.066		774、11.91、0.044	
住房产权	0.096	0.013	-0.397	0.001	0.227	0.027	0.060	0.184
人均住房面积	0.005	0.000	0.006	0.000	0.009	0.008	0.003	0.008
住房产权*人均住房面积	-0.008	0.000	0.009	0.365	0.003	0.724	-0.009	0.000
常数项	0.550	0.000	0.441	0.000	0.462	0.000	0.629	0.000
样本量、F、R^2	1 560、15.98、0.039		540、7.24、0.039		240、8.33、0.096		780、6.51、0.025	
住房产权	0.047	0.210	-0.528	0.000	0.289	0.001	0.017	0.688
住房政策满意度	0.027	0.051	-0.029	0.210	-0.044	0.202	0.079	0.000

续表

自变量	京津冀		北京		天津		河北	
	B	sig.	B	sig.	B	sig.	B	sig.
住房产权*住房政策满意度	0.213	0.000	0.562	0.000	0.440	0.000	0.126	0.010
常数项	0.515	0.000	0.425	0.000	0.434	0.000	0.595	0.000
样本量、F、R^2	1 560、15.98、0.022		540、8.93、0.048		240、11.90、0.131		780、7.48、0.028	
住房产权	0.103	0.004	−0.340	0.003	0.357	0.000	0.052	0.224
住房支出	0.036	0.000	0.059	0.000	0.013	0.636	0.040	0.003
住房产权*住房支出	−0.055	0.013	−0.028	0.658	0.039	0.603	−0.054	0.042
常数项	0.527	0.000	0.443	0.000	0.448	0.000	0.604	0.000
样本量、F、R^2	1 559、9.38、0.018		540、8.23、0.044		240、5.57、0.066		780、4.21、0.016	

在住房政策满意度方面，京津冀总体和河北都是自变量的 $P>0.05$，而交互项的 $P<0.05$，表明相比于住房产权，住房政策满意度对迁移意愿的影响较大；北京、天津住房产权和交互项的 $P<0.05$，说明住房政策满意度在住房产权对迁移意愿的影响中起调节作用，另外北京自变量与交互项的系数相反，即调节作用为负，而天津自变量与交互项的系数相同，即调节作用为负，但总体都表明对于北京、天津无购房意愿的农民工，政府政策满意度越高，有产权住房农民工的迁移意愿越强。

在住房支出方面，对于北京、天津无购房意愿的农民工，因交互项的 $P>0.05$，住房支出在住房产权对迁移意愿的影响中不具有调节作用；对于河北无购房意愿的农民工，因自变量的 $P>0.05$，说明住房支出的重要性要高于住房产权；对于京津冀总体无购房意愿的农民工，有产权住房会促进其迁移意愿，但是住房支出的增长，可能抑制其影响。

综上所述，对于京津冀总体无购房意愿的农民工，年收入、人均住房面积、住房支出在住房产权对迁移意愿的影响中具有调节作用；对于北京无购房意愿的农民工，年收入、住房政策满意度在住房产权对迁移意愿的影响中具有调节作用；而天津则只有住房政策满意度具有调节作用；河北虽然交互项的 P 值都小于 0.05，但是自变量 P 值都大于 0.05，说明对于河北无购房意愿的农民工，年收入、人均住房面积、住房支出和住房政策满意度对迁移意愿的影响要高于住房产权。

二、有购房意愿下住房产权对迁移意愿的影响机制分析

对于有购房意愿的农民工，通过表 11-3b 可以发现：北京有购房意愿农民工的年收入和住房支出、河北有购房意愿农民工的人均住房面积和住房政策满意度交互项的 P 小于 0.05，但是自变量的 P 值都大于 0.05，一方面说明对于北京有购房意愿农民工，年收入和住房支出对定居的影响大于住房产权，另一方面说明对于河北、北京有购房意愿农民工，住房面积和住房政策对定居的影响大于住房产权；其他模型交互项的 P 值都大于 0.05，说明对于具有购房意愿的农民工，住房产权决定着其是否定居，年收入、人均住房

面积、住房政策满意度、住房支出并不会影响住房产权对迁移意愿的影响。

表 11-3b 购房意愿下住房产权与迁移意愿的影响机制分析表

自变量	京津冀 B	京津冀 sig.	北京 B	北京 sig.	天津 B	天津 sig.	河北 B	河北 sig.
住房产权	0.019	0.632	-0.362	0.079	0.098	0.433	0.021	0.663
年收入	-0.039	0.495	0.151	0.229	-0.442	0.000	-0.047	0.606
住房产权*年收入	0.083	0.582	2.079	0.027	0.516	0.137	-0.248	0.238
常数项	0.808	0.000	0.754	0.000	0.916	0.000	0.793	0.000
样本量、F、R^2	620、0.37、0.002		123、1.77、0.043		138、7.18、0.138		160、0.59、0.005	
住房产权	0.054	0.248	-0.196	0.306	0.144	0.234	0.073	0.190
人均住房面积	-0.002	0.034	-0.017	0.000	-0.005	0.065	0.001	0.546
住房产权*人均住房面积	0.000	0.834	0.019	0.460	0.006	0.268	-0.005	0.012
常数项	0.813	0.000	0.848	0.000	0.877	0.000	0.814	0.000
样本量、F、R^2	633、1.95、0.009		126、16.21、0.285		138、2.27、0.048		369、2.15、0.017	
住房产权	0.047	0.258	-0.110	0.319	0.156	0.226	0.071	0.150
住房政策满意度	-0.014	0.442	-0.017	0.694	-0.030	0.318	-0.007	0.812
住房产权*住房政策满意度	-0.068	0.091	0.018	0.846	0.035	0.681	-0.209	0.000
常数项	0.811	0.000	0.770	0.000	0.866	0.000	0.817	0.000
样本量、F、R^2	633、1.45、0.007		126、0.39、0.010		138、1.43、0.031		369、4.89、0.039	
住房产权	0.009	0.809	-0.185	0.099	0.152	0.077	0.011	0.806
住房支出	0.005	0.677	-0.029	0.226	0.081	0.001	-0.004	0.815
住房产权*住房支出	0.011	0.636	0.134	0.012	-0.095	0.126	-0.006	0.847
常数项	0.805	0.000	0.777	0.000	0.869	0.000	0.796	0.000
样本量、F、R^2	633、0.19、0.001		126、2.55、0.059		138、5.97、0.118		369、0.06、0.001	

三、购房意愿下的京津冀新生代农民工影响机制的比较分析

通过表 11-3a 和表 11-3b 发现，调节变量主要是作用于无购房意愿的农民工，因此只比较总体和无购房意愿农民工两种情况。对于京津冀总体来说，只有住房政策满意度具有明显的差异，在年收入、人均住房面积、住房支出等方面，住房产权的系数都变小了，而交互项系数的绝对值都增大了，说明年收入、人均住房面积、住房支出在无购房意愿农民工住房产权对农民工的迁移意愿影响中的协调作用要大于有购房意愿的农民工。

实际上对于北京影响机制没发生变化的是住房支出，无论是对北京农民工总体，还是

无购房意愿的农民工，其都不具有调节作用；在年收入和住房政策满意度方面，总体不具有调节作用，而对无购房意愿的农民工具有显著的调节作用，说明年收入、住房政策满意度的调节作用更多的是体现在无购房意愿农民工方面；在人均住房面积方面，与年收入和住房政策满意度的情况相反，但是在具有购房意愿的农民工模型中也不具有调节效应，可能是与样本中具有购房意愿的比例较小，只有18.92%有关。

天津无购房意愿农民工的情况与总体一致，但是河北的变化较大。一方面是河北无购房意愿农民工自变量的系数都大于0.05，另一方面是住房政策满意度交互项的系数由不显著变为显著，说明住房政策对无购房意愿农民工的调节作用可能大于其他三项调节变量。

四、住房产权与京津冀新生代农民工迁移意愿的多调节模型分析

由本节第三部分可知，调节机制主要作用于无购房意愿的农民工，分析表11-3a发现对于北京年收入和住房政策满意度具有调节作用，而住房政策满意度在总体中不具有显著调节效果，因此提出两个假设：

假设3a：对于无购房意愿的北京农民工，年收入和住房政策满意度同时在住房产权对迁移意愿的影响中起调节作用。

假设3b：对于无购房意愿的京津冀总体农民工，年收入、人均住房面积和住房支出同时在住房产权对迁移意愿的影响中起调节作用。

表11-3c 无购房意愿下多调节模型分析表

北京	模型1		总体	模型2		模型3	
	B	sig.		B	sig.	B	sig.
住房产权	-0.544	0.000	住房产权	0.094	0.015	0.093	0.016
年收入	0.575	0.00	年收入	0.246	0.000	0.251	0.000
住房政策满意度	-0.039	0.114	人均住房面积	0.004	0.000	0.005	0.000
住房产权*年收入	-0.611	0.261	住房支出	0.016	0.104	——	——
住房产权*住房政策满意度	0.573	0.019	住房产权*年收入	-0.539	0.000	-0.549	0.000
常数项	0.440	0.000	住房产权*人均住房面积	-0.007	0.000	-0.008	0.000
样本量、F、R^2	536、18.38、0.148		住房产权*住房支出	-0.027	0.220	——	——
			常数项	0.557	0.000	0.559	0.000
			样本量、F、R^2	1 550、15.55、0.066		1 551、21.15、0.064	

在北京多调节变量模型中，因住房产权*住房政策满意度小于0.05，所以模型1成立，但是住房产权*年收入的P值大于0.05，所以年收入在此模型中不具有调节作用，只有住房政策满意度具有调节作用，且调节效应为负，因此假设3a不成立。

在京津冀总体多调节变量模型中，住房产权*年收入、住房产权*人均住房面积的 P 值都小于0.05，所以模型2成立，但是住房产权*住房支出的 P 值大于0.05，因此模型中年收入和人均住房面积具有调节效应，且调节效应都为负，而住房支出不具有调节效应，因此假设3b不成立。模型3是模型2删除住房支出后所形成的，年收入和人均住房面积的调节效果的变化不大。

综上所述，对于无购房意愿的北京农民工，只有年收入在住房产权对迁移意愿的影响中起调节作用；对于无购房意愿的京津冀总体农民工，年收入和人均住房面积能同时在购房意愿对迁移意愿的影响中起调节作用。

第四节 住房产权下京津冀新生代农民工购房意愿对迁移意愿的影响机制分析

一、无产权住房下京津冀新生代农民工购房意愿与迁移意愿的影响机制分析

调节变量年收入、人均住房面积、住房支出在购房意愿对迁移意愿的影响中，自变量和交互项的 P 值都小于0.05，说明这3项调节变量都具有调节效应，只有河北在人均住房面积的模型中，交互项的 P 值大于0.05，不具有调节作用；自变量的系数都为正，表明拥有购房意愿可以促进无产权住房农民工的迁移意愿，但是交互项的系数基本都为负数，表明调节效果为负，即年收入越高、住房政策满意度越高、住房支出越高，越会减弱购房意愿对迁移意愿的促进效果；只有天津无产权住房的农民工，在住房支出模型中与其他模型具有明显的差异，表现为其交互项的系数为正，即住房支出越多，天津无产权住房有购房意愿农民工的迁移意愿越强于无购房意愿的农民工。

表11-4a 无产权住房下购房意愿与迁移意愿的影响机制分析表

自变量	京津冀		北京		天津		河北	
	B	sig.	B	sig.	B	sig.	B	sig.
购房意愿	0.287	0.000	0.303	0.000	0.501	0.000	0.191	0.000
年收入	0.249	0.000	0.500	0.000	-0.155	0.068	0.300	0.000
住房产权*年收入	-0.424	0.000	-0.580	0.000	-0.569	0.003	-0.424	0.003
常数项	0.601	0.000	0.529	0.000	0.584	0.000	0.659	0.000
样本量、F、R^2	1 811、66.91、0.100		623、33.43、0.139		324、29.78、0.218		864、22.53、0.073	
购房意愿	0.270	0.000	0.395	0.000	0.426	0.000	0.182	0.000
人均住房面积	0.004	0.000	0.001	0.415	0.003	0.224	0.004	0.000
住房产权*人均住房面积	-0.009	0.000	-0.024	0.000	-0.014	0.008	-0.003	0.100

续表

自变量	京津冀 B	京津冀 sig.	北京 B	北京 sig.	天津 B	天津 sig.	河北 B	河北 sig.
常数项	0.612	0.000	0.539	0.000	0.586	0.000	0.673	0.000
样本量、F、R^2	1 824、62.00、0.923		627、27.26、0.116		324、29.11、0.214		873、16.87、0.055	
购房意愿	0.296	0.000	0.321	0.000	0.452	0.000	0.209	0.000
住房政策满意度	−0.007	0.573	−0.053	0.009	−0.080	0.002	0.047	0.016
住房产权 * 住房政策满意度	0.006	0.837	0.044	0.418	0.071	0.190	−0.005	0.907
常数项	0.593	0.000	0.517	0.000	0.557	0.000	0.658	0.000
样本量、F、R^2	1 824、46.39、0.071		627、15.74、0.071		324、30.32、0.221		873、13.83、0.046	
购房意愿	0.293	0.000	0.325	0.000	0.450	0.000	0.202	0.000
住房支出	0.033	0.000	0.043	0.001	0.039	0.062	0.035	0.004
住房产权 * 住房支出	−0.043	0.017	−0.098	0.003	0.088	0.043	−0.055	0.032
常数项	0.595	0.000	0.524	0.000	0.562	0.000	0.656	0.000
样本量、F、R^2	1 823、53.74、0.081		627、19.44、0.086		324、28.97、0.214		873、15.81、0.052	

在住房政策满意度方面，虽然自变量的 P 值都小于 0.05，但是交互项的 P 值都大于 0.05，说明住房政策满意度在购房意愿对迁移意愿的影响中不具有调节效应，表明住房政策并不会影响购房意愿对迁移意愿的影响。

二、有产权住房下购房意愿与京津冀新生代农民工迁移意愿的影响机制分析

调节变量年收入、人均住房面积、住房支出在购房意愿对迁移意愿的影响中，交互项的 P 值基本上都大于 0.05，说明这 3 项调节变量不具有调节效应，只有北京在年收入的模型中，自变量和交互项的 P 值都小于 0.05，且系数都为正，表明调节效应为正，即拥有购房意愿会提升北京有产权住房农民工的迁移意愿。同时收入的增加，会增强其迁移意愿，其原因可能是：拥有住房产权的农民工，一方面大量支出不用于支付住房租金，可以改善生活，或者将收入用于投资，住房的金融属性使得农民工具有购房意愿，进而促进农民工定居；另一方面，收入提高，将收入转变为购房支出，进而提高迁移意愿。

表 11-4b　有产权住房下购房意愿与迁移意愿的影响机制分析表

自变量	京津冀 B	京津冀 sig.	北京 B	北京 sig.	天津 B	天津 sig.	河北 B	河北 sig.
购房意愿	0.202	0.000	0.368	0.018	0.254	0.102	0.146	0.011
年收入	−0.153	0.119	−0.323	0.103	−0.090	0.661	−0.209	0.086
住房产权 * 年收入	0.256	0.194	2.999	0.000	0.142	0.750	−0.040	0.873

续表

自变量	京津冀 B	京津冀 sig.	北京 B	北京 sig.	天津 B	天津 sig.	河北 B	河北 sig.
常数项	0.680	0.000	0.114	0.055	0.839	0.000	0.710	0.000
样本量、F、R^2	360、7.08、0.056		623、33.43、0.139		54、1.98、0.106		270、3.27、0.036	
购房意愿	0.228	0.000	0.596	0.015	0.343	0.018	0.195	0.003
人均住房面积	-0.002	0.087	0.012	0.169	0.007	0.039	-0.003	0.002
住房产权 * 人均住房面积	-0.001	0.741	-0.014	0.638	-0.011	0.089	0.000	0.902
常数项	0.696	0.000	0.181	0.052	0.782	0.000	0.737	0.000
样本量、F、R^2	369、6.85、0.053		39、6.27、0.350		54、4.03、0.195		276、6.29、0.065	
购房意愿	0.296	0.000	0.739	0.000	0.319	0.014	0.263	0.000
住房政策满意度	0.124	0.000	0.405	0.000	0.212	0.000	0.066	0.033
住房产权 * 住房政策满意度	-0.275	0.000	-0.500	0.000	-0.333	0.002	-0.340	0.000
常数项	0.640	0.000	0.068	0.352	0.798	0.000	0.693	0.000
样本量、F、R^2	369、18.86、0.134		39、15.26、0.567		54、9.65、0.367		276、13.72、0.132	
购房意愿	0.199	0.000	0.480	0.001	0.245	0.030	0.162	0.004
住房支出	-0.002	0.863	0.045	0.283	0.029	0.473	-0.003	0.833
住房产权 * 住房支出	0.023	0.428	0.064	0.347	-0.046	0.579	-0.007	0.844
常数项	0.671	0.000	0.213	0.010	0.844	0.000	0.695	0.000
样本量、F、R^2	369、5.85、0.046		39、7.16、0.380		54、2.14、0.114		276、2.87、0.031	

在住房政策满意度方面，无论是京津冀总体还是京津冀各地有产权住房的农民工，住房政策满意度在购房意愿对迁移意愿的影响中都具有调节作用，但是因自变量和交互项的系数相反，说明住房政策满意的调节效应为负效应。

三、住房产权下京津冀新生代农民工影响机制的比较

首先，通过对比表11-4a和表11-4b发现，年收入、人均住房面积、住房支出的调节效果主要是针对无产权的农民工，因为收入、支出在很大程度上决定着农民工是否具有经济能力承担购房费用，能够承担费用则会提高农民工的购房意愿，进而实现定居。住房政策满意度的调节效果主要是针对有产权的农民工，例如房产税作为住房政策的一种，也是针对有产权住房人群。其次，住房政策还包括住房补助等，现在许多人都是通过贷款来购房的，对于拥有不同产权住房的农民工，关注的角度不同，因此需要将无产权住房的年收入、人均住房面积、住房支出与有产权住房的住房政策满意度分别与表11-2进行对比。

在年收入和人均住房面积中,是否具有调节效果基本没有变化,但是住房支出具有明显的差异,京津冀总体、天津、河北从对总体农民工的不显著变为对无产权住房农民工的显著,再次证明住房支出的调节效果主要是针对无产权农民工的;北京则是都具有显著效果,但是无产权农民工交互项的系数绝对值大于总体,也说明住房支出的调节效果主要是针对无产权农民工的。在住房政策满意度方面,除河北都具有显著调节性外,京津冀总体、天津、河北从对总体农民工的不显著变为对无产权住房农民工的显著,表明住房政策满意度的调节效果主要是针对有产权农民工的;因北京、天津与河北的房价差距极大,因此调节效果呈现不同的结果。

四、购房意愿与京津冀新生代农民工迁移意愿的多调节模型分析

由本节第三部分可知,年收入、人均住房面积和住房支出的调节机制主要作用于无产权住房的农民工,发现年收入、人均住房面积和住房支出对于北京、天津、河北都具有调节作用,因此提出三个假设:

假设4a:对于无产权住房的北京农民工,年收入、人均住房面积和住房支出同时在购房意愿对迁移意愿的影响中起调节作用。

假设4b:对于无产权住房的天津农民工,年收入、人均住房面积和住房支出同时在购房意愿对迁移意愿的影响中起调节作用。

假设4c:对于无产权住房的河北农民工,年收入、人均住房面积和住房支出同时在购房意愿对迁移意愿的影响中起调节作用。

表 11-4c　无产权住房下多调节模型分析表

自变量	北京 模型4 B	模型4 sig.	模型5 B	模型5 sig.	天津 模型6 B	模型6 sig.	河北 模型7 B	模型7 sig.
购房意愿	0.369	0.000	0.365	0.000	0.467	0.000	0.182	0.000
年收入	0.479	0.000	0.506	0.000	-0.118	0.174	0.273	0.000
人均住房面积	-0.001	0.749	0.000	0.772	0.002	0.471	0.003	0.018
住房支出	0.022	0.130	——	——	0.037	0.094	0.016	0.226
住房产权*年收入	-0.417	0.015	-0.381	0.014	-0.535	0.006	-0.372	0.009
住房产权*人均住房面积	-0.025	0.000	-0.024	0.000	-0.018	0.001	0.000	0.863
住房产权*住房支出	0.007	0.842	——	——	0.098	0.032	-0.044	0.114
常数项	0.549	0.000	0.549	0.010	0.608	0.000	0.671	0.000
样本量、F、R^2	623、21.67、0.198		623、29.86、0.195		324、15.81、0.259		864、11.64、0.087	

在模型4中,住房产权*年收入和住房产权*人均住房面积的 P 值都小于0.05,说明模型4成立,但是住房产权*住房支出的 P 值大于0.05,说明住房支出在此模型中不

具有调节作用,所以假设 4a 不成立,模型 5 是模型 4 删除住房支出所形成的,表明年收入和人均住房面积能同时在购房意愿对迁移意愿的影响中起调节作用。

模型 5 和模型 6 代表两个极端,模型 5 中的交互项都小于 0.05,说明模型 5 中的调节变量都具有显著的调节效应,因此假设 4b 成立,但是年收入、人均住房面积与自变量购房意愿的系数符号相反,表明调节效应为负,而住房支出与购房意愿的系数符号相同,表明调节效应为正,即模型 5 中的调节变量既有正调节变量,也有负调节变量。模型 6 中只有住房产权 * 年收入的 P 值小于 0.05,虽然模型 4 能够成立,但是因为其他两项调节变量的交互项的 P 值都大于 0.05,表明人均住房面积和住房支出不具有调节效应,因此假设 4c 不成立。

综上所述,对于无产权住房的北京农民工,年收入和人均住房面积同时在购房意愿对迁移意愿的影响中起调节作用;对于无产权住房的天津农民工,年收入、人均住房面积和住房支出同时在购房意愿对迁移意愿的影响中起调节作用;而对于无产权住房的河北农民工,只有年收入在购房意愿对迁移意愿的影响中起调节作用。

第五节 本章小结

本章主要探究住房对京津冀新生代农民工迁移意愿的影响机制,将年收入、人均住房面积、住房政策满意度和住房支出作为调节变量,围绕自有住房的两个变量即住房产权和购房意愿进行展开。

首先以住房产权为自变量,购房意愿为控制变量,分别做调节变量的单变量模型。研究发现,京津冀总体 4 项调节变量都具有调节效应。北京、河北除年收入都具有调节效应外,北京还具有调节效应的是住房政策满意度,河北则是人均住房面积,天津只有住房政策满意度具有调节作用。其后,我们以购房意愿为自变量,住房产权为控制变量,京津冀总体 4 项调节变量仍都具有调节效应。与前面的不同之处在于:一是北京、河北各有 3 项调节变量;二是除年收入都具有调节效应外,住房支出同样都具有调节效应;三是北京、河北对比单独具有的调节效应;四是天津市年收入和人均住房面积这两项发挥着调节作用。

我们将购房意愿由控制变量转变为分组变量。发现调节变量的调节效应主要作用于无购房意愿的新生代农民工,所有的调节变量在京津冀总体无购房意愿农民工中仍具有调节效应,北京具有调节效应的变量是年收入、住房政策满意度,天津则只有住房政策满意度,河北因自变量不显著,说明年收入、人均住房面积、住房支出和住房政策满意度对迁移意愿的影响要高于住房产权。而在有购房意愿的农民工中,所有调节模型都不成立,因此针对京津冀总体和北京提出的多调节变量模型中,只有京津冀总体无购房意愿新生代农民工的迁移意愿同时受年收入和人均住房面积调节。

同理，将住房产权由控制变量转变为分组变量，在无产权住房条件下，年收入、人均住房面积、住房支出都具有调节效应，而住房政策满意度都不具有调节效应，并且住房支出在天津中的调节效应为正，在京津冀总体、北京、河北为负；在有产权住房条件下，只有住房政策满意度都具有调节效应，除此外只有年收入在北京具有调节效果，表明调节变量主要作用于无产权住房的农民工。因此多模型分析只分析了无产权住房的农民工，研究发现：北京同时受年收入和人均住房面积的调节，天津则受除住房政策满意度以外其他三项变量的调节，而河北只是单独被年收入调节。

第十二章　河北省新生代农民工返乡建房的实证研究

我们在调研中还发现了另一个独特的现象,河北籍新生代农民工在北京、天津务工的过程中,由于难以在务工地定居,都表示后续会选择返乡生活,并且打算回老家盖房。从他们外出务工再到返乡建房的历程中,究竟是什么机制支配着这一现象的发生。这也成了本章研究的起点。

第一节　河北省新生代农民工返乡建房的具体行为

自改革开放以来,河北省大量农民工离开农村进入城市务工,并逐步在城市定居。在这一背景下,河北省的农村常住人口从 1999 年的 5 336.3 万人下降到了 2020 年的 3 070.33 万人,常住人口城镇化率也从 2000 年的 26.3%上升到 60.07%。① 与此同时,农村人均房屋面积从 2000 年的 22.97 平方米上升到 2018 年的 39.45 平方米,农村住宅从 1997 年至 2020 年累积竣工投资额和累积竣工面积分别为 5 031.55 亿元和 82 266.97 亿平方米。这一矛盾的数据实际上隐含着这么一个现象:河北省农民工群体在经历多年的城市生活和工作后,仍然做出了返乡建房的决策。尽管中央政府一直在出台政策引导农民工落户城市,从 2014 年的《国家新型城镇化规划(2014—2020 年)》再到 2018 年的《推动 1 亿非户籍人口在城市落户方案》,但是农民工并未按照中央政府设计的规划路径扎根于城镇,仍然热衷于返乡建房。课题组在调研过程中也发现了这一现象,为何他们在城市居住和工作多年后,却热衷于在农村建房?这一现象需要我们进一步研究,挖掘出其内在根源。

外出农民工是我国特有的群体,这一群体在年轻的时候外出务工,等到一定时期则返乡建房。这一独特的现象也引起了学术界的关注。首先,关于返乡建房影响因素的研究。推拉理论是人口迁移的经典理论,例如,祝仲坤基于推拉理论,从城市推力和农村拉力的双重视角,剖析了农民工返乡建房的逻辑。② 杨国永等借鉴"推拉理论"的分析逻辑,从外部情境的视角,采用质性研究方法,系统分析了农民工回乡建房的城市推力和农村拉力,并且分析了外部情境因素对农民工回乡建房的影响。③ 其次,关于制度和观念方面的

---

① 数据来源:中经网省级统计数据库。
② 祝仲坤. 农民工返乡建房行为研究——基于推拉理论的解释框架[J]. 经济体制改革,2017(3):89-94.
③ 杨国永,张莉莉. 农民工回乡建房的城乡"推拉"分析——基于"反推拉"的外部情境分析视角[J]. 城市发展研究,2019(12):109-116.

研究。在户籍制度和农村土地制度的双重约束下，农民工回乡建房行为尽管包含着很多的无奈，也造成了资源配置上的不经济，但却合乎理性。农民建房行为同时包含着居住需求动机、炫耀性动机和预防性动机。[1] 在市场经济中农民工家庭的住房消费选择是多元的，但却深受制度变迁和观念转型的影响。[2] 再次，关于农民工返乡建房的动机研究。杨国永等采用聚类分析方法，以影响建房动机产生的外部诱因和内部需求将农民工分为"外部诱因驱动型"农民工、"内部需求驱动型"农民工和"内外混合驱动型"农民工这三类。[3] 回乡建房对农民工家庭福利有正向的促进作用，并在一定程度上缩小了建房家庭之间的福利差异。但农民工家庭福利仍然低于中等水平，其中家庭经济方面的福利甚至变得更差。[4] 农民工回乡建房概率与年龄代际、建房前外出人口占比、流出地经济发展水平、城市失业风险、建房鼓励政策等显著相关。[5]

综合以上研究，学术界对农民工返乡建房的研究仍显薄弱，主要体现在以下三个方面。第一，以往的研究主要运用推拉理论分析农民工返乡建房这一行为的影响因素，但是这一理论过于简化返乡建房，我们需要构建一个本土化的行为机理，提供一个新的解释视角。第二，已有的研究忽略了时间维度，将返乡建房现象视为静态、瞬时的决策，更多地聚焦于农民工返乡建房这一行为活动的时间节点，而没有考虑到这一行为实质上是一个长期决策。第三，研究方法上以归纳演绎法或者定量分析法为主，只是检验了某些因素与返乡建房间的关联，而缺乏对返乡建房行为的追踪和深入探索。基于以上分析，本研究拟采用扎根理论方法，通过对返乡建房的外出农民工进行深度访谈，对农民工返乡建房这一历时性活动进行全面的分析，从而构建出一个更加贴近中国情景的研究框架，能够更为全面、合理地解释这一现象。

本章选取河北省 C 村的新生代农民工作为研究样本，尝试着运用扎根理论研究"中国式返乡建房"，并回答如下三个问题：①外出农民工返乡建房的行为机理是什么？②外出农民工返乡建房的具体过程是怎样的？③外出农民工返乡建房的具体影响因素有哪些？

第二节 研究设计

一、研究方法

扎根理论是一种质性研究方法，由斯特劳斯（Anselm Strauss）和格拉斯（Barney

---

[1] 胡建坤，田秀娟. 农民工回乡建房行为研究 [J]. 农业经济问题，2012（12）：53-60，111.
[2] 张品，林晓珊. 制度与观念：城镇化与农民工家庭的住房消费选择 [J]. 青年研究，2014（2）：62-72，95-96.
[3] 杨国永，管曦，许文兴. 农民工回乡建房动机及其类型分析——基于福建省农民工流出地的调查 [J]. 中国农业大学学报，2018（12）：232-248.
[4] 杨国永，江强，田甜，许文兴. 农民工回乡建房的家庭福利效应——基于福建省农民工流出地的调查 [J]. 资源科学，2019（7）：1213-1226.
[5] 杨国永，张莉莉，钱鼎炜，曾玉荣. 农民工回乡建房的事件史分析——基于福建省农民工流出地的调查 [J]. 农业技术经济，2020（09）：48-62.

Glaser) 两位学者共同研究提出。扎根理论的基本宗旨是从经验资料中生成理论，即在系统化地收集资料和分析程序的基础上，不断提取、勾勒出核心概念，然后通过概念之间的比较与整合逐步上升至理论。① 在这一过程中，核心概念的提炼颇为重要，需要研究者具备理论敏感性，对不断涌现的资料保持充分注意，将隐藏在大量资料中的概念范畴和理论挖掘出来。从哲学思想源流上看，扎根理论受到实用主义与符号互动论的影响，强调在真实情境下对具有互动性、过程性特征的社会问题的解构②，其应用领域十分广阔，从最初的医学扩展至心理学、教育学、社会学等多个领域。扎根理论通过一整套流程完成数据搜集、编码与分析并构建理论，非常适合解决很多公共管理问题。③ 扎根理论研究方法的主旨在于构建理论而非验证理论，且擅长考察行动和互动过程。④ 鉴于农民工返乡建房问题是一个有待探索的研究议题，该研究旨在通过深度访谈、数据收集和编码分析，对农民工返乡建房过程及其内在逻辑做出解释性理解，并尝试建构农民工从外出到返乡建房这一动态过程的理论模型，因此选用扎根理论的研究方法是恰当且可行的，有助于回答本书的研究问题。

二、样本选择与简介

河北省 C 村是一个典型的人口外流村庄，由于所在县城缺乏提供大量工作岗位的企业，村民们只能外出务工谋生，平时主要是老人和儿童在村里居住和生活。但是村民们在外出务工后一段时间纷纷返乡建房，这也为本研究提供了研究样本。课题组于 2022 年 1 月至 8 月期间扎根河北省 C 村进行观察，并且选取该村 1980 年后出生的部分村民进行了深度访谈。为了让受访者更好地了解主题，课题组兼具开放性和指向性两个原则，采用半开放式访谈获取资料。大部分采访都是线下一对一或者一对多（有其他家庭成员在场），直到新的受访者提供的原始资料饱和为止，最终获得访谈对象为 17 人，访谈录音共计 985 分钟，整理出六万五千余字的文稿。通过访谈获取的一手资料为研究提供了最真实的数据支撑，受访者简介如表 12-1 所示。

表 12-1 受访者基本资料一览表

编号	性别	年龄	学历	职业	编号	性别	年龄	学历	职业
01	男	40	小学	建筑工人	02	男	40	小学	废品回收
03	男	41	初中	工头	04	男	37	初中	建筑工人
05	男	41	初中	装修工人	06	男	41	初中	建筑工人
07	男	42	高中	企业销售	08	男	42	小学	工厂工人

---

① GLASER B, STRAUSS A. The discovery of grounded theory: Strategies for qualitative research [M]. Chicago: Aldine Pub-lishing Company, 1967: 2-6.
② SUDDABY R. From the editors: What grounded theory is not [J]. Academy of Mangement Journal, 2006, 499040: 633-642.
③ 贾哲敏. 扎根理论在公共管理研究中的应用：方法与实践 [J]. 中国行政管理, 2015 (03): 90-95.
④ STRAUSS A, CORBIN J. Basics of qualitative research: grounded theory procedures and techniques [J]. Modern Language Journal, 1990, 77 (2): 129.

续表

编号	性别	年龄	学历	职业	编号	性别	年龄	学历	职业
09	男	39	高中	建筑工人	10	男	38	高中	经商
11	男	40	初中	装修工人	12	男	40	小学	建筑工人
13	男	40	初中	工厂管理	14	男	35	高中	工厂工人
15	男	36	高中	建筑工人	16	男	39	初中	经商
17	男	42	初中	经商					

三、数据搜集

研究遵循"三角检定法",利用多种资料进行相互核实和检验,以提高案例的信度与效度。为了尽可能多地收集到农民工返乡建房的相关数据,课题组又在网上搜集了相关的二手数据。首先,课题组在知乎、抖音相关帖子和视频下搜集了网友的评论留言,共计89条。其次,逐句分析拆解了抖音、西瓜视频上关于农民工返乡建房视频的观点,共计得出33条。最后,对今日头条相关的新闻文章进行了分析,共计得出50条观点。

四、数据处理

本研究遵循建构型扎根理论提出的理论抽样法和持续对比法,注重场景与数据的对话。在数据处理过程中,课题组首先将采访录音转换成文本信息,剔除掉无用信息,保留有用的资料并进行逐句概念化编码。然后将网上搜集到的二手数据分类整理好,以同样的方式概念化编码。把概念相似的编码进行合并,予以范畴化。同时根据各范畴之间的联系,梳理出农民工从外出到返乡建房的这一完整过程。通过开放性编码、主轴性编码、选择性编码三级编码,分析其类属关系,构建了河北省农民工从外出到返乡建房的理论模型。

第三节 数据分析及模型构建

一、开放性编码

开放性编码就是把搜集来的资料进行分解,针对资料里所反映的现象,不断比较其间的异同,进而为现象贴上概念标签,再把相似概念聚拢到一起,提炼出更高一级的概念——范畴,从而把资料概念化、范畴化。[1] 在开放性编码阶段,先对17份一手数据进行编码,按照编码原则,对访谈资料逐字分析,从中归纳出353条原始语句并予以概念

---

[1] 张敬伟,马东俊. 扎根理论研究法与管理学研究 [J]. 现代管理科学, 2009 (2): 115-117.

化。在删减合并部分语义相近的概念后，得出208个概念。为了保障数据的可信度，又对150份二手数据进行编码，按照相同的步骤，得出135个概念。然后对这些概念进行整理合并，剔除掉重复的概念，共计产生216个初始概念。最后，根据具体语境中概念的内涵及其外延对相似的概念进行范畴化，最终形成50个初始范畴（编码结果如表12-2所示）。

表12-2 开放式编码及范畴化过程

初始范畴	概念化	原始语句	来源
生存动机	外出务工挣钱	A06：家还顾不住呢，一年干半年活，家里的窟窿都满了（欠款多），挣点钱不容易。 A13：都是为了出去挣点钱。 A14：出去都是想着挣钱的。	采访
	种地收入不够花	C01：农民工出去打工也是无奈之举，近几年粮食的价格并不是很高，农药化肥的价格一直在上涨，辛苦种地一年一亩地也只能挣几百块钱，虽然农村的消费水平比城市低，但是杂七杂八算下来光靠种地根本不行，所以只能进城打工来养家糊口。	西瓜视频
城市住房排斥	城市住房条件简陋	A01：管住，住的房子吧就那样，风吹不着雨淋不着。 A03：咱们自己在工地弄的简易房，五六个人一个屋，上下铺，有食堂。 A05：有的是简易房，工地上有简易房就住，没有就是人家给租房子。要是不管住，人家租房子，就给的工资高点，自己租。	采访 采访
	住集体宿舍	A05：人少了就不一定了，人多了就是集体，最低弄个上下铺。 A05：自己租不起，大部分都是小工头租，然后工人在一块住着。	采访
	买不起城市住房	A02：外面的房子太贵买不起，挣的钱少。 A16：在北京买房子也买不起啊。	采访
		B11：关键是挣的钱也不够城里买啊。	知乎评论
农村交往广泛	老家亲朋好友多	A14：回到家乡，左邻右舍走动走动，我爱打牌，还能来回串串门。	采访
	朋友圈在农村	C06：我们农村人淳朴，在外面沟通不畅，再加上大部分亲戚好友都在农村，自己又是土生土长的，多少都有感情，所以不管你在外面赚了多少钱，当了多大的官，只要你父母还在，就一定要回老家建房。 A14：朋友圈亲戚血缘关系都在家呢。亲戚朋友邻居什么的，逢年过节觉得亲近。	抖音视频
	亲戚在农村	D05：自己的亲戚也在农村，到了晚年可以有人说说话。	今日头条

续表

初始范畴	概念化	原始语句	来源
改善居住条件	房子漏水需要修建	A06：但是不盖房子，那时候的房子也顶不上，时间长了就漏了。咱这里又流行一盖就盖那么高，不像城市里面盖得低。 A08：这个房子要是好点，我就不盖了，关键是之前的房子漏了，不能住。这个房子必须盖，一盖就让他顶上号。再说孩子也没什么本事，不是在外面发展，还得考虑他结婚。	采访
	地势低的房子排水困难	A09：主要是路面抬高，家里出不去水。我之前的那个房子，西屋跟院子差不多平，下雨后返潮，潮了就不能住人了。东屋地面比路面还低呢。	采访
	房子太潮	A14：一个是宅基地小，另一个是我父亲盖的，他节省，那时候不垫土，都是用掀旧房子时候的土，一阴天屋里的地面都是湿的，太潮了。	采访
建房的心理效应	农村有房才有底气	C06：我曾经问过我的父母，他们说："村里没房，和村里人聊天就没底气，哪怕你在外面混得再好，我们辛苦一辈子，还是更习惯于住村。"农村的房子不仅是父母面子的需要，更是他们心灵的寄托。回归家庭，在生我们养我们的这片土地上，获得的不仅是心灵的平静，更多的是来自内心的底气，这种底气叫作踏实。	抖音视频
	盖房子有面子	D06：如果在老家没房，就成了农村的空挂户、无房户，回老家没落脚之地不说，长期去亲友家还可能坐冷板凳。因此，回农村盖房显得尤其重要。"80后""90后"作为家里的顶梁柱，就接下了光耀门楣的担子。	今日头条
	不盖房子会被看不起	D01：我们这边有些人一辈子没有盖房子，就被人瞧不起，而那些一辈子盖三四次房子的农民，就有点趾高气扬、飞扬跋扈。	今日头条
	盖房子有成就感	D02：农村子女经常与父母拌嘴说："这辈子有什么成就呀？你们这辈子为子女干了些什么？留下什么财产？"如果盖楼房了，子女也就无话可说了，同时也能赢得大家的尊敬！ D01：挣了钱当然回农村把房子盖起来，盖房子是农村人的一件大事，有成就感。当农民工成家后，首要的就是为了盖房子而拼搏。	今日头条
	建房的攀比心理	A11：农村的思想就是你盖得好，我比你盖得还好，互相攀比。你盖了小洋楼，我就盖三层。	采访
	……	……	……

注：篇幅所限，编码仅挑选部分展示。

二、主轴性编码

主轴性编码是通过深入分析和不断比较初始范畴，识别和建立类属与范畴之间的关系，形成层次更高、概括性更强的主范畴，使主范畴属性和维度具体化，核心与重要概念也会浮现出来。① 主轴编码注重将各范畴放置在研究的语境及社会文化背景下进行分析，从而消除理论与实践间的鸿沟，提高理论对社会现象或行为的解释力。② 在开放式编码基础上，根据语义关系、相似关系等继续对编码形成的初始范畴进行比较、归纳、抽象，最后得出15个主范畴（编码结果如表12-3所示）。

表12-3 主轴性编码过程

主范畴	初始范畴	主范畴	初始范畴
环境因素	亲缘环境	建房重点	装修比建房更重要
	社会环境		建房选址
个人因素	个人原因	经济因素	生存动机
	消极选择		发展动机
就业类型	从事建筑装修工作	建房的经济策略	赊账借钱
	从事工厂制造工作		省吃俭用花费大量积蓄
	做生意		边挣钱边建房
提高收入	多次更换工作	心理认同偏差	城市缺乏归属感
	能挣钱就不休息		城市无定居意愿
	追求收入有保障的工作		自我身份认同
	技术决定收入		乡土情结
更换城市	跟工地一起流动	建房方式	模仿建房和装修
	工作城市不固定		实用主义
生活水平	伙食情况较差	精神寄托	家的符号象征
	娱乐方式单一		经济实力的证明
	社交活动少		建房的心理效应
经济整合偏差	城市住房排斥	物质需求	改善居住条件
	城市经济压力		婚丧嫁娶
	城市失业风险		资产投资
	农村生活质量高		维护宅基地的产权
	规避经济风险		返乡养老

---

① 汪曲，许愉．何以驱动基层公务员担当作为：基于扎根理论的质性研究［J］．公共管理与政策评论，2022（5）：42-60．
② 朱侃，郭小聪，宁超．新乡贤公共服务供给行为的触发机制——基于湖南省石羊塘镇的扎根理论研究［J］．公共管理学报，2020（1）：70-83，171．

续表

主范畴	初始范畴	主范畴	初始范畴
社会文化排斥	城乡文化差异		
	城市社会隔离		
	城市社会歧视		
	城市生活方式不适应		
	农村社会习俗		
	农村社会交往		
	规避社会风险		
	家庭需求		

三、选择性编码与模型构建

选择性编码即核心编码，是从已经形成的概念类属中概括出能够涵盖全部类属的核心范畴。核心范畴具有统领性，能够把所有其他类属囊括在一个比较宽泛的理论范围之内。[1] 通过对15个主范畴进行仔细审查和比对后，最终进一步整合成5个核心范畴：外出动机、城市适应、城市融合、建房策略和返乡建房（见表12-4）。

表12-4 选择性编码过程

核心范畴	主范畴
外出动机	环境因素
	个人因素
	经济因素
城市适应	就业类型
	提高收入
	更换城市
	生活水平
城市融合	经济整合的偏差
	社会文化的排斥
	心理认同的偏差
建房策略	建房经济策略
	建房方式
	建房重点

---

[1] 李庆瑞，曹现强. 党政统合与自主治理：基层社会治理的实践逻辑——基于2020年至2021年社会治理创新案例的扎根理论研究[J]. 公共管理学报，2022（3）：110-122, 173.

续表

核心范畴	主范畴
返乡建房目的	物质需求
	精神寄托

进一步，围绕核心范畴，可以构建出河北省新生代农民工从外出务工到返乡建房这一动态模型：一系列动机促使农民工外出务工，在城市务工阶段农民工努力适应城市，但在城市融合中仍面临很多问题，这也直接推动了农民工返乡建房（模型如图12-1所示）。

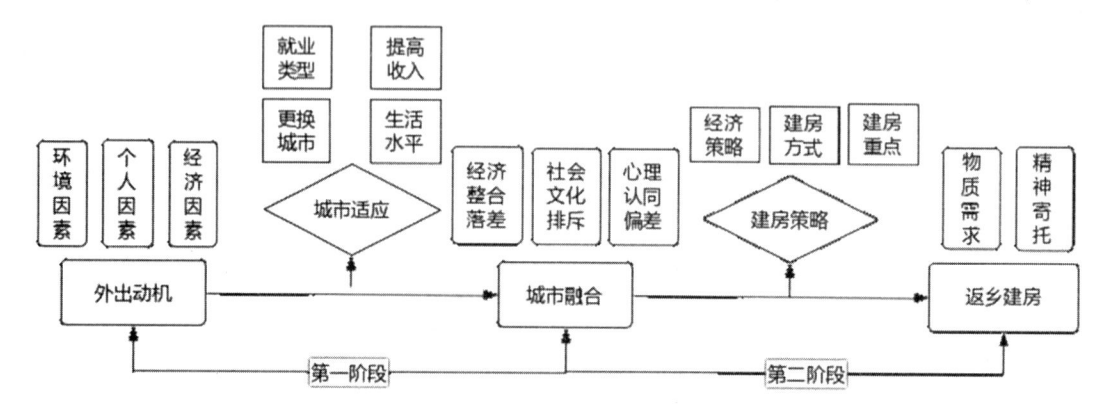

图12-1 河北省新生代农民工返乡建房行为机理模型

四、理论饱和度检验

理论饱和度检验是扎根理论科学性和研究结论可信性的必要保证，它决定采样与编码分析是否终止，当对样本的分析不再产生新的概念、范畴时，就意味着检验通过。[1] 在对15份访谈资料进行扎根分析后，理论框架已经浮现，为了检验理论是否饱和，采用相同的研究方法与操作流程对新增的两份访谈资料进行编码与分析，结果表明新增访谈资料所获得的信息开始重复，不再有新的信息出现。与此同时，研究小组又在网上搜集相关二手资料，同样未获得新的信息。因此，上述理论框架通过了理论饱和度检验。

第四节 研究结论与模型阐释

农民工返乡建房实际上隐含着两个不同的阶段：第一个阶段是离开农村到城市外出务工；第二个阶段则是从城市返回农村建房。从以上农民工返乡建房的机理模型来看，将外出农民工由"外出务工"向"返乡建房"的演进要素及其动态过程囊括其中，有助于我

---

[1] 韩艺，曹南燕. 强镇改革中的县镇关系及其优化——基于扎根理论与成长上限基模的分析 [J]. 公共管理与政策评论，2022（5）：61-74.

们更加完整且深刻地认识这一现象。根据农民工返乡建房的模型框架，我们发现农民工返乡建房包括两个阶段，五个环节。

一、从外出到返乡建房的演化机理

1. 第一阶段

离开农村到城市外出务工，是农民工返乡建房这一完整过程的第一个阶段。20世纪80年代以来，随着国家有关劳动力流动政策的松动和城市现代化建设对低端劳动力需求的增加，大批农民流向城市，劳动力流动规模逐年扩大，汇成了壮观的"民工潮"现象。[①] 农民工的外出务工行为看似是大势所趋，其实不然，在这样一种大规模的人口流动现象背后，是多个因素作用的结果。农民工外出务工，受环境、个人、经济等多种因素的影响，是为提高收入、学习技术的主动选择，也是迫于生计、环境"逼迫"的无奈之举。为了在城市生存下去，农民工付出了很多努力，做着城市人不愿意做的工作，如建筑装修、服装制造等依靠体力赚钱的工作。并根据环境变化和经济考量，不断更换工作、更换城市，以此提高收入。但生活水平却比较低，甚至比不上在农村时。总体而言，农民工在城市融合的过程中受到较多阻碍，经济整合方面的落差、社会文化方面的排斥、心理认同方面的偏差等一系列因素共同构成了农民工返乡建房的城市推力。

2. 第二阶段

从城市返回农村建房，是农民工返乡建房这一过程的第二个阶段，也是最终结果。农民工在城市奋斗多年，中央政府也一直在出台政策引导农民工落户城市，但是其依然热衷于返乡建房。除了在城市融合过程中感受到的种种推力外，农村的拉力也在进一步催化农民工返乡建房这一行为。相对于城市推力，农村生活质量更高、农村的社会习俗以及农民工根深蒂固的乡土情结等多种因素，都更加坚定了农民工返乡建房的抉择。返乡建房不是一个时期一个阶段的选择，而是从始至终一直贯穿在农民工外出务工的过程中。因此，农民工返乡建房这一行为很早就开始了，并且采取了其基于自身综合考量的建房策略。总之，返乡建房不仅可以满足农民工的物质需求，同时也是农民工的精神寄托。

二、从外出到返乡建房的五环节

1. 外出动机

农民工离开农村到城市外出务工既是农民工返乡建房的第一个阶段，也是第一个环节。农民工的外出务工行为看似简单，其实不然，这一行为是多个因素作用的结果。基于扎根理论的编码分析，本书认为农民工的外出动机主要受环境原因、个人原因、经济动机三种因素影响。

就环境原因来看，又分为亲缘环境和社会环境。农民工从小生长在农村，受周围环境和农村传统文化影响很大。通过调查我们了解到：在农村不管是未婚还是已婚，外出务工都是一种很正常的现象。在这其中，有些是家庭原因，鼓励家庭成员外出务工，以此来缓

[①] 杨竹，陈鹏. 转型期农民工外出就业动机及代际差异——来自珠三角、长三角及中西部地区农民工的实证调查分析[J]. 农村经济，2009（9）：15-19.

解家庭经济压力。

"我上学上到初中，因为家庭条件不允许上，我十六七岁就出去打工了。"（访谈记录：A13）

有些则是受亲戚朋友影响。

"别人出去打工都是一个班一个班，比如说我是班长，我就到处找人，互相联系，找亲戚，亲戚又找其他人。"（访谈记录：A13）

身处传统文化浓厚的农村社会环境中，外出务工已经是一种家乡习惯，不出去甚至会被同村人看不起。

就个人原因来看，又分为个人发展和消极选择两种因素。个人发展是农民工的一种主动选择，包括想到外面增长见识和学习技术。

"我18岁就不上学了，出去当小工，跟着别人当学徒，干了六七年。"（访谈记录：A04）

而消极选择则是一种被动的选择，农村的落后性等一系列因素导致人们对教育不重视，与此同时，农村孩子体会不到读书的乐趣和成就，一般初中阶段就主动辍学了，比起读书上学，他们更希望和朋友结伴外出打工。

"我从小就学习不好，上了初中更不好，上课就是干坐着，初二跟我一起玩的那些哥们儿，他们要出去打工，他们不上学了，我在学校也没意思，就跟他们一起去天津刮腻子了。我家里人非让我上，我就是不想上，在学校也不学习，还不如和朋友一起出去。"（访谈记录：A16）

相比环境和个人因素，经济动机才是农民工外出务工的最主要因素，而经济动机又分为生存型和发展型两种。生存型动机主要是指农民工想通过外出务工赚钱来维持家庭的正常生活。随着经济发展，家庭开销越来越大。

"没办法，现在就是这个形势，不出去挣钱不行。"（访谈记录：A03）

"咱这里一个人就几分地，种地白搭，顾不住家庭开销。"（访谈记录：A17）

务农收入根本满足不了家庭的生活开销。子女上学、结婚盖房更需要大量的资金，在这种背景下，外出务工是最好的挣钱出路，也是迫于生计的理性选择。而发展型动机主要是指在满足日常开销的基础上想通过外出务工赚取更多的钱财，实现利益最大化，通过经济实力获得社会地位。[1]

"现在有钱的多了，好多出去的在外面都有事业了，还有在石家庄开厂子的，就过年回来，但是家里还挺好的，家具也挺好的"（访谈记录：A10）。

言语之间透露着对这些人的羡慕和认可。

2. 城市适应

城市适应是农民工返乡建房的第二个环节，但仍属于第一个阶段。城市适应是农民工适应城市社会环境，并具备从这一环境中获取资源的能力，从而使得自身在城市社会环境中得以生存和发展。[2] 本书所说的城市适应更倾向于论述农民工为了在城市扎根做出了多

---

[1] 杨竹，陈鹏. 转型期农民工外出就业动机及代际差异——来自珠三角、长三角及中西部地区农民工的实证调查分析［J］. 农村经济，2009（9）：15-19.

[2] 赵莉. 新生代农民工多维性社会适应研究［J］. 中国青年政治学院学报，2013（1）：126-131.

少努力，主要体现在就业类型、提高收入、更换城市、生活水平四个方面。

农民工的工作主要是建筑装修、工厂制造、做生意等，靠体力挣钱，比较辛苦。

"现在的地板砖比较大，干那个活很累，要不大部分人都腰椎间盘突出呢，现在瓦工都是年龄大的人，四十六七这个年龄，年轻人没人干这个。"（访谈记录：A06）

但是，只要能挣钱，农民工都不会舍得休息。

"每天凌晨钱，晚上钱，凌晨是为了挣钱，晚上是数钱。"（访谈记录：A14）

"出来就是挣钱，出去玩不干活这一天就没工资。不是不出去玩，是不愿意出去，谁出来也是为了挣钱。"（访谈记录：A13）

为了提高收入，农民工也会有意识地提升自己的技术。

"在石家庄五年，没有培养我成为大工，不让我干大工的活，后来走了，去北京三四年，那个时候就做大工的活了。后来有技术了，会了，谁给的钱多就去谁那。"（访谈记录：A08）

除了要提高收入，收入有保障也是很多农民工关注的重点。

"我干这个就是图一个按月开工资，因为闺女上大学说不定什么时候要钱呢！"（访谈记录：A08）

通过访谈我们也发现，大部分农民工并不会长久地从事于一项工作，为了提高收入，他们从刚开始外出到现在多次更换工作。

"跟媳妇去山西卖香油，后来又去东北收废品，那个时候挣了钱了，又去魏县开塑料粉碎的厂子，矿泉水瓶粉碎了弄成衣服的聚酯纤维，后来查环保，就不干了，就开始代理酒，干了有三年，代理酒的时候就考察了养生，干养生了，以后养生是趋势。"（访谈记录：A07）

一般更换工作的同时，也会更换工作城市。特别是从事建筑装修行业的人，经常随工地一起流动。

"打工就是为了挣钱，工作地方不固定，今年还在山西呢，明年又到山东了。"（访谈记录：A08）

在城市的生活水平也比较低，主要表现为伙食情况较差、娱乐方式单一、社交活动少等方面。

"吃的不好，天天就是白菜粉条。我是天天吃，媳妇儿子有时候出去吃。"（访谈记录：A08）

"平常都是忙着挣钱，不旅游。就是下雨了或者不能出去干活了，和亲戚聚聚什么的。"（访谈记录：A02）

"可以说很少出去，确实没活了，无聊了也出去，玩也是玩不花钱的。"（访谈记录：A05）

3. 城市融合

城市融合是农民工返乡建房的第三个环节，也是第一个阶段到第二个阶段的重要转折点。城市融合就是农民工在享有平等权的基础上，与城市居民、城市文化相互适应的过程。随着我国城镇化水平的不断深入，政府已经充分认识到解决农民工城市融合问题的重要性，政府工作报告多次强调要着力解决农民工的就业服务、社会保障、子女入园上学、住房租购等问题。但是大部分农民工在城市融合过程中仍有较大障碍，主要体现为经济整合的落差、社会文化的排斥、心理认同的偏差。

经济整合的落差主要表现为城市在住房排斥、经济压力、失业风险等方面的推力，以及相比之下农村生活质量高、早建房规避经济风险等方面的拉力。住房排斥具体体现在价格排斥和质量排斥这两方面。一方面城市住房价格太高，对农民工来说，根本没有购房的能力，即使东拼西凑拿出首付，还贷款对于没有稳定收入的农民工来说也有很大的压力。

"打工在外面根本买不了房子，小城市还好点，大城市的房子几百万，打一辈子工也买不起，那就是天文数字。"（访谈记录：A17）

另一方面，农民工在城市多为租房或者单位提供住宿，自己租的房子一般面积都很小，条件简陋。单位提供的住宿多为集体宿舍，甚至大部分建筑工人都是居住在工地临时搭建的简易房里，条件更加艰辛。

"管住，住的房子吧就那样，没家里的房子好，都是一些破房子，不漏就行了呗。"（访谈记录：A01）

"我们自己在工地弄的简易房，五六个人一个屋，上下铺，有食堂。"（访谈记录：A03）

"自己租了一间屋子，咋能有家里舒服呢！比较小，一个月五百块钱。"（访谈记录：A04）

城市经济压力具体体现在生活成本太高和收入不稳定两方面。在城市生活各方面消费都比较高，受访者谈道："在城里面生活成本也高。你早上睁开眼就得花钱，在农村你可能一个月一千块钱都花不了，但是你在城里面三千块钱可能都不够花。所以说在城里面这个消费水平实在是太高了，也是很多人选择回农村盖房的原因。"（今日头条：D02）

农民工的工作性质决定了其收入的不稳定性，不管是做生意还是打工。

"咱不是上班的，每个月拿多少钱，做生意有赔有赚，有时候俩月一分钱不挣，有时候一个月能挣几万，做生意跟上班不一样，上班有固定工资。"（访谈记录：A03）"这个没个准，有时候一个月一万，有时候几千，活少的时候，只有两三千。"（访谈记录：A04）

相比之下，农村生活质量更高一点，住房宽敞舒服、生活方式健康，最主要是生活成本低、压力较小。

"因为家里有地方，有个小院，空间比较大，住得挺舒服的。"（访谈记录：A03）

"没有技能又没有养老金的，还是农村安逸，自己种点粮食种点菜，再养些鸡鸭鹅，日常生活开销就很小了，没事可以骑三轮车到大队部打牌聊天晒太阳。"（知乎评论：B01）

"农村生活成本低，没有物业费、停车费这费那费的，空气好，也有空间可以自己种菜。"（知乎评论：B03）

因此，回农村生活也是一种更理性的选择。并且在农村建房越早越划算，可以有效规避经济风险。

"为什么早点盖，假如说你现在盖，说盖就盖起来了，晚几年有可能涨价，假如发生什么事儿，盖成盖不成还是两回事儿呢，万一家庭发生什么情况呢？还有到时候结婚呢娶媳妇呢又是钱。"（访谈记录：A03）

社会文化的排斥主要表现在文化差异、社会隔离、社会歧视、生活方式不适应等方面的城市推力，以及社会习俗、规避社会风险、社会交往、家庭需求等方面的农村拉力。除了经济水平上的差距，农村和城市更明显的是文化上的差异，文化差异是农民工在城市融合中很大的一个障碍。

"城乡文化思想差得太远了，比如说现在住楼房，门对门谁也不串门，见面了还不说话呢。而农村老家里的邻居呢，今天打架了明天还说话呢，这都是关系。在外面呢？今天帮你忙了，明天可能就不说话了，这就是农村和市里的不同格局。"（访谈记录：A14）

社会隔离具体体现在农民工和当地人缺乏沟通，甚至是不愿意去交流，居住的地点也比较偏僻，和城市人相处较少。

"我工作的那个地方偏，一般不出去玩。"（访谈记录：A08）

"我就是在一个镇里，跟咱老家一样。打工一般不在市里干活，市里都建设完了，一般都是郊外，县里啊镇里啊，市里的不多。"（访谈记录：A01）

社会歧视具体表现为农民工在城市受到当地人的歧视，说话口音、衣着穿戴和城里人有差异，自己也会因此产生心理障碍，不愿意与当地人相处，总感觉当地人看不上自己。

"在城市不好接轨，大部分市里的人都有点小市民主义，你在这里买房我也在这里买房，你不搭理我我也不搭理你，谁也不愿意跟谁说话！"（访谈记录：A14）

除此之外，农民工自身也不适应城市的生活方式。从小在农村生长，农村的生活习惯早已根深蒂固，居住在城市反而有所拘束，而且生活质量也比较低。

"我也是农村人，不喜欢城市的生活。住进楼房以后，楼上楼下有个什么动静的话，听得一清二楚。还有就是物业方面，比如说停车不方便，放个东西物业不让你放，还要求交钱。我们农村有车的话，随便停在哪里都行！"（知乎评论：B75）

"还是做生意忙，在城市没有合适的休闲娱乐方式。人家可能逛商场啊什么的，咱还是不习惯那种方式。"（访谈记录：A14）

即使农民工外出务工多年，但农村的社会习俗还是深深地影响着他们。在农村建房是一件人生大事，更是一个任务，他们在城市辛苦工作，就是在积攒返乡盖房的资本。在村里盖好房子，才算是完成自己的使命。

"打工赚钱，回去养家，修房盖屋，这一个人的理念就是这样。在家里盖了房子，思想上就心满意足了，任务就算完成了。"（访谈记录：A13）

并且尽早建房，也有助于规避一系列的社会风险。

"正常情况还好，天有不测风云，人有旦夕祸福，万一发生什么事儿，别说结婚盖房了，父母的命保住保不住都难说呢。"（访谈记录：A09）

所以，在有能力的时候农民工都会提前把房子建好，以规避社会风险。相比城市，农民工在农村的社会交往更加广泛，和家人朋友在一起，生活更加融洽。

"朋友圈亲戚血缘关系都在家呢。亲戚朋友邻居什么的，逢年过节觉得亲近。回到家乡，左邻右舍走动走动，我爱打牌，还能来回串串门。"（访谈记录：A14）

"我们农村人淳朴，在外面沟通不畅，再加上大部分亲戚好友都在农村，自己又是土生土长的，多少都有感情，所以，不管你在外面赚了多少钱，当了多大的官，只要你父母还在，就一定要回老家建房。"（抖音视频：C06）

家庭需求主要是指为了满足家人的各种需求而在农村建房。

"我就没想盖房子，我媳妇儿一直想着。我一直想着看孩子上学情况，上学不行再

盖，孩子上学要是可以就往外买，分期付款。后来正好疫情，媳妇说盖吧，就盖了。"（访谈记录：A14）

"那个时候我母亲老思想，她想盖房子，我那个时候都不想盖，她已经把砖拉家里了，也拿到了宅基地的使用权了。"（访谈记录：A14）

心理认同的偏差主要表现为农民工在城市缺乏归属感、无定居意愿、自我身份认同等方面的推力，以及农村乡土情结的拉力。虽然在城市务工很多年，在城市居住时间比农村都长很多，但是他们仍然对城市没有归属感，不想在城市定居。

"感觉自己在城里只是过客，没有归属感，没有安全感。"（今日头条：D06）

认为自己只是在那里挣钱，早晚都是要回老家的，甚至说不定什么时候就去其他城市务工了。并且大部分农民工对自己的定位还是农民，在城市务工只是为了赚钱回老家过体面的生活。

"农民工在城市没有'根'，迟早都会返乡的，当城市没有挣钱机会了，农民工都会回农村种地。农民工返乡盖房子并不奇怪，因为他们没想过在城市落户，他们在城市是'独在异乡为异客'，始终是把自己当农村人。"（今日头条：D01）

农民工都有很强的乡土情结，"落叶归根"的思想根深蒂固。不管在城市有无房子，居住多少年，他们都不愿意舍弃自己在农村的宅基地，农村老家除了是农民工的"根"，更是他们最后的退路。

"农村人都有这个思想，不管在哪，老了得有个根，在外面打工几年，回家有个地方，农村人都有这个思想观念。"（访谈记录：A03）

"我老了还是想回来，这就是落叶归根的一个思想，五千年的文化！"（访谈记录：A11）

4. 建房策略

建房策略是农民工返乡建房的第四个环节，第二个阶段。农民工的建房策略主要包括经济策略、建房方式、建房重点三方面。经济策略具体体现为农民工为了建房需要借钱、赊账，省吃俭用半辈子而花费大量积蓄来盖房子，还有很多人选择一边挣钱一边盖，拉长盖房的时间，以此来缓解经济压力。

"哪怕借钱盖房子呢，别人也说看人家盖多好，谁知道你借钱了呢，咱们这里十个盖房子的就有十个借钱盖的，谁有那么多钱啊，除非人家那些工头什么的。像咱们这一片儿，不舍得吃不舍得喝，都盖房子了。"（访谈记录：A06）

"在家盖房子钱多钱少都能盖，比如说我这段时间有钱，我可以先把砖买了，然后下一步买别的，这个可以循序渐进地慢慢盖。"（访谈记录：A09）

"要不咱这里就盖房子早了，攒钱攒不住，外面房价涨，农村材料、手工费也涨，越往后越盖不起，手里有点钱先盖起来，以后再慢慢弄，然后缓两年再结婚。"（访谈记录：A13）

农村房子很有地域代表性，相近的地区房子风格也相似，这是因为农民工建房一般都是模仿周围房子的风格。

"我们那个时候流行盖套间房，后来村里都流行这个，盖房子就是随大流。"（访谈记录：A08）

"农村就是一阵风，地板砖和门流行什么，大家就都跟风用同样的款式。"（访谈记录：A14）

近几年，农民工建房在实用的基础上越来越注重质量和装修，并且关注建房选址。

"现在盖房子以实用为主了。"（访谈记录：A03）

"现在盖房子啊，不盖是不盖，一盖就好，橡胶顶、圈梁、抗震柱，要不就说呢，今年手工费、钢筋都贵。"（访谈记录：A07）

"装修一个是我母亲住得舒服了，一个是过年我回家了住得舒服，现在的人到哪里都想着舒服享受，追求的目标高点，哪怕花点钱，花个三万五万装修得舒服点，过年回去了舒服。"（访谈记录：A14）

"在心理上就觉得外面好，村里面地方小，来回走不方便。外围空气新鲜，走动方便，都是往外盖的。"（访谈记录：A15）

总而言之，农民工都是竭尽全力把房子盖好，这也说明了盖房在农村的重要性。

5. 返乡建房

返乡建房这一环节是农民工返乡建房的最后一个环节，也是最终的结果。农民工返乡建房的目的包括物质需求和精神寄托两方面。

农民工返乡建房的物质需求主要包括改善居住条件、婚丧嫁娶、资产投资、维护宅基地产权、返乡养老等方面。由于历史、自然环境等因素，农村的房子都有一定的寿命期限，时间久了影响居住质量。

"建房主要是因为这个自然环境，路面抬高，家里排不出去水。再一个，原来的房子结构不行了，塌陷了、漏了什么的，还有设计什么的，夏天热啊这些原因。原来的房子都是木质结构，防水防不住，漏啊。"（访谈记录：A09）

"那个房子是我父亲盖的，他节省，那个时候不垫土，都是用掀旧房子时候的土，一阴天屋里的地面都是湿的，太潮了。就这样卖了它了，重新盖外面了。"（访谈记录：A14）

所以，返乡盖房最基本、最实在的目的就是改善居住条件，这也是提升生活质量的必经途径。除了这一基本实用的目的外，大多数农民工返乡盖房都是因为子女长大成人，到了婚嫁的年龄，特别是儿子娶亲。在农村，房子是一个家庭经济实力的象征，也是孩子娶亲的必需品，直接影响孩子的婚嫁情况。所以，为孩子结婚而盖房不是主动选择，而是必须完成的任务。

"咱盖房子就是给孩子结婚娶媳妇用的。"（访谈记录：A02）

"孩子该结婚了，盖这个房子其实也是为了孩子娶媳妇。"（访谈记录：A08）

"咱这里盖房子第一个目的，就是给孩子娶媳妇做婚房用。"（访谈记录：A09）

"现在不盖房子不行，盖房子的都是孩子娶媳妇，没有房子没人给孩子说媒。得提前盖好，有房子相亲见面好说话，你手里有五百万，在手里呢谁知道，房子盖好了都知道。"（访谈记录：A06）

除了婚嫁的喜事，老人去世的丧事也是农民工返乡建房的重要因素。即使全家已经在城市定居，但是父母去世以后，还是要在老家办丧事，也要建好房子为此做准备。

"家里父母去世了，去哪里办事儿，以前的老房子塌了。假如以后回家办事儿，去哪里，去邻居家？"（访谈记录：A06）

"就是在外面有房子，家里还要有房子，过年得回来。再说个不好听的，在外面飘得再厉害，人老了，不能动了，或者到死了，还是要回家，你回家连个房子都没有，死人停

丧（葬礼）停在哪里？天气好还行，阴天下雨呢？去哪里？"（访谈记录：A09）

农民工返乡建房不仅考虑当下的现实因素，还会考虑未来政策的走势。近年，中央高度重视三农工作，农民工切切实实感受到了农民户籍和农村土地的福利。对其来说，在农村建房不失为一种保险的资产投资选择。

"宅基地不能弃，虽然现在没什么升值空间，但是将来就宝贵了。从农村户口变城市好变，城市变农村不好弄了，不接收你。"（访谈记录：A09）

随着土地确权颁证，农民工对农村宅基地的产权意识和价值意识开始觉醒，并将其视为一笔重要财富。尤其农村社会保障水平还不高，农民工将宅基地视为家庭的最后保障。因此，即便已经进城就业，甚至举家迁移了，多数农民工也不愿意放弃农村宅基地。[①] 通过采访我们了解到，宅基地长期闲置就会被村里收回，因此，很多农民工"被动"盖房以保住宅基地。

"人家盖上彩钢瓦了，花小一万呢，好几年了，占宅基地呢。实际上盖了在那里扔着，不住，他害怕不盖房子宅基地被收走。"（访谈记录：A06）

"他那个地方不盖国家就回收了，咱西北角这里还少一个广场，他要是不盖房子准备盖广场啊，一看这样他就盖了。"（访谈记录：A07）

而一些传统思想比较浓厚的农民工，则认为宅基地是祖业，更不能丢弃。

"我们这个宅基地面积大，而且显眼明亮。宅基地相当于祖产，不能丢。要是丢了，以后回老家连个地方都没有，别人不说咱们？"（访谈记录：A07）

城市对农民工来说是一个打工挣钱的场所，年轻的时候可以通过劳动在城市生活，而年老以后，城市根本无法养老。

"对于大部分农民工来讲，虽然现在年纪不是很大，在城市中仍然能找到不错的工作，能够继续奋斗继续拼搏，但是人总会老的，再过十年八年老了以后，无法再从事繁重的体力劳动，而本身又没有太多的文化水平，无法在城市稳定生活和养老，最终只能选择回农村。"（西瓜视频：C07）

"作为农民工咱没有正规单位交社保，即使自己交，花钱多不说，到老了也拿不到多少钱，所以对我们来说老了住农村是唯一的选择，不仅花钱少，而且很多地方可以自给自足。"（知乎评论：B34）

因此，大多数农民工都提前在农村建房为将来返乡养老做准备。

农民工返乡建房的精神寄托主要包括经济实力证明、符号象征、心理效应等方面。在农村熟人社会中，住房代表着一个家庭的能力、财富和地位，人们往往以建房的面积大小和质量档次评判一个家庭的实力。

"别人评价，先看房子，房子盖起来了证明人家有钱，房子盖不好说人家这两年混得不好，谁也不说人家存多少钱，钱在手里别人也看不见。"（访谈记录：A06）

"这个家里盖房子啊，就是你的实力，房子好孬就是你实力的展现。"（访谈记录：A09）

因此，农民工不惜余力，甚至借钱也要把房子盖得更大更好，向身边的熟人展示自己

---

① 杨国永，张莉莉. 农民工回乡建房的城乡"推拉"分析——基于"反推拉"的外部情境分析视角 [J]. 城市发展研究，2019（12）：109-116.

的实力。不管在哪里定居，都要在农村建好房子，证明自己的"在场性"，避免因平时无法参与村庄公共活动而被边缘化乃至被遗忘。同时，农村住房也是农民工在农村有家的象征。不管孩子在哪里发展，农村必须有住房。对于农民工来说，农村住房具有无可替代的符号象征功能。

"人家那就是有钱，但是外面再好也没有自己的家好，老人说的那句话，要饭回来也得找个锁拐棍的地方，家里必须有房子。"（访谈记录：A13）

"外面有没有房子，家里必须得有。"（访谈记录：A12）

"家里得有个根，不回家也得盖个房。逢年过节有个地方住，有个家。"（访谈记录：A13）

在农村这个社会环境中，建房的质量已经不受自己控制了，经济实力强的人会比周围人建得更好，没有经济实力建房也不能太落后，否则"说不过去"。农民工在建房上盲目攀比跟风，建房规模完全超出了自己所需，同样，经济支出也超出了自己的承受范围。

"没办法，就这样，你盖二层我就得盖三层，你盖十米我就得盖十二米，往上抬着走的。就是现在人说的'内卷'，都是风气。"（访谈记录A04）

"咱农村的思想就是你盖得好，我比你盖得还好呢，互相攀比。你盖了小洋楼，我就盖三层。"（访谈记录A11）

房子建得好，会极大地满足农民工的虚荣心。

"咱这个房子五年内落后不了，现在流行空气能了，每个房间都空气能，咱们村我这是第一户。"（访谈记录A07）

"我这个房子盖完以后，周围来看的太多了。咱这个房子外面好看，里面也实惠。我那个时候盖好了，外村的路过都来这儿看。"（访谈记录A03）

第五节　本章小结

本章采用扎根理论方法对河北省 C 村 17 位新生代农民工的一手访谈资料和网络上关于农民工返乡建房的 150 份二手资料进行分析，归纳、提炼出农民工由"外出务工"向"返乡建房"的演进要素及其动态过程，构建了农民工返乡建房的机理模型。研究发现，农民工返乡建房其实包含着两个阶段，一是农民工离开农村到城市外出务工，二是从城市返回农村建房。这一过程包括五个环节：外出动机、城市适应、城市融合、建房策略、返乡建房。其中，外出动机有环境原因、个人原因、经济动机三方面；城市适应包括就业类型、提高收入、更换城市、生活水平四方面；城市融合包括经济整合的落差、社会文化的排斥、心理认同的偏差三方面；建房策略注重经济策略、建房方式、建房重点三方面；返乡建房的目的主要分为物质需求和精神寄托两方面。

第四篇 政策建议

第十三章 京津冀新生代农民工住房政策的顶层设计

通过前面的实证分析，本研究发现多重制度逻辑让农民工陷入了住房政策困境，住房政策又决定着他们的住房状况，进而影响着其迁移意愿。因此，我们应该从多重制度逻辑中所隐含的政府、市场和农民工多维主体入手，完善农民工住房政策的顶层设计。

第一节 中央政府：重新审视顶层的住房政策设计

作为中央集权制的政治体制，中央政府拥有最高的政治权力，因此政治逻辑在农民工住房制度逻辑中最为关键。中央政府对顶层制度的设计决定和影响着科层制逻辑和市场逻辑，继而传导到农民工的生存逻辑。

一、进一步完善住房保障政策

作为人民至上的社会主义国家，住房问题一直是党中央和国务院关注的问题。正因为如此，住房制度改革始终贯穿我国的经济体制改革过程，住房保障也是住房制度改革的重点。而保障农民工进城后的住房权利也是住房制度改革应有之义，特别是近年来农民工的住房问题已经成了中央关注的焦点。

1. 强化对农民工群体的住房保障

随着改革开放的深化，我国住房政策与改革开放之前相比出现了根本性的变化，以市场为主的住房供给模式有效地解决了大多数城镇居民的住房问题，但是同样导致了城镇居民和进城务工农民工群体间的住房分化。习近平总书记在党的十九大报告中指出："我国社会主要矛盾已经转化为人民日益增长的美好生活需要和不平衡不充分的发展之间的矛盾。"这一矛盾在住房领域表现得尤为突出，特别是体现在城镇居民和农民工两个群体之间。2017年进城农民工人均居住面积为19.8 m^2，而城镇居民的人均居住面积已经接近了37 m^2，约为前者的一倍。而且随着房价的上涨，住房对农民工的挤出效应更加明显，他们在城镇的住房状况愈发恶劣。而住房是每个人的生活必需品，无论是城镇居民还是农民工，这是他们在城市中生存和发展的基本要素。中国共产党一直以解决民生问题为首要任务，特别是党的十九大后，习近平总书记提出"在发展中保障和改善民生"，中央政府也越来越重视各群体的民生问题。[1]正因为如此，如何解决住房问题成了中央政府施政的重

---

[1] 习近平. 习近平著作选读：第2卷 [M]. 北京：人民出版社，2023.

点之一。"加快建立多主体供给、多渠道保障、租购并举的住房制度"等新的住房改革举措不断地出台，目的之一就是解决农民工的住房问题。在这一背景下，农民工的住房政策也纳入了各级政府的改革议程之中。当前的住房制度改革只关注了货币化住房改革政策的经济和理性层面，并没有很好地审视房改的过程和结果[①]，这也导致了农民工的住房政策设计不足。"让全体人民住有所居"是习近平新时代中国特色社会主义思想的主要内容之一。因此，让农民工在城市住有所居是中央政府的应有之义。事实上，改善农民工住房状况的政策可以增加住房供给能力，进而对城市经济增长发挥积极的推动作用。[②]

因此，中央政府应该在住房保障政策设计中统筹考虑农民工的住房问题，这不仅可以保障农民工的基本住房需求，同时还可以推动当地的经济发展，而且还能增强他们在城市的定居意愿。首先，中央政府应该加强政策的顶层设计，出台法律效力更高的政策，以规范和指引住房保障的发展，确保对低收入的住房困难群体"应保尽保"，其中应明确包括在城市长期务工的农民工群体。其次，住房保障应摒弃以户籍为界定标准，而应以社会保障的缴纳为依据。由于相当一部分比例的农民工不愿意放弃农村户籍，但事实上已经长期在城市居留，同样还会有一部分因自身条件不够而无法在大城市落户，但是这部分群体又面临着严重的住房问题，最后会将这部分群体排除在外。而我国城乡二元住房结构是导致农民工住房状况不佳的根源，城乡二元住房保障结构并未对他们起到兜底的作用。破除城乡二元住房保障结构在于破除城乡二元户籍制度，以居住证为载体，以常住人口为覆盖标准，从而将农民工纳入保障范围。再次，做好相应资源配置的制度安排。针对农民工的住房保障通常会涉及土地、资金、税收、信息和技术支持等重要的资源要素，离开了这些资源的配置，住房保障根本无从谈起。因此，中央政府需明确这些资源配置的制度安排，确定筹集的渠道、方式和用途，以及如何分配和管理，并对这些资源统筹安排，最终确保其效用最大化。最后，明确地方政府的职责和权利。以上具体的制度安排需要地方政府予以配合并落实，这就需明确其在农民工住房保障中的职责和权利，并且保持权责对等，将责任主体夯实到地方政府，并对其进行考核，确保其履行相应的职责。

2. 设计多层次的保障性住房体系

从保障性住房的发展路径来看，中央政府对保障性住房的认识也在不断改变和深化。所以在对保障性住房体系的设计中，中央政府采取摸着石头过河的方式，经历了从早期的经济适用房为主到今天的保障性租赁住房为主的住房保障体系，但是保障性住房体系究竟该如何确定并无定论。这需要中央政府完善多层次的保障性住房体系，从而确保各地能够因地制宜地结合本地的需求制定相应的配套政策。

首先，完善多层次的保障性住房。多层次的保障性住房体系大致可以分为两种：产权型保障性住房和租赁型保障性住房，即"居者有其屋"还是"住有所居"。根据这一划分，中央政府应进一步明确产权型保障性住房和租赁型保障性住房所包括的类别。时至今日，保障性住房已经形成了包括经济适用房、公租房、保障性租赁住房、共有产权房等在内不同的住房产品（见图13-1）。产权型保障性住房包括经济适用房、共有产权房和棚改房，租赁型保障性住房则包括公租房和保障性租赁住房。因此，中央政府需确定这些产品

---

① CHU, KWOK. International Handbook of Housing Policies and Practices [M]. New York: Green-wood Press: 1990.
② 郑思齐，等. 农民工住房政策与经济增长 [J]. 经济研究, 2011 (2): 73-86.

间的差异，确定不同产品间的界限。

图 13-1　我国保障性住房发展历程与产品形式

其次，根据农民工的不同需求提供不同的住房保障产品。由于农民工来到城市务工的目的不同，而且自身情况也有所差异，因此不同群体对住房需求也会有所不同。根据农民工的迁移意愿大体上可以将其分为长期居住和短期居住两种，所以他们不只需要保障性租赁住房，更希望获得产权型保障房，但是当前他们只有申请公租房的可能，其他类型的住房保障产品根本没有对农民工开放。未来应该将符合条件的农民工完全纳入住房保障体系中，同时采取多种方式解决他们的住房问题。对于偏向于短期居住的农民工，以租赁补贴、公共租赁住房等方式为主；对于长期居住的农民工，则考虑以产权型保障性住房为主，提升他们在本地的长期居留意愿。

2. 打通保障性住房间的藩篱

公租房作为农民工最有可能享受到的一种保障性住房，其可承担性高，但是无法积累资产。[1] 住房权利不应该仅仅包含居住权，还应该包括资产拥有权，这也是住房权利的两个基本方面。[2] 当前农民工最缺乏的就是资产的积累，这使得他们在城市长期居留中面临着资产性阻碍，在与城镇职工竞争的过程中处于不利的位置，并不利于他们长期在城市扎根。为此，中央政府设计出"共有产权住房"这种住房保障产品，不仅可以让被保障群体获得一定程度的自有产权，还为其快速获得社会财富提供了一条渠道。[3]

因此，中央政府在住房保障政策设计时需打破保障性住房的藩篱，可以让他们能够选择符合自身情况的保障性住房，并且在保障性住房间可以流转。在住房保障中可以考虑通过共有产权的方式，让农民工按一定比例资金获得部分产权，并且对农民工采取不同方

---

[1] 马秀莲. 在资产积累和可承担性之间：共有产权房的现状、挑战及出路 [J]. 行政管理改革，2021（3）：68-76.
[2] JOHN DOLING, RICHARD RONALD. Home ownership and asset-based welfare [J]. Journal of Housing and the Built Environment, 2010（2）：165-173.
[3] 陈淑云. 共有产权住房：我国住房保障制度的创新 [J]. 华中师范大学学报：人文社会科学版，2012（1）：48-58.

式：针对收入水平较低的群体，可以提供封闭运行、资产占比较低的，但是所需支付价格也更低的共有产权住房；而收入水平较高的群体，则可以向其供应不封闭运行、资产占比较高，也需支付较高价格的共有产权住房。

二、将财政转移支付制度和农民工市民化人口挂钩

布坎南认为："每一个处于平等地位的人应有平等的财政对待相匹配。"[①] 农民工住房保障制度的关键在于资金投入，而当前与户籍制度挂钩的财政支付制度使得农民工被排除在城镇基本公共服务之外，使得均等化难以实现。因为特大城市往往是人口流入的首选地，人口密度大，房价处于高位运行，农民工的住房状况不容乐观，这一情况在特大城市表现得更为明显。但是他们又很难获得相应的住房保障，被排除在住房保障体系之外。究其原因，是在制度设计中未考虑到承担农民工住房保障的财政支出，而地方政府只希望索取农民工给本地带来的经济利益，并不想承担相应的支出，最后导致这部分的财政资金处于空白状态。

因此，应强化以居住证为载体的基本公共服务供给方式，建立与农民工市民化数量挂钩的财政转移支付制度，形成"钱随人走""钱随事走"的机制，确保地方政府的事权与财权相匹配[②]。如此一来，地方政府也有着较大的积极性来吸引农民工在本地定居，并积极地确保他们能够享受到相应的公共服务，其中也包括住房保障，从而留住他们在本地长期工作和生活。

三、优化住房公积金制度

住房公积金制度作为解决城镇住房问题的统筹方式，对减轻农民工购房和租房的负担有着积极的作用。首先，应当增强农民工公积金制度的约束力。当前尽管中央政府要求将农民工纳入公积金体系内，但是这并不是强制性的，下一步应该力争把有缴存意愿的农民工都纳入进来，同样做到"应缴尽缴"[③]；其次，建立全国住房公积金管理中心的协调机制，构建统一的全国住房公积金信息服务平台，加强信息技术支持，增强住房公积金信息透明度，简化住房公积金业务办理流程，各大城市住房公积金管理中心实现"互联互通"，做到真正的"账随人走，人随钱走"，破除住房公积金的信息壁垒和公积金异地使用的壁垒。优化农民工公积金的存取手续，建立健全异地转移机制[④]；最后，扩充公积金的使用范围，将租房、缴纳物业费等与居住相关的支出纳入农民工公积金的使用范围，缓解"逆向补贴"的效用。考虑到农民工的流动性较大，应持续关注公积金异地互通发展状况，充分利用好公积金信息管理平台，使缴存者能够便利地异地使用公积金。

---

① BUCHANAN, J. M. Federalism and Fiscal Equity [J]. American Economic Review, 1950 (4): 583-599.
② 马晓河, 胡拥军. 一亿农业转移人口市民化的难题研究 [J]. 农业经济问题, 2018 (4): 4-14.
③ 周建华, 刘建江. 农民工城市住房支持的政策因应 [J]. 农村经济, 2014 (7): 103-107.
④ 祝仲坤. 农民工住房公积金制度的"困境摆脱"[J]. 改革, 2016 (7): 77-86.

第二节　地方政府：切实保障农民工的居住权

地方政府作为地方公共物品的提供者，对农民工进城的生活和定居起着关键作用。但是早期地方政府更多地将农民工看作当地财政的负担，只希望这一群体有劳动能力的时候在本地工作，为本地经济发展做出贡献，所以并没有以接纳他们在本地定居为政策目标。而随着我国已经进入了人口老龄化的阶段，各地都在吸引外来人口到本地工作和定居。因此，保障农民工的居住权是当前地方政府吸引他们定居的切入点。

一、向不同的农民工群体提供不同的住房保障产品

长期来看，住房保障是解决农民工住房最为有效且稳妥的方式。地方政府需因地制宜，并考虑到农民工的工作性质、生活习惯和经济承受能力，采取不同的措施来确保住房保障的执行力度和政策效果。对于工业园区较多的城市，可以在工业园区附近提供居住用地，既可以地方政府作为主体，也可以和房地产企业合作，在农民工集中居住的区域建设农民工公寓，通过建设租赁住房来解决他们的居住问题；对于市区农民工较多的城市，由于他们主要从事的是服务业，要求居住地点离工作地点比较近，可以将他们的住房分散于各居民小区，或者是在交通比较便捷的郊区安排农民工居住用地。同时深化农村土地和宅基地制度改革，可以构建出农村土地换社保或宅基地换取城镇住房的渠道，强化公共住房体系对农民工的支撑作用。

二、规范城中村和城郊村的综合改造

短期来看，城中村和城郊村是农民工解决住房的主要途径，而且没有其他可以取代的供给方式。也正因为如此，城中村和城郊村是每个城市农民工的首选，聚集了大量的农民工在此处居住。鉴于当前城中村和城郊村的住房设施、环境等方面都不尽如人意，通常政府将进行拆迁改造，拆迁之后建设了正规的社区和商品房，农民工则被不断地挤到更为偏远的地方。[1] 城中村和城郊村不应该简单地一拆了之，而是需要加强对城中村和城郊村的综合改造，采取规范引导、加大投入和政策优惠的办法，对城中村和城郊村进行综合改造，发展公共租赁住房符合城中村的治理方向。[2] 在升级改造之后，政府应该对出租屋的基本条件做出规定，达到适宜居住的基本要求；政府同时应该加大对这些区域的公共产品和公共服务的投入，改造公共区域的道路、环境、交通等；通过税收优惠政策鼓励出租给低收入群体的农民工。

---

[1] 孙聪，宋志达，郑思齐. 农民工住房需求特征与城市住房保障体系优化——基于北京市"城中村"调研的研究 [J]. 农业技术经济，2017（4）：16-27.
[2] 陈雪. 发展公共租赁住房与城中村治理之契合及路径 [J]. 河北学刊，2020（4）：219-226.

三、进一步完善住房租赁市场

"租售并举"是我国房地产市场未来改革的方向,这也为完善城镇租赁市场并解决农民工居住问题提供了契机。进一步完善我国住房租赁市场以保障农民工的租赁权益和提供更多的住房选择,首先应该出台相关的房屋租赁法律,为发展和规范房地产租赁市场提供法律依据,规范当前房地产租赁市场,整顿市场中的不当行为,保障租房人的合法权益。其次,推动房主及其他供给主体升级和改造房屋,保证农民工所租赁房屋能达到基本的居住条件,提升其居住满意度。最后,降低农民工获取租房信息的成本和难度,对租赁价格实施价格规制,严格控制租金上涨的幅度,稳定租赁市场的租金水平。

第三节 房地产市场:尽可能地提供更多的住房选择

房地产市场是当前农民工获得住房的主要方式,但是农民工的支付能力制约着他们从房地产市场获得相应的住房,所以他们在房地产市场的选择非常少。因此,需要鼓励房地产市场提供与农民工相匹配的住房选择。

一、鼓励市场主体建设农民工集体宿舍和廉租公寓

集体宿舍和廉租公寓是短期内解决农民工居住问题的主要途径。因此鼓励市场主体参与建设,可以在短期内提供更多的具备较为完善的公共服务和配套设施的住房选择,包括单身宿舍、集体宿舍和单元式住房,分别满足单身、家庭等不同层次农民工的不同住房需求,较好地解决农民工的居住问题。而市场主体拥有完整的组织结构、充足的资金、专业的技能以及充分的市场信息,这也可以充分发挥他们的专业能力,提供优质的住房产品。但是目前集体宿舍和廉租公寓的低租金所产生的利润空间实在有限,市场主体的积极性不足。为此,为了调动市场主体,以及保证参与主体能够获取合理利润,需要政府给予土地、资金、补贴和税收方面的优惠政策来降低其经营成本,从而确保这类住房的基本功能和效果。

二、向农民工提供多种类型的住房租赁产品

当前农民工解决住房的主要方式依然以租赁住房为主,但是他们的住房需求出现了分层。一部分农民工倾向于免费或者低廉价格的租赁住房,而另一部分群体则追求品质高、居住环境舒适且价格在其承受能力范围内的住房。但是目前市场上缺乏后者所需的住房,租赁住房品质不高、"黑中介"扰乱市场秩序、租房权益得不到保障等多种问题的存在[1],严重困扰着有租房意愿和行为的农民工群体。

为此,在"租售并举"的住房改革背景下,房地产企业应以发展长租租赁住房为突

---

[1] 邵挺. 中国住房租赁市场发展困境与政策突破 [J]. 国际城市规划, 2020 (6): 16-22.

破口，向不同类型的农民工及家庭提供不同类型的住房租赁产品。首先，房地产企业应找准农民工的需求。由于农民工的需求有着自身的特点，他们既需要离工作地点较近，又要照顾家庭，同时不希望房租太高，这就要求房地产企业设计好相应的产品，能在农民工家庭的承受范围内。其次，长租租赁住房产品需要有一定的品质，且管理规范。长租租赁住房的主要目的之一是克服以往租赁住房市场的不足，所以长租租赁住房需要具备相应的品质、设备较为齐全，通过规范的管理为租房者提供优质的服务。

第四节 农民工：扩大其社会空间和完善社会支持网络

农民工来到城市后，为了能够快速地适应城市生活，通常首先借助于社会资本帮助其站稳脚跟，其后再一步步增加其个人资本，增强社会生存能力，最终实现在城市居留的目的。

一、扩大农民工的社会空间

由于自身的限制，农民工社会空间本身就比较狭隘，而当前的居住状况通常会进一步限制农民工的社会空间，不利于城市社会价值观的培养。未来无论采用哪种住房模式来保障农民工的居住权利，应尽可能地以扩大农民工的社会空间为潜在目标，破解农民工当前居住空间的限定性和狭隘性，创造出一种混合型的居住模式，增加农民工与市民接触和交往的机会，甚至会促进两个群体间的低度交往和融合，建立起某种弱邻里联系。客观上，它提供了再生产各种形式和类型的行为模式、社会关系的可能性。通过此种居住模式，可以扩大农民工的社会空间，为他们在适应城市生活的过程中提供社会空间上的支持。

二、构建完善的正式社会支持网络

农民工往往过度依赖于非正式的社会支持网络并形成路径依赖，导致了他们城市融入的"内卷化"，也加剧了他们的住房困境。为此，需要构建正式的社会支持网络，减少他们在住房选择过程中依赖于非正式的社会支持网络，这需要各地政府的社会政策支持，发动政府机关、群众组织、地域性组织以及专业组织等多元主体从不同角度给予农民工更多的实质性帮助。[①] 通过完善农民工的正式社会支持网络，让农民工在进入城市工作和生活后，获得更多的住房信息，逐渐增加他们的住房选择机会，从而培育其现代社会的社区意识和身份认同，更好地融入城市之中。

---

① 赵晔琴. "居住权"与市民待遇：城市改造中的"第四方群体"[J]. 社会学研究, 2008 (2): 118-132.

第五节 本章小结

本章基于多重制度逻辑的视角,从中央政府、地方政府、房地产市场和农民工四维主体入手,提出了农民工住房政策顶层设计的设想。其中,作为中央集权制的政治体制,中央政府是其中的关键,应重新审视顶层的住房政策设计,需进一步完善住房保障政策,将财政转移支付制度和农民工市民化人口挂钩,并优化住房公积金制度。地方政府作为政策的主要执行者,起到切实保障农民工居住权的作用,需要向不同的农民工群体提供不同的住房保障产品,规范城中村和城郊村的综合改造,并进一步完善住房租赁市场。房地产市场以市场逻辑向农民工建设集体宿舍和廉租公寓,并提供多种类型的住房租赁产品。为了增强农民工的生存逻辑,需扩大其社会空间和完善社会支持网络。

第十四章　构建京津冀新生代农民工差异化的住房政策体系

京津冀位于东北亚中国地区环渤海心脏地带,是中国北方经济规模最大、最具活力的地区,覆盖北京、天津两大直辖市,是北方人口迁移的主要聚集地。北京既是我国的首都,又是我国的文化中心,经济发达,房价也相对偏高;天津毗邻北京,相比于北京来说房价较低,对农民工包容度偏高;河北则相对于北京、天津来说,总体房价有所降低,农民工的迁移成本较低。

2021年国家统计局数据显示,在京津冀地区就业的农民工为2 125万人,占东部地区农民工就业人数的13.8%,比上年增加49万人,增长2.4%。[1] 近年来,新生代农民工数量基本保持在农民工总数量的一半左右,是农民工的重要组成部分,也代表着农民工的新生力量,他们接受的教育、思想观念、就业质量、经济能力、留城意愿等都与老一代农民工有着巨大的差距。[2][3] 但从现实来看,大城市的吸纳和承载能力有限,不可能对进城农民工无限制地吸收和容纳。因此,既要认识新生代与老一代农民工对于城市融入的差异诉求,也要考虑如何才能为农民工谋求一个在城市和农村之间可进可退的动态机制。[4] 加之京津冀在城市吸引力、吸纳外来人口能力、房价以及住房保障等方面的城市属性差异,农民工迁移到不同城市的迁移意愿也可能有所不同,基于此,我们针对京津冀不同省市有迁移意愿和无迁移意愿的新生代农民工分别给出相应的住房政策建议,以满足不同意愿下新生代农民工的住房需求。

---

[1] 1. 国家统计局. 2021 年农民工监测调查报告 [EB/OL]. (2022-04-29) [2023-06-30]. https://www.stats.gov.cn/xxgk/sjfb/zxfb2020/202204/t20220429_1830139.html.
[2] 杨巧,肖宁. 新生代农民工就业质量与城市迁移意愿 [J]. 北京青年研究, 2021 (1): 49-59.
[3] 杨巧,李鹏举. 新生代农民工家庭发展能力与城市居留意愿——基于2014年"流动人口动态监测调查"数据的实证研究 [J]. 中国青年研究, 2017 (10): 50-56, 49.
[4] 孙文中. 殊途同归: 两代农民工城市融入的比较 [J]. 中国农业大学学报(社会科学版), 2015 (3): 68-75.

第一节　有迁移意愿的京津冀新生代农民工的住房政策

一、有住房产权的新生代农民工住房政策

根据第八章第三节表 8-7 可知：2017 年流动人口拥有自有产权住房的比例为 36.1%，而京津冀新生代农民工在流入地拥有住房产权的比例为 16.83%，河北拥有产权的农民工占比最多，为 24.4%，大约是天津的 2 倍，北京的 4 倍，表明京津冀农民工在流动地拥有自主住房的比例较少。其次，北京，天津拥有产权住房的农民工低于河北农民工的比例。北京、天津虽然拥有较多的就业机会和完善的公共服务水平，但其房价水平也相对偏高，面对工资水平与房价的不匹配性，农民工大多难以购买城市商品住房。

由表 11-1 可知，住房产权与迁移意愿的影响机制分析显示，北京住房产权对农民工迁移意愿产生了负向效应，与整体结果相反，可能的原因是北京的高房价使得购房所产生的房贷让农民工承担着巨大的经济负担。因此，如何减轻后续住房支付问题成为北京拥有住房农民工的首要任务。此外，虽然购买了商品住房，但可能因住房所在地与工作地地域距离较远，使得农民工通勤距离增加，降低了其生活幸福感，进而负向影响了迁移意愿，甚至有些农民工还要因此在务工所在地再租赁住房来满足自己的通勤需求，这也就更加加大了农民工的迁移成本。针对上述情况，可做如下改善。首先，发挥住房公积金在农民工支付住房费用中的作用，对有固定单位的农民工实行强制缴存方式，对暂无固定单位的农民工实行自愿缴存方式，不断增加缴存住房公积金的农民工人数。对现有公积金的运营和管理体制加以改革，发挥住房公积金政策性住房金融功能为农民工住房消费提供支持，减轻其贷款负担[1]，同时，评估农民工还贷能力，适当减少对这部分群体的住房契税和贷款税[2]。其次，推进城乡统一的土地流转市场的构建。[3] 加强土地流转方面的具体法规建设，完善城乡土地流转的监管体系[4]，使得城乡之间土地流转红利为农民工迁移和市民化提供经济支持。此外，推行农村土地有偿退出政策，支持并引导农民依法自愿有偿转让，使资金作为其城市住房基金，提升住房支付能力。最后，加强农民工与当地居民的社会融合，充分发挥社区作用，完善社区的各项公共服务和文化设施，积极鼓励农民工参与到社会活动中来，包括各种社区教育和体育、文化娱乐活动，丰富农民工的精神文化生活。同时，积极维护农民工在社区治理中的合法权益，解决农民工难题，从而构建农民工的城市社会

---

[1] 任荣荣，贺志浩.多途径解决农业转移人口住房问题——基于 2020 年农民工问卷调查的分析 [J].宏观经济管理，2022（4）：47-54.

[2] 杜巍，车蕾.新型城镇化背景下农民工居住意愿与购房能力现状分析 [J].当代经济管理，2019（8）：34-43.

[3] 李勇辉，李小琴，沈波澜.安居才能团聚？——保障性住房对流动人口家庭化迁移的推动效应研究 [J].财经研究，2019（12）：32-45.

[4] 孟令国，余水燕.土地流转与农村劳动力转移：基于人口红利的视角 [J].广东财经大学报，2014（2）：61-66.

网络。最初农民工社会网络由亲缘、地缘和业缘组成，而社区的作用就是促使其与当地居民形成一种超越原模式的新型社会关系。此外，政府应构建多元化的社会服务体系，加入城市志愿者与非营利组织等实行联合共治，提高对农民工的服务能力。[1]

天津与河北拥有住房产权对其迁移意愿均具有显著的正向影响，说明农民工的收入水平尚能负担得起相应的住房支出，且在城市生活让他们感到更加幸福，也具有了更强的迁移意愿。分析这两地的情况，总结如下。首先，鼓励有能力的农民工改善其住房状况，住房状况对农民工居留意愿仍然具有显著的影响，包括住房位置、住房面积、住房设施等。其次，天津和河北对于购房落户的规定有所不同，在河北基本可以申请买房落户，而天津取消了购房直接落户的方式，农民工还是主要以积分累计的形式进行落户，可以适当减轻已购房农民工的落户标准，使其早日实现市民化。最后，增强他们的城市认同感，使其融入当地的社会网络中，增强归属感。拓展农民工的社交渠道有助于他们增强留城意愿，而开展休闲文娱活动则是一个加强沟通的良好途径，应积极鼓励有条件的企业和图书馆、电影院、体育馆等文体娱乐场所适当组织面向农民工进行文化娱乐活动，提高其城市参与度，进而增强他们对城市社区的归属感和认同感。[2]

二、无住房产权的新生代农民工住房政策

从农村迁移到城市，农民工渴望在迁入地购买住房，以期能享受城市高水平的公共服务资源，如医疗、教育等。住房也是实现其"安家乐业"的保障，象征着城市身份的转变，也是实现其"城市梦"的标志。

从统计数据来看，京津冀有住房产权的农民工只占很小的一部分，大多数农民工在流入地并没有住房，而是选择租赁的形式在务工地解决居住问题，包括租赁市场商品房、条件较差的城中村、单位提供的集体宿舍（包括建筑工棚）等，保障性住房覆盖面极小。在这些具有迁移意愿的农民工中，有些存在城镇购房意愿或是有一定能力支付购房费用，对于这类群体我们要积极鼓励其购房在城镇定居，然而也有一些农民工群体目前还没有购房意愿，可能的原因是他们暂时没有能力购买，对于这类群体我们要完善租赁市场，保障他们在城市生活的基本权益。

（一）有购房意愿的新生代农民工住房政策

第一，加快城乡二元户籍制度改革，逐步将公共服务以及各种社会福利与户籍制度相分离，实现城乡一体化。对于河北省城市如省会石家庄的户籍应当尽量放开，对于北京、天津户籍，应该循序渐进地有序放开，对于河北省其他城市以及县城则要敞开城门，让农民自由进城。真正让农民工实现市民化，融入城镇之中。相比于北京而言，在河北省以及天津落户相对容易，面对在河北省和天津就业居住超过五年的农民工，应优先考虑其落户

---

[1] 杜海峰，王薇然，李石花. 代际视角下农民工社会融合现状及影响因素研究 [J]. 北京工业大学学报（社会科学版），2022（2）：49-61.

[2] 张梦琪. 农民工如何更好地融入城市 [J]. 人民论坛，2017（27）：78-79.

需求，将居住年限作为落户标准的重要依据，优先解决这类农民工群体的落户问题。[1] 而北京落户相对困难，应适当降低农民工积分落户的资格条件，让有能力的农民工实现落户。

第二，降低农民工购房标准。河北省和天津对于农民工购房政策要求较低，分别为提供1年以上（含）和2年以上缴纳社会保险和个人所得税的证明即可拥有购房资格。但对于北京而言，要求连续缴纳5年（含）以上的社保。根据农民工的就业状况适当降低购房标准，支持具有稳定工作和收入来源的农民工购买商品房，能够提高农民工群体的住房自有率。[2]

第三，给予农民工购房相应的优惠政策。首先，鼓励京津冀各个城市根据自身物价水平和城市发展阶段建设农民工所需的住房类型，通过各种优惠政策来激励房地产开发商，如减轻税收和信贷等，在北京、天津增加农民工可以负担得起的面积偏小型住房。同时，加大经济适用房、限价房或共有产权房的供给，尤其考虑共有产权房，让农民工按一定比例资金获得部分产权[3]，并制定稳定的指导价格。其次，支持农民工购买首套普通商品住房，探索采取多种形式的住房优惠措施和补贴，包括先购后补、定额补贴、分级结算、直补到户等方式。同时，尝试建立农村宅基地与城镇住房的关联机制，对愿意退出宅基地的农民工给予合理的城镇购房补贴，实现其城镇"住房梦"。[4]

第四，探索城乡医疗、养老、教育均等化的路径。对于收入较为稳定并持续定居的农民工，应给予他们与城镇居民同等享有城镇职工医疗保险和社会养老保险的权利，为其在城镇永久定居加强保障。此外，政府应着重关注农民工子女的教育问题，保障其在城镇正常受教育的权利，均衡配置城镇教育资源，使得农民工子女"有学上""就近上"，还可以采取兴建公办子弟学校等措施，并提高这类学校的办学质量，为农民工子女接受教育提供更多出路。[5]

第五，建立"梯级"住房消费理念，缓解新生代农民工购房压力。受中国传统观念的影响，很多新生代农民工认为"家"的象征是必须要有一套住房，拼尽全力、省吃俭用、负债也要在城市"买个家"。而面对北京、天津收入与房价不相匹配的城市，"有个家"变得极其困难，应加强对其理性住房消费观的培养，引导他们树立与自身收入和劳动力流动现状相适应的住房消费理念，形成"租小房—租大房—购小房—购大房—购好房"的梯级消费路径。[6] 使农民工在心理上减轻压力，逐步购买住房。

---

[1] 祝仲坤. 保障性住房与新生代农民工城市居留意愿——来自2017年中国流动人口动态监测调查的证据 [J]. 华中农业大学学报（社会科学版），2020（2）：98-108，166-167.

[2] 王春璇，李君甫. 中国流动人口住房分层与多层次住房保障体系研究 [J]. 公共行政评论，2022（4）：3-17，195.

[3] 娄文龙. 我国农民工住房的制度化困境研究——基于多重制度逻辑的视角 [J]. 经济体制改革，2020（1）：88-94.

[4] 李智，欧阳慧. 推进农民工在城镇实现安居梦——基于全国14省46个城市的问卷调查 [J]. 宏观经济管理，2022（7）：36-44.

[5] 张梦琪. 农民工如何更好地融入城市 [J]. 人民论坛，2017（27）：78-79.

[6] 林永民，赵金江，史孟君. 新生代农民工城市住房解困路径研究 [J]. 价格理论与实践，2018（6）：50-53.

（二）无购房意愿的新生代农民工住房政策

第一，将住房租赁纳入法律范围，对住房租赁及租售同权立法，确保在城市租房的农民工在医疗、教育等基本公共服务方面与购房者享有同等待遇。政府应减免包括政策性租赁住房和在住房租赁平台上进行交易房源等在内的租赁住房的税收。[1] 同时，完善住房租赁市场发展，实现租赁住房供给方式多元化，如逐步推进长租房的发展，提高租赁住房的稳定性及权益保障。[2] 整合各类资源，综合运用金融、科技、信用以及市场化等手段，以低成本价格将大量社会闲置房化作长租房源，为更多的农民工提供住房选择和支持。由此推进教育、医疗等领域的公共服务实现均等化，通过租购同权解决农民工的子女在城市上学问题。

第二，支持政府将目前持有的存量住房用作农民工保障性住房。对于北京、天津等大城市而言，提升对保障性租赁住房的接受程度，政府可以对拥有闲置房的有关机构给予租金补贴，鼓励其将对这些拥有长期租赁权的房源进行整合用作公租房，缓解农民工的住房保障压力。同时，根据一定的比例，在商品房项目中建设保障性住房，尽量满足大多数农民工对保障性租赁住房通勤30分钟及以内，租金不超过1 000元/月的期待[3]，在户型设计上可适当缩小室内面积[4]。同时，加大保障性住房的宣传力度。在农民工居住聚集的地方和其重点就业的单位对住房保障房的申请条件、申请流程、申请所需资料等进行全面讲解。同时，对保障性住房的申请流程加以简化，使得农民工更加快速地享受住房福利，并降低保障房的申请门槛，逐步与本地户籍居民同步，缩小其与城镇户籍的差距。

第三，创新农民工住房公积金的缴存和提取方式。倡导住房公积金从"单位嵌入型"转向"社会嵌入型"保障，不依赖于单位，从而提高从事各类职业农民工住房公积金的可及性，并考虑采取按年或季度或更加灵活的缴存方式[5]，将租房全面纳入住房公积金的使用范围[6]。在对住房租赁市场进行管理和熟悉的基础上，按照农民工的租金水平、农民工的实际工资收入以及其缴纳公积金的数额，计算出一个相对合理的用于租房消费的公积金比例[7]，并对利用住房公积金抵扣房租的流程加以简化，由此来缓解农民工租赁住房相应的支出压力，这种形式也大大增加了农民工缴存公积金的积极性。更要建立一套系统的公积金存取技术管理方案，如根据农民工的身份证信息建立全国统一的公积金数据库，避免农民工因流动性迁移到其他城市而导致的异地结转难题。[8]

---

[1] 李智，欧阳慧. 推进农民工在城镇实现安居梦——基于全国14省46个城市的问卷调查 [J]. 宏观经济管理，2022（7）：36-44.

[2] 张梦琪. 农民工如何更好地融入城市 [J]. 人民论坛，2017（27）：78-79.

[3] 董昕. 农民工群体的分化与住房保障 [J]. 河北学刊，2020（5）：163-167.

[4] 孙聪，宋志达，郑思齐. 农民工住房需求特征与城市住房保障体系优化——基于北京市"城中村"调研的研究 [J]. 农业技术经济，2017（4）：16-27.

[5] 赵卫华，冯建斌，张林江. "单位嵌入型"住房公积金制度对农民工的影响分析 [J]. 中共中央党校（国家行政学院）学报，2019（2）：128-135.

[6] 祝仲坤. 住房公积金与新生代农民工留城意愿——基于流动人口动态监测调查的实证分析 [J]. 中国农村经济，2017（12）：33-48.

[7] 郑小晴，胡章林. 将农民工纳入住房公积金制度保障体系的探讨 [J]. 重庆大学学报（社会科学版），2008（6）：34-38.

[8] 蔡鹏，严荣. 新市民的住房问题及其解决路径 [J]. 同济大学学报（社会科学版），2020（1）：70-82.

三、家庭化迁移的新生代农民工住房政策

随着农民工数量的逐渐增多以及城镇化进程的快速发展，最早以个人迁移为主的迁移模式已经逐步发展成家庭化的迁移模式，越来越多的农民工开始从农村举家迁移到城市生活工作，尤其是子女教育可以获得城市更好的资源，使得农民工更加坚定了留在城市的信念。研究也发现家庭化迁移的农民工确实具有更高的城市迁移意愿，无论是考虑到更高的家庭成员收入、家庭团聚的幸福感还是子女在城市的发展，均使其比那些往返于城市与乡村的半家庭化迁移的农民工更加想在城市定居。因此，面对农民工家庭化迁移的新趋势，应构建家庭友好型的住房政策，使得农民工的家庭迁移得到应有的保障。[1]

由表10-11可知，无论是北京、天津还是河北省的新生代农民工，相比于未家庭化迁移，家庭化迁移的农民工的迁移意愿受住房状况的影响均较大。由此也说明家庭化迁移对住房的需求较个人迁移来说提出了更大的挑战，包括通勤距离、住房产权、住房补贴、人均住房面积、住房设施等等。个人迁移时只需要自己有地方可住便可满足自身需求，但家庭化迁移则代表着迁移人数的增加，也有了更强烈的"家"的感觉，从心理上也就不愿意在住房方面进行将就，而是渴望一个温馨的住所，对住房条件的预期也有所提升。因此，住房政策的制定还应考虑家庭化迁移的新生代农民工群体，对不同迁移模式下农民工的住房需求加以保障。

首先，建设考虑家庭化迁移特征的保障性住房。目前保障性住房的供给还以独居住所为主，随着新生代农民工长期定居意愿和社会融入意愿不断加强，家庭成员的一同迁移越来越普遍化。家庭的住房需求与个人有着显著的不同，保障性住房的选址还应进一步考虑农民工与城市的社会融合，尽量与商品房相衔接，并配套基础设施以及公共服务资源，促进农民工家庭与当地居民的沟通和交流，以此推动农民工家庭逐步"固化"到城市。[2]

其次，研究发现城乡户籍的管制对低技能和流动时间较短的农民工的家庭化迁移产生了明显的抑制作用，且尤其对跨省进行家庭化迁移的农民工表现更为突出。但这种负面影响会降低低技能农民工的城市迁移意愿，而他们与高低技能劳动力间存在着实际的互补关系，低技能农民工的短缺会导致低技能劳动力不足，促使高技能劳动力就业层次降低，从而使工资整体上涨，影响城市发展规律以及经济的增长。[3]因此，对于想要家庭化迁移的低技能农民工，政府应给予特殊的关注，对其住房问题加以照顾，综合考虑地方政府财力水平，尽可能使更多的农民工群体享受城市的户籍积分权益，建立"以人为主体"的转移支付制度与社会福利供给机制。

最后，应建立对家庭更加友好的迁移政策。面对越来越多的家庭化迁移，当前我国需要进一步完善迁移政策，对迁移的居住证制度和积分制度进行改革。尤其在北京、天津等大城市，积分落户难度可想而知，应逐步增强农民工的居住地福利，而相应地弱化以积分

---

[1] 胡雪萍，康远志. 流动人口家庭化迁移与城市定居意愿分析［J］. 统计与决策，2021（19）：76-79.
[2] 李勇辉，李小琴，沈波澜. 安居才能团聚？——保障性住房对流动人口家庭化迁移的推动效应研究［J］. 财经研究，2019（12）：32-45.
[3] 刘欢，席鹏辉. 户籍管制与流动人口家庭化迁移——基于2016年流动人口监测数据的经验分析［J］. 经济与管理研究，2019（11）：82-95.

为基础的福利。目前面向农民工的户籍制度、居住证制度和积分制度应将家庭化迁移纳入考虑范围，不仅让农民工成为城市迁移重视的对象，也让其家庭成员受到同样的关注。[①] 家庭是社会的细胞，在社会转型中，应不断提升家庭的功能和发展能力，并增强家庭福利供给。在中国不断发展的城镇化进程中，关注并完善农民工迁移的家庭政策尤为重要。

第二节 无迁移意愿的京津冀农民工的住房政策

一部分农民工从农村来到大城市的目的是通过不断打拼在城市立足，定居城市。还有一部分农民工群体来到大城市是因为城市就业机会较多，工资较高，在城市工作进行储蓄从而有利于生活水平的提高，尤其是来到北京、天津等一线城市谋求工作的农民工，他们往返于城市与乡村之间，但暂无迁移城市的意愿。面对此类农民工群体，需要保障其基本住房需求，保证其在城市工作有房可住。

第一，应加强对城市中的旧城和老旧小区以及"城中村"的改造，让农民工在城市中有一个"寄居"之处。在城市中应建设一部分对标农民工群体的可支付健康住房，充分利用集体建设用地，在此基础上为农民工建设租赁住房。另外，可支付健康住房可重点集中于配套齐全的小户型，并完善配套公共服务和市政基础设施，满足农民工基本住房和生活需求。[②] 尤其在北京、天津等一线城市，房价偏高，"城中村"改造中应着重考虑农民工的住房需求，对"城中村"进行拆除重建的，增加小户型住房，同时，也要对"城中村"进行综合整治，加强规划管理，从设施和公共服务方面尽力为农民工营造良好的生活环境。[③]

第二，发挥集体宿舍和廉租公寓的作用。这种住房形式是解决那些暂没有迁移意愿，只是来城市打工谋收入农民工居住问题的非常重要的途径。在住房建设中应多多鼓励市场主体参与，为农民工提供到城市打工时具有较为完善的公共服务以及配套设施的住房选择，以满足其住房的短期需求。同时，为了既能保证农民工可以支付得起这类住房的租金，又能保证参与此类住房建设的社会主体可以获取相应合理的利润，还需要政府在土地、资金、补贴和税收方面给予参与主体一定的优惠政策来降低其经营成本，从而确保这类住房可以正常地运行下去。[④]

第三，同时强化企业责任，发挥用人单位在解决农民工住房问题中的积极作用，尤其是刚刚进入城市和一些难以找到住所的特定行业的农民工。农民工占员工数量较多的企业，可向政府提出申请，依法取得用地为农民工建设集体宿舍、集中的开发区和工业园区

[①] 任远. 家庭为中心的迁移及提高迁移者家庭福利的政策分析 [J]. 社会科学，2020 (9)：73-84.
[②] 李智，欧阳慧. 推进农民工在城镇实现安居梦——基于全国14省46个城市的问卷调查 [J]. 宏观经济管理，2022 (7)：36-44.
[③] 任荣荣，贺志浩. 多途径解决农业转移人口住房问题——基于2020年农民工问卷调查的分析 [J]. 宏观经济管理，2022 (4)：47-54.
[④] 娄文龙. 我国农民工住房的制度化困境研究——基于多重制度逻辑的视角 [J]. 经济体制改革，2020 (1)：88-94.

等，政府也可以建设适当的农民工宿舍统一管理，供企业租用，解决居住难题。同时，对企业在土地、税收等方面制定优惠政策，鼓励和引导用人单位为农民工提供过渡性住房安排。

第四，政府应作为解决农民工住房问题的最后一道保护网，应当加快建设救济性住房，为农民工住房保障做好兜底工作。[1] 应将农民工中打零工、散工或无固定雇主等收入水平相对较低的群体作为住房保障的重点关注人群。近几年，由于企业大量裁员，且工资水平、就业机会也远不如以前，那些打零散工的农民工更是成了最先被淘汰的那部分群体，在城镇生活受到了严重的冲击。当代中国城镇化发展过程中，农村不可能永远作为农民工外出打工在城镇失业时的退路，必须为在城市打拼的农民工提供与城镇人口相一致的社会保障，这其中住房保障是相当重要的一环。及时提供发挥兜底作用的救济性住房保障是解决上述农民工住房问题的首要任务，为因暂时失业等陷入困境的农民工提供基本的庇护场所。[2]

第三节 本章小结

根据京津冀新生代农民工迁移意愿以及不同城市对于农民工购房、落户等政策的差异，本章提出了差异化的住房政策。首先将农民工分为具有城市迁移意愿和不具有迁移意愿两类群体，将具有迁移意愿的新生代农民工分为具有住房产权和不具有住房产权两类群体，并对家庭化迁移的新生代农民工住房政策进行了深入讨论，进一步的，又将不具有住房产权的农民工分为具有购房意愿和不具有购房意愿两类群体。在此基础上，探究面对不同住房需求的新生代农民工应采取何种住房政策及应对方案，以期为每一个到城市就业的新生代农民工提供"容身之所"并进一步实现"安居乐业"。总体来说，对于有迁移意愿且有住房产权的新生代农民工群体，北京应注重缓解农民工住房贷款问题，减轻还贷压力，天津和河北应注重其社会网络的构建，增强其城市认同感；对于有迁移意愿无住房产权但有意愿在城市购房的农民工群体，应逐渐降低其购房标准，给予购房补贴，鼓励其定居城市；对于暂无购房意愿的农民工群体，应积极推进和完善住房租赁政策以及住房保障政策的实行，推进"租购同权"落地；对于家庭化迁移的农民工群体，政府应将此类人群考虑到保障性住房建设之中，给予住房照顾；对于无迁移意愿的农民工群体，应保障其在城市有一个落脚之处，加大对于"城中村"的改造建设，改善住房环境，使其可以安心在城市工作。由此，构建京津冀不同住房需求农民工的差异化住房政策。

---

[1] 王春璇，李君甫. 中国流动人口住房分层与多层次住房保障体系研究 [J]. 公共行政评论，2022 (4)：3-17, 195.

[2] 董昕. 农民工群体的分化与住房保障 [J]. 河北学刊，2020 (5)：163-167.

第十五章　引导京津冀新生代农民工迁移的配套政策

京津冀新生代农民工的迁移问题是一个系统性问题，问题的系统性引发问题解决的长期性。在城镇化快速发展的历史阶段，大批新生代农民工迁移进城参与城市化建设，但农民工迁移入城市后保障其基本生活权利的配套政策相比于迁移速度具有严重的滞后性，因此导致农民工在以户籍约束为代表的刚性制度壁垒和以土地政策、财税政策为代表的公共资源获取的柔性制度约束的共同作用下成了城市"边缘"群体，农民工陷入"失去农业用地而回乡无法生存"和"缺乏政策支持而城市生活困难"的两难局面，这一状况亟待解决。

在积极引导新生代农民工迁移进城并定居城市的历史阶段上讨论政策发展时，有必要将更多的影响新生代农民工迁移的相关因素和政策考虑进去，从"系统"层面和"住房"视角来弥补现有关于引导新生代农民工迁移的政策的不足与局限。虽然住房政策对农民工的迁移问题有着关键性的影响，但是在系统层面与户籍制度、土地政策、财税政策等配套政策密切相关，关注后者需要用改革发展的眼光和办法缓解农民工在融入城镇化和适应与京津冀经济发展速度相匹配的社会发展中遇到的困境，让配套政策成为影响农民工迁移并定居城市的正向因素。支持并引导新生代农民工进城定居的配套政策的完善化和健全化将推动新生代农民工融入城市社会。这不仅对新生代农民工问题的研究和政策设计具有借鉴价值，而且对推进京津冀协同发展具有重要意义。

第一节　京津冀统筹发展，为新生代农民工提供更多的流动空间

京津冀协同发展战略自 2014 年首次明确提出后已走过打基础、寻突破的五年和爬坡过坎、攻坚克难的三年。基于顶层设计对推进思路和战略重点的统筹谋划，从战略规划到具体落实，这一战略推动形成了京津冀"一体两翼"框架格局，推动了京津冀在城市建设、产业联动、公共服务均等化等方面的统筹发展。基于此，推动京津冀协同发展应当充分发挥各地区优势，以联动协作促进优势互补，进而带动区域整体发展水平提升。

一、整合区域产业和市场资源

产业联动发展是京津冀协同发展的重要目标，以产业联动发展为基础的经济增长是吸引新生代农民工迁移并定居的必要条件。目前需科学定位京津冀三地产业资源的比较优势：京津地区应以建立高新产业科技园、产业管理示范基地为主攻方向，河北省在承接京

津地区产业转移，构造三地产业联动发展模式的同时，应侧重于挖掘和整合当地特色资源，推动产业转型与提升。

市场一体化是京津冀协同发展的核心内容，以市场资源统一配置为前提的区域经济发展活力提升是吸引新生代农民工迁移并定居的根本保障。当前京津冀一体化进程加速，资金、技术等市场要素流动在很大程度上打破了地域区隔，保证了市场要素在区域间合理流动，从而促进区域市场一体化迈向纵深发展阶段。

二、政府统领构建区域协同合作框架

京津冀地区经济社会发展水平不平衡，区域统筹发展面临诸多困境，因此，需要中央政府统领全局、协调各方，打破不同地区政策间屏障，保障区域内利益分配实现相对均衡。与此同时，中央政府应进一步明确各地方政府在京津冀统筹发展中的职责和协同发展中的工作内容，打破地域分隔、利益分配失衡状况以及不科学的竞争合作关系。[①]

在京津冀协同发展领导小组的基础上，地方政府应着力组建区域政府间合作组织以重点解决区域性重大问题。此外，还应当逐步构建政府主导、企业参与、社会力量促进的协同合作框架。

三、保障区域民生事业发展均等普惠

京津冀地区在公共服务建设方面的短板主要表现在社会保障水平差距大、教育资源分配失衡和教育水平差距、医疗卫生资源供需结构性矛盾突出。基于此，需要采用有效手段应对民生事业发展困境，促进民生领域的区域协同。为吸引农民工迁移并定居提供社会保障支持。

1. 推动京津冀地区社会保障供给均等化

加大中央和地方在社会保障领域的财政资金投入，提高津冀地区公共服务水平，加快实现公共服务均等化；将包括新生代农民工在内的新市民群体纳入社会保障补偿范围，将区域社会保障体系建立成为全面覆盖、兜底保障、可持续的社会支持体系。

2. 扩大京津冀地区教育资源共享惠及范围

在教育水平差异方面，京津冀三地政府应发挥主导作用促进地区间教育优势资源合理流动，推动区域校际合作，从教学经验共享、师资力量成长等方面缩小教育水平差距。在教育资源分布失衡方面，河北既要把握京津地区教育教学资源信息共享等机遇[②]，更要在区域内部的资源对接、人才引进等方面予以政策倾斜。

3. 缓解京津冀地区医疗资源供需关系失衡问题

河北地区在积极有效承接京津地区资源转移的同时，将京津优势资源与区域内医疗资源进行对接，推动医疗事业稳步协同发展。津冀地区应着力建立医疗资源合作机制，以缓解地区医疗资源供求结构性矛盾，促进医疗事业协同发展。

---

① 王丽. 雄安新区建设中的政府责任和政府边界[J]. 甘肃社会科学，2019（2）：65-71.
② 荣利颖，孟静怡. 京津冀教育协同治理的行政协议研究[J]. 国家教育行政学院学报，2020（1）：57-63.

第二节 进一步改革户籍管理制度

在推进京津冀区域城镇化协同发展过程中，户籍改革是实现以人为本的突破口。2014年国务院出台《国务院关于进一步推进户籍制度改革的意见》（国发〔2014〕25号），以此为依据，各地方制定了户籍改革的战略蓝图和具体方案。打破户籍壁垒并不是仅为进城农民工提供一纸户籍，户籍的背后是公共资源获取的门槛和公共服务均等化。虽然户籍制度由历史惯性形塑的传统功能已极大弱化，从这个意义上讲户籍制度变革已取得显著成效，并且近年来的区域协调发展战略更为农民工政策向更具包容性的方向发展提供了驱动力，但户籍制度壁垒将在未来很长一段时间内继续存在。因此，户籍制度亟须从改革的"外围"进入"核心"，聚焦于大幅推动农民工市民化，提高户籍人口城镇化率。

在区域城市化协同发展过程中，户籍制度无疑是重要一环。经过40余年的户籍制度改革，农民工进城务工的户籍限制明显放宽。但由于最初的户籍改革方案缺乏进城农民工数据统计与其需求反馈系统，科学的顶层设计和长效机制缺位[1]，户籍制度在城市化进程中一直是制约农民工进城定居的核心制度阻力，长期以来一直是全社会高度关注的焦点，"让常住人口享受均等化公共服务"的户籍制度改革目标仍未实现，甚至户籍制度在城市化进程中造成了诸多不和谐、不协调的偏差问题，包括农民工在内的新市民需求难以回应就包含在其中。基于此，以居住证为载体，逐步实现区域公共服务一体化以及创新社会管理体制机制，畅通农民工上向流动渠道是关键。

一、以居住证为载体，逐步实现区域公共服务一体化

1. 完善居住证制度

继续推进居住证制度全覆盖，并完善以居住证为载体的城镇基本公共服务保障机制。科学构建包括年龄、工种、居住年限等在内的"三地互通互认"积分指标体系[2]，并加大公共服务供给力度，为京津冀农民工提供均等化服务。在逐渐淡化户籍政策约束的同时将身份证制度与居住证制度相结合，推动户籍管理信息化以实现人口管理现代化，方便人口流动就业，吸纳农民工来京津冀落户。

2. 剥离依附于户籍的资源和利益分配原则

城市化进程中的城乡关系不协调、"农民工"问题、"城中村"问题等不和谐因素，与二元化的户籍登记制度紧密相关。在通过户籍制度改革促进居民身份平等的基础上，尽可能地将依附于户籍之上的各种分配原则和管理措施与户籍本身相剥离[3]，实现资源和利益分配与户籍脱钩，以此达到社会公平正义与协调，促进城市更加开放、包容和公正。

---

[1] 胡宝荣. 论户籍制度与人的城镇化 [J]. 福建论坛：人文社会科学版，2013（12）：146-150.
[2] 张莉，唐茂华. 京津冀都市圈发展新格局与合作机制创新研究 [J]. 天津社会科学，2012（6）：88-91.
[3] 王瑜. 户籍制度改革的困境：理性利益主体的视角 [J]. 贵州社会科学，2017（3）：147-154.

3. 提高津冀公共服务对农民工的吸引力

在京津冀公共服务一体化发展中，应不断提高津冀在教育、医疗、就业等公共服务领域的供给水平，缩小与北京的差距，在公共服务供给方面增强津冀地区对新生代农民工的吸引力。

4. 建立京津冀一体化人口信息管理平台

关注京津冀三地人口流入、流出及流向情况，掌握流动人口的年龄、工种、就业单位、居住等信息，实现京津冀信息共享，为京津冀农民工提供就业、医疗、教育、社保关系转移接续等各项公共服务，提高人口管理信息化水平。

二、创新社会管理体制机制，畅通农民工上向流动渠道

第一，出台以实际居住地为依据的社会管理和社会福利政策，从制度层面淡化户籍约束以及由此而来的身份意识。第二，打通新生代农民工的上升通道，使新生代农民工能够逐步挣脱户籍壁垒束缚，通过自身努力能够取得公共资源获取的资格，真正融入城市社会，实现"安居乐业"，从而进一步提高农民工参与城市建设的积极性，形成加快城市化进程和提高城市发展质量间的良性循环。

此外，进一步研究放宽新生代农民工进城落户限制的相关政策，大城市可仿照"积分落户制"发展出多层次、可持续的落户政策，中小城市积极放宽落户政策，优先将劳动模范、高级技工等先进工作者和技能人才予以落户，缓解大城市人口压力的同时，积极以人口迁移促进中小城市和小城镇的经济、社会等方面全面振兴，为新生代农民工迁移并定居创造条件。

第三节 城乡土地政策的逐步完善

党的二十大报告明确要求"保障进城落户农民合法土地权益，鼓励依法自愿有偿转让"，这一最新论述与党的十八届五中全会提出的"维护进城落户农民土地承包权、宅基地使用权、集体收益分配权，支持引导其依法自愿有偿转让上述权益"的思想一脉相承，为加快城乡融合发展提供了根本遵循。[1] 随着城市化深入推进，大量农民进城务工经商，农户兼业化和非农化现象普遍存在。因此，如何顺应时代发展趋势，保障好进城落户农民合法土地权益是当前和今后一段时期绕不开的重要议题。这既关系农村社会和谐稳定，又关系新型城镇化质量。[2]

一、建立进城落户农民"三权"维护机制

1. 充分尊重农民意愿

不少农民进城务工之后，一方面担心城市生活成本较高，未来生活质量缺少保障，另

---

[1] 郑玉秀. 论农民土地权益的制度保障[J]. 学术交流, 2013 (6): 90-93.
[2] 蔡秀玲, 陈贵珍. 乡村振兴与城镇化进程中城乡要素双向配置[J]. 社会科学研究, 2018 (6): 51-58.

一方面担心异地务工会失去在农村的土地权益。土地承包权、宅基地使用权、集体收益分配权涉及广大农民群众的切身利益,是其在农村的重要财产。在落实落细各项举措时,不能采取硬性措施强制进城落户农民放弃在农村的土地权益,更不能以退出承包地和宅基地作为农民进城落户的条件,"三权"转让退出要充分尊重农民意愿。

2. 保障农民财产权益

为进一步推进健全农村"三权"确权登记管理体系,进一步明晰农民集体收益分配权,保障好农民财产权益,需要通过完善承包地、宅基地"房地一体"的确权登记工作和农村集体股权登记管理[1],以及完善农村土地承包经营纠纷调解仲裁体系,健全农村产权流转交易市场,保障进城农民土地权益合法流转,解决进城农民工的后顾之忧。

3. 探索科学的退出机制

推动进城农民工土地有偿转让退出,给予农民工迁移并定居城市以财力保障,进而缩小与户籍人口间的收入和财产差距。在程序上,打通"三权"有偿转让退出的通道;在受让范围上,鼓励土地承包经营权、宅基地使用权转让给符合产业发展的新型农业经营主体、"两进两回"人才,逐步建立进城落户农民的农村土地权益的科学有序退出机制,引导其依法自愿有偿有序转让在农村的土地权益及获取土地保值增值的权利。

二、完善城市土地供应与建设制度

1. 完善城市土地供应制度

允许地方政府在遵守国家基本土地政策的基础上,积极探索多样化、可持续的具体土地方案,处理好兴建农民工住宅与公共财政资金间的关系,以及与城市土地规划和城市发展间的关系,用发展性视角完善城市土地供应制度。积极探索并解决好利用出让工业用地兴建农民工宿舍与现行工业用地政策间的矛盾,利用城乡接合部农民集体土地兴建农民工宿舍与现行集体建设用地流转政策间的矛盾,以及利用破产或倒闭企业的闲置厂房改造农民工宿舍与现行土地收购储备政策间的矛盾。[2] 城市土地规划要预留出农民工住宅用地,同时明确农民工住宅土地性质,确保农民工"住得安心",为推动社会发展和城市稳定提供保障。

2. 合理规划城市建设用地

把农民工住房建设纳入地区经济社会发展规划和城镇建设规划中统筹考虑。规划农民工住房时应充分将住房选址位置和公共基础设施建设等情况考虑进去,并且避免大规模集中建设导致农民工空间聚居。建设农民工住房要秉承实用性与适用性相结合的原则,充分将农民工的居住需要和生活成本等因素考虑进去,确保农民工住房建设的科学性。

党中央对保障好进城落户农民的合法土地权益始终高度重视。早在 2015 年,党中央便明确要维护好进城落户农民的土地承包经营权、宅基地使用权和集体受益分配权,将户籍变动与"三权"脱钩。"十四五"规划进一步保障进城农民"三权"。党的二十大报告中关于保障进城落户农民合法土地权益的最新论述进一步为高质量推进新型城镇化提供了

---

[1] 陈菲菲,肖泽晟. 我国农村土地权益分配上的利益冲突与平衡 [J]. 江苏社会科学,2020(3):149-158.
[2] 胡立兵,欧名豪. 城市国有土地供应机制与有效管控研究——基于南京市的实证分析 [J]. 中国土地科学,2012(4):23-28.

方向指引。在整个工业化城镇化过程中，土地作为农民工返乡的基本保障，发挥着稳定器的作用。因此，只有妥善处理好农民工土地权益问题以解决农民工进城落户的后顾之忧，以及完善城市土地供应和建设制度以保障农民工的居住权益，才能规避城镇化深入推进过程中可能衍生的大城市病和外来贫困人口聚居问题。

第四节 确保新生代农民工基本的公共服务保障

城镇化为人的全面发展提供了潜在机会，包括提高公共服务质量和实现公共服务均等化、缩小城乡和地区发展差距、实现社会"善治"等都为人的发展创造了正向条件。但将实现人的全面发展的可能转化为现实，在很大意义上取决于政府政策导向与社会公平分配原则等因素，我国城镇化任重而道远。

农民工权益保障一直是研究农民工问题的焦点，这是农民工市民化的关键一环。当前，农民工作为制度性身份的象征，其权益得不到有效保障源于不合理的制度设计，其中以基本公共服务不均等问题最为突出。因此，需将其作为重要抓手保障农民工权益。

一、基本公共服务"随人走"，将持居住证人口纳入保障范围

农民工进城"扎根"难的主要原因在于公共服务与人口流动"两张皮"。因此，推动进城农民工与户籍人口在医疗、教育等各领域享受均等化公共服务是保障新型城镇化高质量发展的重要内容。通过创新机制，在兼顾当地财力的基础上逐渐降低公共服务享有的户籍关联度，逐步将持有居住证的人口纳入基本公共服务保障范围，实现基本公共服务"随人走"，推动基本公共服务向常住人口覆盖。

二、健全基本公共服务体系，让不同类型公共服务惠及农民工

第一，在公共教育事业建设方面，保障农民工子女平等享有受教育权利，落实义务教育阶段免学杂费政策。农民工随迁子女较多的县区，要尽快实现以公办学校为主安排随迁子女入学。

第二，在公共卫生事业建设方面，落实医疗保险关系转移接续办法和异地就医结算办法，推动建立健全农民工医疗救助体系，为农民工提供医疗"安全网"。

第三，在社会分配制度建设方面，加强对用人单位订立和履行劳动合同的指导和监督，建立和完善农民工工资保障制度。

第四，在社会保险制度建设方面，现阶段社会保险对农民工群体保障有限的主要原因包括两方面：一是现行社会保险制度设计不合理，导致用人单位不愿为职工参保，二是农民工为生存而放弃权利抗争。因此，应加快健全工伤保险制度、医疗保险制度、养老保险制度、失业保险制度等制度体系，并整合资源帮助农民工维权。

三、促进区域发展均衡,缩小基本公共服务水平差距

中央财政在专门设置农业转移人口市民化奖励资金的基础上,根据农业转移人口实际进城落户以及地方提供基本公共服务情况分配奖励资金,并适当考虑农业转移人口流动、城市规模等因素,向吸纳跨省(区、市)农民工转移人口较多地区和中小城镇倾斜。[1] 京津冀三地政府应参照中央做法,建立起支持农业转移人口市民化奖励机制,引导市县农业转移人口就近市民化。随着京津冀经济社会发展较充分的地区人口的流出,公共服务供给压力减小,公共服务质量和水平将会提升。流入地和流出地逐渐实现基本公共服务均等普惠将有利于京津冀中小城市吸纳农民工定居。

第五节 各地应采取差异化的财税优惠政策

农民工要立足城市离不开必要的经济支撑,然而在农民市民化过程中,进城农民工由于缺乏必要的人力资本积累导致劳动报酬偏低,由于劳动力市场排斥而权益保障缺失。因此,要积极为农民工迁移并定居城市创造条件和提供空间,进而有效保证农民工在城市购买住房。

一、完善财税支持制度

将农民工住房建设纳入公共财政预算安排,建立农民工城市住房专项资金,使农民工住房建设资金来源制度化,确保农民工住房建设落到实处。[2] 对于在城市购买经济适用房、限价房等产权型保障住房的农民工,银行、房地产商、政府等主体可以给予一定优惠,如适当降低首付款比例,延长还款期限,以及给予契税优惠等;对于在城市租赁住房的农民工,政府可给予一定的租金或税收减免;对于在城市兴建农民工宿舍或公寓的机构或房地产开发商,可获得银行贷款方面的金融支持,并在社会声誉以及与各主体合作方面取得可持续性发展的相对优势。

二、加大就业创业扶持力度

一要加大改革力度,取消对农民工在城市就业和创业的限制性规定。二要在税收、金融等方面积极制定和落实针对农民工进城就业创业的优惠政策。如鼓励银行推出农民工无息创业贷款等。三要完善农民工就业创业培训政策,加强农民工转移就业培训,提高农民工自身素质及在劳动力市场的竞争力,促进农民工向高附加值产业转移,此外,健全劳动力就业市场,发展支持农民工就业创业的城乡一体化信息服务,充分发挥政府对农民工就业创业的指导和服务作用。四要组织职业培训,提升农民工人力资本。就业是农民工在城

---

[1] 李霄峰. 农业转移人口基本公共服务保障问题研究[J]. 广西社会科学, 2018(12): 170-175.
[2] 齐慧峰, 王伟强. 基于人口流动的住房保障制度改善[J]. 城市规划, 2015(2): 31-37.

市立足的根本。部分农民工受教育水平限制，技能水平较低，难以满足工作岗位的要求。为提升其技能水平，政府可出台更多针对农民工的职业培训计划及鼓励政策，激励农民工参与各类职业教育。[①] 可以鼓励通过开展职业院校教育，以市场需求为导向，组织"订单式"教育培训。鼓励用人单位、各类培训机构和其他中介组织，为农民工提供多渠道、多形式的技能培训，积极提升农民工的人力资本。[②]

此外，提升农民工的人力资本和社会资本积累是提高农民工市场竞争力和具备可持续发展能力的根本之策。第一，提升农民工的人力资本。由于自身的限制，农民工的受教育水平低，缺乏劳动技能导致他们的收入低下，这是制约他们改善住房状况的根本原因，他们不得不选择房租低廉的城中村或者城乡接合部。因此，应通过建立和完善职业技术教育体系，针对农民工进行制度化、规范化的职业培训机制，从而提升农民工的人力资本，提高他们在市场经济中的议价能力和收入水平。同时，政府应当加大普通学历教育的资金投入力度，保证农民工及其子女有更多的机会接触并完成相应的基础教育，着重提升农民工的知识文化水平和道德修养。由此提高农民工的收入水平，提升其购买住房的意愿，进而提升城市迁移意愿。第二，增强农民工的社会资本。政府还应增强农民工在城市中的社会资本，鼓励农民工与城市社会交流，获得更多的住房信息，逐渐增加他们的住房选择机会，从而培育其现代社会的社区意识和身份认同，使其更好地融入城市生活之中。这需要各地政府的社会政策支持，发动政府机关、群众组织、地域性组织以及专业组织等多元主体从不同角度给予农民工更多的社会支持。[③] 未来无论采用哪种住房模式来保证农民工的居住权利，都应尽可能地以扩大农民工的社会空间为潜在目标，破解农民工当前居住空间的限定性和狭隘性，创造出一种混合型的居住模式，增加农民工与市民接触和交往的机会，建立起某种弱邻里联系，从而促进两个群体间的交往和融合。

第六节　本章小结

在推动城市化高质量发展的新阶段和深化京津冀协同发展的新起点上，进一步引导京津冀新生代农民工迁移并定居成为提高城市化发展水平和推动区域统筹发展的关键。这就要求我们在"系统"层面和"住房"视角持续发力，以政策支持推动人口迁移。在京津冀协同发展取得诸多显著成效的基础上，以整合区域产业和市场资源、政府统领构建区域协同发展框架、保障区域民生事业发展均等普惠为重要抓手，进一步推动区域联动协作形成合力，为新生代农民工提供更多的流动空间。在经济社会发展的正向社会环境下，进一步打破以户籍约束为代表的刚性制度壁垒和以土地政策、财税政策为代表的公共资源获取的柔性制度约束。

在深化户籍管理制度改革方面，以居住证为载体，逐步实现区域公共服务一体化，以

---

① 杜海峰，王薇然，李石花. 代际视角下农民工社会融合现状及影响因素研究 [J]. 北京工业大学学报（社会科学版），2022（2）：49-61.
② 张梦琪. 农民工如何更好地融入城市 [J]. 人民论坛，2017（27）：78-79.
③ 杨金石. 多元主体的社会组织协同治理模式研究 [J]. 行政科学论坛，2016（2）：34-39.

及创新社会管理体制机制,畅通农民工向上流动渠道是改革的关键。在完善土地、财税等政策支持方面,逐步健全城乡土地政策,为新生代农民工进城定居解决后顾之忧;支持各地采取差异化的财税优惠政策,让各地引导新生代农民工迁移的政策实现效用最大化;确保新生代农民工基本的公共服务保障,降低公共资源获取差异对迁移意愿的负向影响。因此,在政策层面上为新生代农民工迁移并定居城市积极创造条件,为来京津冀人口"进得来""留得住""过得好"营造良好的政策环境,是今后一段时期的重要发力点。

第十六章 结论与展望

新生代农民工已经成为京津冀区域流动人口的重要组成部分,并为京津冀的经济发展、社会建设做出了卓越的贡献,但是他们却被迫流离于不同的城市间,无法找到自己的栖息之所,也无法扎根于城市之中。在京津冀一体化背景下,北京在严控外来人口的数量,而天津和河北则尽量收容北京的疏散人口。而住房政策在人口迁移的过程中发挥着什么作用,如何进行引导正是本研究予以关注和回答的。

第一节 研究结论

本研究以多重制度逻辑理论分析了京津冀农民工住房困境的根源,其后对京津冀新生代农民工的问卷调查和访谈,对其住房状况的现实困境进行了进一步的验证,再次我们对住房状况对京津冀新生代农民工的迁移意愿展开了实证研究,并在此基础上提出了相应的对策。通过以上研究,我们得出了以下相应的结论。

一、住房政策的多重制度逻辑决定着京津冀新生代农民工的住房困境

京津冀新生代农民工的住房状况受制于多重住房制度逻辑。在当前的制度场域下,中央政府、地方政府、房地产市场和农民工以各自的逻辑参与到住房政策中,最后导致了农民工的住房困境。其中,中央政府在政治逻辑的推动下设计着农民工的住房政策,地方政府则以科层制逻辑来执行中央政府的指令,房地产市场以市场逻辑向农民工提供住房产品,而农民工则以生存逻辑在这些制度中做出选择。这四者的制度逻辑交织在一起,且不断地复合和冲突,看似多元主体都在保障农民工的住房权益,但实质上导致了农民工的住房政策困境。

二、京津冀新生代农民工的迁移意愿强,但是住房状况不佳

根据前文统计,60.47%的京津冀新生代农民工具有迁移意愿,只有39.53%没有迁移意愿,其中各地具有迁移意愿农民工占比由低到高依次为北京、天津、河北,其占比分别是50.5%、60.3%和66.3%。

住房政策导致了京津冀新生代农民工住房状况总体不佳,拥有产权的比例低、尽可能地压缩住房支出、人均住房面积较小、通勤距离较近、住房设施不尽齐全、住房保障覆盖

率低、住房补贴比例偏低、购房意愿低、居住满意度低、住房政策满意度低。从各地来看，河北省新生代农民工的住房状况总体上要好于北京和天津。

三、住房状况进一步制约着京津冀新生代农民工的迁移意愿

通过住房状况与京津冀新生代农民工迁移意愿的总体回归来看，通勤距离、住房设施、公租房政策、购房意愿和住房支出均有着显著影响。但是从京津冀各地来看，影响因素不尽相同，在北京市的住房状况中，住房产权、通勤距离、住房设施、公租房政策、居住满意度、住房政策满意度、购房意愿和住房支出均有着显著影响，说明住房状况对新生代农民工有着较大的影响；在天津市的住房状况中，住房产权、人均住房面积、公租房政策、住房政策满意度、购房意愿和住房支出均对新生代农民工有着显著影响；而在河北省的住房状况中，住房设施、公租房政策、租房补贴、居住满意度、住房政策满意度和购房意愿均有着显著影响。

在进一步对比无产权、无购房意愿的数据时发现，住房变量显著性总量由高到低依次是北京、河北、天津，其中，天津市影响显著的变量是人均住房面积、公租房、住房政策满意度；河北有产权农民工、有购房意愿农民工的公租房、居住满意度具有显著性，另外前者的通勤距离、购房意愿也具有相关性。在无产权无购房意愿的分组回归中，北京、天津新生代农民工共同显著的是人均住房面积、公租房、住房政策满意度，另外还有北京的住房设施数与天津的通勤距离。河北省无产权无购房意愿农民工的显著变量是通勤距离、租房补贴、住房政策满意度、住房支出；无产权有购房意愿的是住房面积、住房设施数、公租房，有产权无购房意愿农民工只有住房政策满意度具有显著性。

四、构建差异化的住房政策引导其有序迁移

基于多重制度逻辑的视角，应从中央政府、地方政府、房地产市场和农民工四维主体方面构建农民工住房政策的顶层设计。其中，作为中央集权制的政治体制，中央政府是其中的关键，应重新审视顶层的住房政策设计，需进一步完善住房保障政策，将财政转移支付制度和农民工市民化人口挂钩，并优化住房公积金制度。地方政府作为政策的主要执行者，起到切实保障农民工居住权的作用，需要向不同的农民工群体提供不同的住房保障产品，规范城中村和城郊村的综合改造，并进一步完善住房租赁市场。房地产市场以市场逻辑为农民工建设集体宿舍和廉租公寓，并提供多种类型的住房租赁产品。为了增强农民工的生存逻辑，需扩大其社会空间和完善社会支持网络。

另外，由于京津冀新生代农民工可以分为具有城市迁移意愿和不具有迁移意愿的两类群体，将具有迁移意愿的新生代农民工分为具有住房产权和不具有住房产权两类群体。总体来说，对于有迁移意愿且有住房产权的新生代农民工群体，北京应注重缓解农民工住房贷款问题，减轻还贷压力，天津、河北应注重其社会网络的构建，增强其城市认同感；对于有迁移意愿无住房产权但有意愿在城市购房的农民工群体，应逐渐降低其购房标准，给予购房补贴，鼓励其定居城市；对于暂无购房意愿的农民工群体，应积极推进和完善住房租赁政策以及住房保障政策的实行，推进"租购同权"落地；对于家庭化迁移的农民工群体，政府应将此类人群考虑到保障性住房建设之中，给予住房照顾；对于无迁移意愿的

农民工群体，应保障其在城市有一个落脚之处，加大对于"城中村"的改造建设，改善住房环境，使其可以安心在城市工作。

第二节 存在的不足与未来展望

一、存在的不足

第一，本研究只对2017年的2 193个京津冀新生代农民工进行了问卷调研，而且调查数据只是用的一年的截面数据，更多的是对这一年的效应展开的回归分析。尽管本研究可以探讨住房政策的影响效应，但是缺乏对农民工的长期追踪调查和研究，无法反映出住房政策对京津冀新生代农民工迁移意愿的长期效应研究。

第二，由于农民工的住房产权拥有比例较小，在二元 Logistic 回归中可能存在着影响效应上的偏差。为了能够更加客观地分析其影响效应，未来的研究中可以考虑尝试运用其他的回归模型，如 Cox 比例风险回归模型可以减少因住房产权比例过低而引起的效用偏差问题。同时后续还可以结合者 DID 双重差分模型，基于反事实逻辑来验证住房政策对新生代农民工的影响效果评估，尤其是进行前后差异的比较，从而更加深入地探寻其影响机制的变化趋势。

第三，北京市政府通过大幅度改造地下室、城中村等农民工主要的聚集地，使得他们在缺乏栖息地后被迫离开北京，前往其他城市寻找工作机会，而且北京市的常住人口数量已经大幅度降低了。这也从侧面印证了住房对新生代农民工的影响程度，但是由于多种原因，本研究没有对其展开研究。

二、未来展望

第一，继续关注中央政府对住房政策的改革，特别是在"租售同权"的背景下，住房政策将会出现根本性的变化，购房完全不会成为农民工在迁移中的拦路虎。而这又会对农民工的迁移意愿影响上有着什么转变，是否会强化农民工在城市定居的意愿，需要我们进一步展开针对性的研究。

第二，未来应该进一步对京津冀新生代农民工展开追踪研究，特别是研究当前的住房政策对他们迁移意愿的长期影响效应。毕竟农民工的迁移意愿并非是短期的，而是在城市长期工作和生活过程中所逐步形成的，因此未来需要通过追踪研究来更加深入地分析。

附　录

附录1　京津冀农民工生活状况调查问卷

您好，我们是"燕山大学京津冀农民工生活状况调查课题组"，这是一份关于京津冀农民工生活状况相关情况的调查。匿名调查，不涉及个人隐私，对问题的回答也无所谓对错。可能占用您几分钟的时间，非常感谢您的支持和配合！

调查对象甄别：1. 农村户籍；2. 从事非农业工作；3. 工作地点为北京、天津、石家庄、保定、邯郸、唐山和秦皇岛。

A. 基本情况

A1. 您的出生年月：_____年_____月

A2. 您的性别_____　①男　②女

A3. 您的户籍是：①农村户籍　②非农村户籍

A4. 您的户籍登记地：_____省（自治区、直辖市）_____市（区、州）_____县（区、县级市）

A5. 您是否有配偶_____　①是　②否

A6. 您的最高学历是_____
①小学及以下　②初中　③高中（技校/中专）　④大专（高职）　⑤本科及以上

B. 您的工作情况

B1. 您当前的务工所在地：_____省（直辖市）_____市（区）_____县（区、县级市）

B2. 您离开老家出来工作_____年，换过____个城市，到当前城市工作了____年。

B3. 您现在从事的行业？_____
①制造业　②建筑业、批发和零售业　③交通运输、仓储和邮政业　④住宿和餐饮业　⑤居民服务、修理和其他服务业　⑥其他（请注明）_____

B4. 您现在工作的单位类型？_____
①国有企业　②民营企业　③外资企业　④合资企业

B5. 2017年您的年收入大约是_____万元。

B6. 下面的陈述是否符合您外出打工的目的，请根据程度在相应选择位置打"√"。

打工目的	完全符合	比较符合	一般	不符合	完全不符合
①在老家没事干					
②为了挣钱					
③为了过上比老家更好的生活					
④想出来学技术					
⑤为了找更好的工作					
⑥不愿待在老家					
⑦别人都出来了，我也就出来了					
⑧为了将来能够在城市生活					
⑨喜欢城市的生活方式					
⑩为了增长见识					
⑪为孩子创造好的成长环境					
⑫为孩子筹集学费					
⑬为孩子创造好的教育条件					
⑭留在城市打工					
⑮留在城市创业					
⑯将来在城市定居					
⑰城市生活条件好					

C. 您的生活情况

C1. 您在务工地和谁一起生活？（可多选）_____
①爱人　②父母　③子女　④独自一人　⑤兄弟姐妹　⑥其他

C2. 您家有_____位老人需要赡养。

C3. 您目前有_____个未成年的孩子需要抚养。（如果选择"①"，请跳至C5）
①0　②1　③2　④3　⑤4　⑥5个以上

C4. 您的小孩目前在做什么？_____
①在老家上学　②在务工地上学　③在老家未上学　④在务工地未上学　⑤其他

C5. 2017年您每个月平均邮寄_____回老家？
①300元以内　②300~500元　③500~1 000元　④1 000~1 500元　⑤1 500~2 000元
⑥2 000~3 000元　⑦3 000元以上

C6. 您是否打算进城定居？_____
①愿意　②不愿意　③没想好

C7. 您在老家有_____亩耕地？（如果回答"0"，请跳至C10）

C8. 您老家的耕地是谁在种？_____
①租给别人种　②自己的亲戚帮忙种　③荒着没人耕种　④农忙时自己回家种

C9. 如果您未来能（或已经）进城定居，希望如何处置您家的耕地？_____
①保留承包地，自家耕种　②保留承包地，有偿流转　③入股分红　④给城镇户口，无偿放弃　⑤给城镇户口，有偿放弃　⑥其他

C10. 如果您未来能（或已经）进城定居，希望如何处置您家的宅基地和房产？
①保留农村的宅基地和房产，将来备用　②有偿转让　③置换城里的住房　④给城镇户口，有偿放弃　⑤没有宅基地和房产　⑥其他方式处置

C11. 您打算将来在哪里购房？_____
①北京　②天津　③户籍地所在的省会城市　④户籍地所在的地级市　⑤户籍地所在的县　⑥户籍地所在乡镇　⑦没打算买房，老家有

D. 您的居住情况

D1. 您目前居住的住房类型是：_____
①单位宿舍　②工地工棚和生产经营场所　③租赁私房　④借住　⑤回家居住　⑥务工地自购房　⑦政府提供公租房　⑧其他（请注明）

D2. 2017年您每个月家庭平均支出_____。
①300元以内　②300~500元　③500~1 000元　④1 000~1 500元　⑤1 500~2 000元
⑥2 000~3 000元　⑦3 000元以上

D3. 2017年您每个月住房平均支出_____元。
①300元以内　②300~500元　③500~1 000元　④1 000~1 500元　⑤1 500~2 000元
⑥2 000~3 000元　⑦3 000元以上

D4. 您的住房是通过什么途径获得的？_____
①亲戚朋友　②中介　③网络　④单位　⑤政府　⑥广告　⑦其他

D5. 您目前所居住的住房面积大约_____ m^2，住着__人。

D6. 您居住的地方有下列哪些设施（可多选）：_____
①热水器　②电冰箱　③洗衣机　④空调　⑤暖气　⑥电风扇　⑦自来水　⑧卫生间（独立、公共）　⑨厨房（独立、公共）

D7. 您从居住地到工作地点一般需要多长时间？
①0.5 h内　②0.5 h至1 h　③1 h至1.5 h　④1.5 h至2 h　⑤2 h以上

D8. 请问您在当前城市搬过_____次家？（如果选"①"，请跳过D9）
①0　②1　③2　④3　⑤4　⑥5　⑦5次以上

D9. 请问您搬家的原因是_____？（可多选）
①工作变动　②房租涨价　③房屋拆迁　④想找个更好的住处　⑤想和家人朋友住一起　⑥孩子上学

E. 您对住房政策的了解情况

E1. 您或者您身边是否有认识的人住上公租房（廉租房）？_____
①是　②否　③不清楚

E2. 您是否享受了以下社会保障？_____（如果没有选"③"，请跳至 E4）
①城镇养老保险　②失业保险　③住房公积金　④医疗保险　⑤工伤保险　⑥生育保险　⑦住（租）房补贴

E3. 您是如何使用住房公积金的？_____
①使用住房公积金租房　②使用住房公积金买房　③提取过住房公积金　④从未使用过　⑤不会，没听说过

E4. 对于以下解决居住的方式，请根据自己的理解在相应选择位置打"√"。

解决居住的方式	非常有效	比较有效	一般	比较没效	完全没效
①租赁政府提供的公共住房					
②可以在当地购买经济适用房					
③可自主从市场租赁住房，政府给予租金补贴					
④购买普通商品住房，可享受到财政补贴政策					
⑤所在公司或雇主协助解决住房问题					
⑥通过自己的努力买房					

E5. 请根据您个人的想法，对下面的陈述内容在相应选择位置打"√"。

陈述内容	非常满意	比较满意	一般	不太满意	完全不满意
①您对当前的工作					
②您对当前的居住条件					
③您对当前的住房政策					

F. 您在当地的融入情况

下面陈述是否符合您个人的情况或想法，请在相应选择位置打"√"。

融入情况	完全不符合	不符合	中立	比较符合	完全符合
①我就算在城市租房也比回老家好					
②我经常使用微信/支付宝消费					
③我感觉自己在工作地没有受到歧视					
④我与当地人交往的频率很高					

续表

融入情况	完全不符合	不符合	中立	比较符合	完全符合
⑤我认为自己已经是当地人了					
⑥我打算几年后回老家找工作					
⑦我打算几年后回老家做生意					
⑧我打算几年后回老家务农					

谢谢您的配合，祝您身体愉快，家庭幸福！

调研员：_____

附录2 采访提纲

本研究主要采取半结构访谈，围绕着农民工的成长经历、务工过程中的感受和返乡建房因素展开。

一、成长经历

您是多大岁数出去打工的？打工多少年了？打工的主要目的是什么？主要从事哪些行业或者职业？学到何种技能？去过多少个城市？为什么更换工作城市？

二、务工过程中的感受

您的收入每个月或者每年多少钱？够不够花？能攒下钱吗？工作中遇到问题怎么解决的？权益能否得到保障？平时有没有觉得受到歧视？愿意留在当地吗？平常的消遣方式是什么？工作的住房情况怎么样？每个月花多少钱在住房上？在所在城市有无买房？

三、返乡建房因素

为什么返乡建房？出于哪些目的？房子哪年建的？建房大概花多少钱？如果政策灵活了，是否考虑卖掉房子？